ASTOR

DIANA PIAZZOLLA

ASTOR

CORREGIDOR

Piazzolla, Diana
Astor. – 1° ed . – Buenos Aires : Corregidor, 2005.
224 p. ; 23x16 cm.

ISBN 950-05-1570-9

1.. Piazzolla, Astor-Biografía de Músicos. I. Título
CDD 927.809 2

Diseño de tapa: P. P.

Fotografía de tapa:
Claudio Herdener

Rodríguez Peña 452 (C1020ADJ) Bs. As.
Web site: www.corregidor.com
e-mail: corregidor@corregidor.com
Hecho el depósito que marca la ley 11.723
I.S.B.N.: 950-05-1570-9
Impreso en Buenos Aires - Argentina

DE LOS ABUELOS

Mar del Plata, julio de 1897. Cuando los lobos marinos eran todavía los habitantes más numerosos de esa tierra de lomas y de arroyos.

Braman desde sus cuevas, cadenciosos y brutales.

El Holandés sueña. La nostalgia hace estragos en el rostro de ese contramaestre silencioso, que imagina naufragios adentro de botellas y que, cuando los lobos gritan, responde. Pantaleón Piazzolla, también llamado el Holandés o el Contramaestre, aspiró profundo el aire salado de la playa y caminó entre olladas de chupines. Saludó a uno de los pescadores con la mano, a otro apenas levantando la ceja, a un tercero con la sonrisa leve y se ató la red a la cintura para internarse en el mar, más allá de las rompientes.

Un mechón de pelo rubio asomaba bajo su sombrero de paja. Era corpulento, los pies anchos y huesudos, las manos como mapas y ese estilo marinero de caminar pisando duro, buscando tierra firme, meciendo el cuerpo. Había sido marino y pescador desde los quince años, aunque ahora sólo le quedaban las huellas de las sogas en las palmas de las manos y una profunda cicatriz en la mandíbula.

El viento le torció la mirada. Recordó el cielo de Trani, tal como lo había visto el día de su partida, más ancho y más azul a medida que se alejaba de la costa italiana. Fue, probablemente un jueves. Era un hombre de memoria pudorosa, como casi todos los marinos, pero todos los jueves de julio, como ese jueves de lobos y tristeza, Pantaleón buscaba el mar y perdía el tiempo recordando: la muchacha griega de aquel puerto tan azul, las tempestades, los amigos, su pequeño barco *Altiberán,* hundido en el Mediterráneo.

De repente se dio cuenta de que, en el esfuerzo por recordar, había perdido los pies debajo de la arena. El olvido era, para muchos inmigrantes, una ley impuesta para sobrevivir. Una ley invasora e inexorable, como esa arena que ahora le llegaba a los tobillos. En el esfuerzo por querer recordar y no poder, se fue haciendo rudo, callado, empecinado con esa tierra nueva que se parecía a su tierra, que olía a viejo saladero y en donde aún se oían los ladridos de la perrería cimarrona y el bramido de los lobos.

Ya lo sabía. Ese Mar del Plata sería su último mar. Los tiempos del marino habían acabado. Ahora tenía esposa y otro hijo en camino. Su brújula se había detenido. "Insensata", pensó. La había guardado en su baúl verde, debajo de la ropa, bien al fondo, al lado de una estampa de la Virgen Dolorosa y de San Pantaleón, Médico y Mártir, para no verla más.

—Eh, Holandés, te llaman. Ya va a empezar la función –le gritó un amigo que sabía dónde encontrarlo cada vez que desaparecía de su lugar de trabajo.

Desde hacía algunos meses, era portero en el Palace, un teatro en donde se presentaba, en ese tiempo, la pieza *Ensalada Criolla*, de estilo zarzuelista. Le gustaba ver a los artistas, espiarlos a través de los cortinados, aunque su trabajo consistía en echar a los curiosos que desde la calle se amontonaban para escuchar a los cantantes. Mientras duraba la función, se sentaba junto a la puerta del teatro, en una pequeña silla, en donde sólo cabía la mitad de su cuerpo. Desde ahí, se entretenía viendo pasar a la gente. Nunca había tenido un trabajo tan "terrestre", según él, aunque ya se estaba acostumbrando.

Tanto tiempo sentado lo hacía pensar en sus años de marino, y bruscamente pasaba de la nostalgia al malhumor, de la resignación al deseo. Para calmarse, recordaba a Rosa, su mujer: la cara acostumbrada al viento, el cuerpo moviéndose en la madrugada, entre escobas y fuentones de agua jabonosa. Hacía cuatro meses que su vientre había comenzado a crecer debajo del delantal a cuadros.

—Un varón. Va a ser un varón. ¿No ves las manchas que me salieron en la cara? –le había dicho la noche anterior. Rosa siempre adivinaba. Si salían manchas en la cara era varón, si se le hinchaban las piernas era mujer.

Las luces del Palace se encendieron. La función había terminado. Pantaleón se paró en la puerta para controlar a un grupo de muchachos que esperaba la salida de los artistas. Conocían al Holandés y le tenían miedo. Desde la vereda de enfrente se oía la copla que le habían dedicado:

El viejo Pantaleón
con su cara de cabrero
es más bueno que un cordero
cuando está frente a un león.

El Nono Pantaleón en
Mar del Plata (1927)

Foto de bodas de Vicente y Asunta

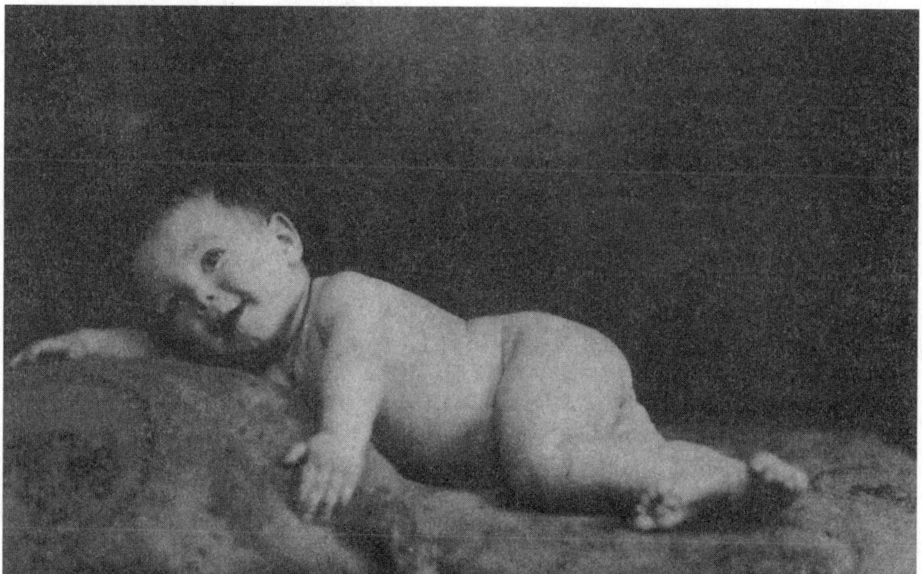

"A mi abuelita, de su nieto Astorcito"

Astor y la pelota

Astor y su madre

Los primeros pasos por las calles neoyorquinas

Vicente Piazzolla y su moto con sidecar: la *Spirit of Buenos Aires* (Nueva York)

—Ya está todo en orden. Me voy –dijo al empleado de la boletería.

Hablaba poco, cumplía con el horario y se iba. Siempre corriendo, como si el diablo lo siguiera, huyendo de esa caja de muertos, como él decía, tal vez porque el teatro, y la silla y esa quietud lo hacían sentir un poco cadáver. En su casa todo era diferente. Se serenaba mirando a Rosa, que casi no hablaba, o ablandando el pan en el platazo de sopa que ella le servía puntualmente cada noche, Después, tocaba el acordeón. Un rato nada más, para calmarse y poder dormir tranquilo.

—Lo llamaremos Vicente. Sí, Vicente –le gritó a Rosa, que iba y venía oliendo a lavandina.

—Está bien, porque va a ser hombre. Me salieron dos manchas más en la cara –dijo ella y desapareció detrás de una cortina de mariposas amarillas, que separaba la cocina del dormitorio.

—Sí, Vicente Piazzolla. Y va a tocar él acordeón, porque yo ya estoy demasiado cansado –murmuró Pantaleón, mirando el pequeño barco que, dentro de una botella, esperaba la llegada de ese otro descabellado soñador, predestinado a vivir contra el viento.

El 11 de noviembre de 1897 nacía Vicente Piazzolla, "Nonino". A Rosa le desaparecieron las manchas de la cara y Pantaleón salió a la calle vivando a Garibaldi.

Esa tarde, el acordeón se sacudió tiernamente cuando lo tomó entre sus manos. Sabía que Vicente iba a tocarlo para él, algún día.

DE LOS PADRES

Mar del Plata, 1914. Una ciudad construida con esfuerzo por hijos de inmigrantes.

Ahí va el hijo del Holandés –gritó uno de los diez hermanos Manetti, cuando vio a Vicente Piazzolla atravesando la rambla en su flamante moto. La descarga de fruta en el Mercado era el momento del día que más le gustaba a Asunta, la penúltima de las hijas de Don Luis Manetti, flaquita y puro ojo, boca en forma de corazón, insuperable trepando árboles. En ese momento dejó de contar tomates, levantó la cabeza y se agitó nerviosamente entre las cebollas y los zapallos. Se pasó la mano por el pelo, secó su cara con el delantal y, mojando con saliva uno de los dedos, se arqueó las pestañas.

—Toca el acordeón como Checo y hace muñecos de madera –dijo, mirando la nube de humo que había dejado la moto de Vicente a lo largo de la costa–. Y es corredor de moto. ¿Lo viste haciendo acrobacias? –agregó mirando a Moisés que, aunque ya lo conocía, porque estaban haciendo el servicio militar juntos, prefirió no dar demasiadas explicaciones sobre su amigo.

—No –contestó él y siguió apilando cajones de zapallitos. Don Luis Manetti miró a Asunta.

—Es un vago de mierda. Ni el servicio militar lo endereza a ése. Un loco que se pasa la vida arriba de la moto. Un inútil –dijo y pasó a su hija un cajón de tomates.

Don Luis Manetti estaba casado con Clelia Bertolami. Llegado de la Toscana, se había dedicado desde chico a trabajar la tierra. Era un buen agricultor, respetable padre de familia, sin otro interés que su quinta, famosa por los grandiosos zapallos, las ciruelas más dulces y las mejores acelgas de la costa.

—De los Piazzolla ni me hable. Ese Pantaleón tiene una historia bastante misteriosa. Marino tenía que ser –murmuró y después se acercó a su hija–. Y no quiero que levante los ojos de ese cajón, o se queda encerrada toda la tarde.

Moisés, Cecilia y Checo, tres de sus hermanos, la espiaron por entre las acelgas. Asunta hizo un gesto de fastidio, aprovechando que un enorme zapallo la protegía de la mirada de su padre.

—Y ahora a casa –dijo Don Luis malhumorado, agarrando a su hija de un brazo. Todos lo siguieron, sin hablar.

Esa noche, "la petisa", como le decían sus hermanos, entró los conejos, robó unos higos, secó los platos, le hizo la trenza a Argentina, su hermana más chica, y por más que intentó dormir no lo logró. Los gritos de su padre y la bendición de su madre no habían servido para nada. El diablo anduvo toda la noche entre sus sueños, haciendo rugir una moto y sonriéndole con los ojos de Vicente Piazzolla desde la orilla del mar.

Se había enamorado. La guerra estaba cerca.

Después de leer el diario, la cara del Holandés cambió. Estaba triste, remoto. Pidió a su hijo que tocara un rato el acordeón. Necesitaba dormir. Las noticias sobre la guerra en Europa le traían recuerdos que sólo durmiendo borraba de su cabeza.

Vicente, alto, delgado y huesudo, tocó de oído una polca que era la preferida de su padre. Desde su ventana, veía la playa. "Algún día voy a cruzar ese mar y me voy a ir muy lejos", pensó mientras tocaba una y otra vez la misma polca, hasta sentir que se le endurecían los dedos y el corazón se le erizaba de sueños. Le hubiera gustado ser músico, pero una vez su padre le había dicho que las ilusiones eran un lujo que los pobres no podían darse. Decidió no pensar más. Dejó el acordeón sobre la mesa y lo tapó con un brillante terciopelo negro.

El corpachón dormido de Pantaleón hizo crujir la silla. Doña Rosa lo cubrió con una manta y le pasó la mano por la frente.

—Algo malo está soñando –dijo a Vicente, que en ese momento se abrochaba la chaqueta de conscripto. Doña Rosa lo ayudó con los botones del cuello y le alcanzó los botines recién lustrados.

Pantaleón abrió los ojos, se tocó el pecho, dijo:

—Soñé que una granada me golpeaba acá –y se quedó unos instantes con la mano sobre el corazón. Pensaba en su Italia. Ni siquiera reparó en Vicente cuando aquél se despidió, haciendo la venia y cuadrándose frente a su padre.

Varias horas estuvo Vicente con la mirada fija en aquel techo del dormitorio del cuartel, en donde todo era ingrato, salvo los instantes en que el deseo le traía el rostro infantil y radiante de Asunta, tal como la había visto en aquellos picnics de primavera, o en la misa de los domingos. Le costaba conciliar el sueño. Buscó el lado más frío de la almohada y cuando levantó la cabeza para ver si su compañero dormía, lo descubrió sonriéndole como si hubiera estado adivinando cada uno de sus pensamientos. Era Moisés Manetti, hermano de Asunta, a quien siempre se le ocurrían las ideas más extrañas cuando el insomnio lo perturbaba.

—Se me ocurrió algo –dijo, acercándose a la cama de Vicente y bajando la voz.

—Nos van a pescar... rajá.

—Estabas pensando en mi hermana, ¿no es cierto?

—Estás loco. Andate.

—Tengo una idea –susurró Moisés, sin dejar de sonreír.

—Dale, tomátelas. Que por tu culpa siempre nos mandan en cana.

—¿Te gusta mi hermana o no?

—Sí... claro, pero tu viejo no me puede ni ver.

—¿El domingo salís?

—Tengo guardia y después salgo. ¿Por qué?

—Te invito a mi casa. Mi vieja hace unos ravioles para chuparse los dedos. Y de paso ves a mi hermana.

—Sabés bien que los Manetti no quieren saber nada con los Piazzolla.

—Son cuentos. Mi viejo es un pan de Dios. Ya vas a ver.

—Bajá la voz... Mejor no, no quiero problemas.

—Entonces olvidate de mi hermana.

Vicente se quedó pensando en silencio y al final dijo:

—Está bien, pero si algo sale mal, te mato.

—¡Ese es mi cuñado! No te vas a arrepentir.

—Ya veremos –Vicente se acomodó para dormir, pero el sueño tardó en llegar.

El domingo, después de una tediosa guardia nocturna, enfilaron hacia la quinta de los Manetti. A Vicente le temblaba el mentón y el párpado del ojo izquierdo.

—Por hoy olvidate de la moto, ni la nombres siquiera –dijo Moisés unas cuadras antes de llegar, apurando el paso.

—Está bien –contestó Vicente mecánicamente, porque ya había decidido callarse la boca y hablar sólo lo necesario para no meter la pata–. Puedo decirle que arreglo bicicletas y que tengo mano para la carpintería...

—Eso otro día, hoy no. ¿Ves esos árboles?, los más altos –dijo señalando el único grupo de árboles de la cuadra–. Es mi casa. Los plantó mi viejo. Ahora calmate que ya llegamos. Poné cara de otario y no hables demasiado.

Un largo y prolijo camino de tierra bordeado de calas y alverjillas separaba el gran portón de la entrada de la pequeña puerta de la casa.

Don Manetti estaba en el jardín, removiendo la tierra con una pala de punta. Al verlos llegar, dejó su trabajo y se dedicó a observarlos cuidadosamente.

—¿Le avisaste que yo era el hijo de Pantaleón? –preguntó Vicente.

—No, pero no importa. Son más lindas las sorpresas –dijo Moisés cuando ya estaban a unos metros de Don Luis.

Vicente se quedó parado, esperando las presentaciones, pero el robusto quintero fue directamente a lo que le interesaba.

—¿Y usted cómo se llama?

—Vicente Piazzolla, señor –dijo y los pájaros se alborotaron en las ramas como si hubiera sonado un escopetazo.

Nadie habló. Don Luis miró a Moisés. Con eso fue suficiente. Era incapaz de hacer un escándalo familiar delante de extraños, aunque para él era un insulto que un italiano del Norte recibiera en su mesa a un hijo de pescadores del Sur.

—Pase –dijo secamente.

En la cocina, aguardaban los hijos y la esposa, Doña Clelia, además de dos peones que comían con la familia. Todos saludaron al invitado con una sonrisa.

—Pueden sentarse a la mesa –anunció, Doña Clelia, y en todo momento intentó quebrar aquel silencio con comentarios acerca del tiempo, de los ravioles que habían empezado a amasar a las seis de la mañana, del pan que justamente ese día no le había salido tan crocante. En medio del incesante movimiento de hijos que se levantaron para realizar las tareas más diversas, de perros y gallinas que entraban y salían, Vicente alcanzó a ver a la pequeña Asunta.

Con el tío Checo, atrás la tía Cecilia y la tía Argentina en la quinta de los nonos Manetti (Mar del Plata, 1924)

Camping en las afueras de N.Y.: Vicente, Asunta, Astor y su amigo Willy

En el día de su graduación. Astor con Vicente y Asunta (Nueva York, 1934)

Sólo vio su trenza, de pelo negro y brillante, cayéndole sobre una blusa amarilla. La vio de espaldas, después de perfil, apilando platos, acomodando sillas, ahuyentando gallinas. Cuando todos se sentaron a la mesa, tuvo la suerte de tenerla justo frente a él, aunque ninguno de los dos levantó los ojos del plato hasta después de la bendición.

A causa de la sopa de ajo, que era su plato preferido, Don Luis no percibió las miradas que iban y venían entre Asunta y Vicente. Después del almuerzo, se sentó en la mecedora, prendió la pipa y estudió al invitado.

—Vení, Vicente, mi hermano Checo va a tocar unas piecitas en el acordeón –le gritó Moisés desde afuera.

Vicente pidió permiso y salió. Aquel aire con aroma a limones lo serenó. Asunta se le acercó con una fuente de ciruelas.

—Sírvase, son muy dulces –dijo y por primera vez lo miró a los ojos.

—No tanto como usted –contestó Vicente aprovechando que estaban solos, bajo el limonero. Ella se sonrojó.

—¿Te gusta? –le preguntó Moisés, después que ella se alejó.

—¿Qué cosa? –disimuló Vicente, mordiendo una ciruela.

—Mi hermana… o te creés que no los vi. A mí no se me escapa nada.

—Es muy simpática, pero tu viejo me mata.

—Vos ponete con Checo a tocar el acordeón y cuando veas que el viejo te dice hijo, en lugar de Vicente, y empieza a hablarte de tomates, de los primeros árboles que plantó en la Plaza Mitre, y de la fama de sus ciruelas en toda la costa, entonces quiere decir que ya sos como de la familia.

—¿Y Asunta?

—Con ella no hay problemas, yo la conozco. Está enamorada. ¿No viste que se puso colorada cuando le hablaste? Me va a gustar tenerte como cuñado.

—A mí también… La verdad, me gusta mucho tu hermana. Nunca está quieta, siempre está haciendo algo.

—Es una ardilla.

A Vicente le cambió la mirada desde ese momento. Buscó a Asunta con los ojos, entre los limoneros y los árboles de ciruelas, porque sabía que siempre andaba por ahí, pero ya no estaba. La vio a través de la ventana de la cocina, desplumando una gallina para el puchero del día siguiente. Sonrió. Aquella muchachita ya le pertenecía. A la hora del crepúsculo, las mujeres habían desaparecido de la vista de los hombres y sólo se oía el acordeón de Checo.

Don Luis Manetti se acercó a Vicente para despedirse:

—Acá no hay tiempo para trasnochadas. Yo me retiro. Buenas noches, joven.

Su tono ya no era agresivo, y hasta intentó una sonrisa que le dio a Vicente la seguridad de que las cosas podían marchar bien. Desde la cocina, disimulada por la penumbra azul de los faroles, Asunta lo vio partir. Antes de acostarse, se soltó el pelo y se miró en el espejo. Se sentía inquieta. Un desfile de hormigas agitó su cuerpo durante toda la noche.

Cerca de la costa, en una pequeña cabaña que los vecinos llamaban "la casa del contramaestre", rodeada de perales y jazmines, Vicente dedicaba sus horas libres a tallar muñecos de madera, tal como lo hiciera Pantaleón en sus tiempos de marino. Casi siempre eran músicos, con guitarras o acordeones, de afilado mentón y labios gruesos. A veces eran barcos con nombres exóticos o ceniceros para su padre. Hacía años que el olor de la madera formaba parte de sus cosas queridas. Hundió la lezna en las ojeras del guitarrista de ojos de vidrio. La brisa de la noche llegó desde el mar, mojada y salitrosa.

En ese momento decidió algo: ablandaría con su acordeón el corazón de Don Luis y se casaría con Asunta.

Empezó a frecuentar la casa de los Manetti. A veces llevaba el acordeón y en más de una ocasión se aparecía con uno de sus muñecos, tallado especialmente para Don Luis, o un costurero para los bordados de Doña Clelia. Los encuentros con Asunta eran fugaces: bajo el limonero, o a la sombra de un enorme ciruelo que les permitía gestos y miradas furtivas que ambos habían deseado durante todo el día. Así, ella fue conociendo los sueños de él, como ese de cruzar el mar en un barco muy grande hacia un país lejano, o aquel otro de tener un hijo músico y una enorme moto con sidecar para pasear los domingos.

Cuando Don Manetti empezó a llamarlo hijo y a llevarlo hacia el fondo de la quinta para contarle los secretos del perfecto agricultor, las virtudes de un buen padre de familia, el esfuerzo y las tristezas de un inmigrante pobre, Vicente entendió que había llegado el momento de hablarle de Asunta.

—La quiero, Don Luis, y junté plata para que nos podamos casar pronto.

—Está bien. Veo que no le tiene miedo al trabajo y eso me gusta.

—Yo hago lo que sea. Usted ya me conoce.

—Lo que me preocupa es eso del barco, y de viajar a otro país.

—Bueno… es una idea que se me ocurrió.

—No me gustan esas ideas. No quiero que se lleve lejos a mi Asunta.

—No se preocupe. Son sueños,,

—De tarambana. Y no me gustan. Tampoco quiero un noviazgo largo. Así que a trabajar, jovencito.

Vicente abrazó a Don Luis. Desde la cocina, Asunta había estado observando cada gesto, cada movimiento de los dos hombres. Cuando vio que se abrazaban, sus manos, ocupadas en pelar papas, zanahorias y batatas, se volvieron torpes y las mejillas tibias. Besó a su madre y a sus dos hermanas una y otra vez, balbuceando palabras que nadie entendía, pellizcándose los brazos, como si estuviera metida en un sueño. De repente, se acurrucó contra el pecho de Doña Clelia:

—Me caso, mamá… me voy a casar con Vicente Piazzolla. –Y se quedó un rato así, buscando la serenidad de su madre.

Después de algunos meses de noviazgo, Asunta y Vicente se casaron. Él, siempre con la idea de cruzar el mar en un barco, hacia un país lejano, ella decidida a seguirlo. Al principio vivieron en una pieza de color celeste, llena de repisas con floreritos, regalos de bodas, muñecos de Vicente y tres elefantitos con sus trompas mirando hacia la puerta, para la buena suerte. Tenían dos sillas que les había prestado Doña Rosa, una mesa larga que sobraba en la quinta de los Manetti, una cama nueva y un juego de copas azules talladas a mano, para los días de fiesta.

La pieza estaba al fondo de una dulcería, atravesando un pasillo lleno de canarios. La dueña, una calabresa robusta y generosa, que fabricaba los más sabrosos caramelos de Mar del Plata, les había prestado unas cortinas para las ventanas y una plancha que le sobraba. "Con un amor así, no importa la pobreza", les decía cada vez que los visitaba, llevándoles de regalo una bolsa de caramelos de menta o de café, que eran la especialidad de la casa.

Asunta y Vicente disfrutaban levantándose temprano, tomando mate, imaginando países que nunca habían conocido, barcos en los cuales nunca habían viajado. Los sábados a la noche preferían pasear un rato por la

Rambla y después ir al teatro. Eran felices. Los elefantitos ayudaban y también esa fe en Dios que Asunta había heredado de su madre, junto con un montón de santos y con la virgencita Stella Maris, Patrona de Mar del Plata.

A ella, a la virgencita, con su manto azul lleno de estrellas, le rezó Asunta aquella noche, poco antes de acostarse. Desde hacía algún tiempo habían estado soñando con un hijo. Lo deseaban. Después de todo, ya era hora.

A los nueve meses, Asunta redecoró toda la pieza. Cambió de lugar los muebles, compró dos sillas más, una colcha nueva tejida a mano y una cuna. Le habían salido dos manchas en la cara. "Va a ser varón", dijo Doña Rosa, ya acostumbrada a esas cosas. Asunta se acariciaba el vientre y sonreía. "Puede nacer en cualquier momento", le dijo la partera aquella noche, mientras Asunta se ponía su tapado rojo para ir al teatro. Olía a menta el pasillo. A las siete en punto Vicente pasó a buscarla en la moto.

—No me diga que va a subir en esa moto –le dijo la calabresa, asustada.

—Ya estoy acostumbrada.

—Están locos, totalmente locos –repitió cuando los vio partir, despreocupados, felices porque esa noche se estrenaba un sainete que hacía tiempo querían ver.

A las ocho, las luces del teatro se apagaron. Se presentaba el sainete de Vacarezza *Cuando un pobre se divierte*, y a Vicente lo que más le gustaba eran los tangos que cantaban en la obra, sobre todo *La copa del olvido.* Una ovación recibió a los artistas cuando salieron a escena. Asunta sintió un fuerte dolor en los riñones pero se acomodó en la butaca y trató de calmarse. A los tres minutos, el dolor se repitió, más intenso y a la altura de las ingles. Apretó la mano de Vicente y aspiró profundamente.

—Escuchá este tango... Es hermoso –le murmuró él al oído. Pero Asunta no podía escucharlo. Sólo le preocupaban sus dolores y el vientre, que se distendía y endurecía cada tres minutos. "Cuando los dolores sean muy seguidos, es que la criatura ya quiere nacer", le había dicho la partera unas horas antes.

—Me siento mal –le dijo a su marido cuando ya no aguantó más.

—¿Qué comiste? –preguntó él, distraído.

—Es el nene –contestó Asunta, aguantando el dolor. Justo en ese momento caía el telón. Vicente aplaudió de pie a los artistas. Después se sentó y tomó de las manos a Asunta.

Astor el "gaucho" y su bandoneón (Nueva York, 1933)

Astor recibe su diploma en una secundaria de Nueva York

Con Carlos Gardel en la filmación de *El día que me quieras*, en los estudios de la MGM (Nueva York, 1934)

Astor, 13 años

La troupe de artistas de cabaret "El Gaucho" en pleno, durante el festejo de cumpleaños de Agustín Cornejo (Nueva York, 1936)

—¿Qué te pasaba? No me dejaste escuchar la última estrofa de *La copa del olvido*.

—Es el nene... Va a nacer. Me duele mucho.

—¿Y por qué no me lo dijiste antes? Vamos, apurate. Yo qué sabía.

Y salieron, Asunta tomada del brazo de su marido, él hablando solo, pidiendo permiso, maldiciendo a la gente que en ese momento se amontonaba en las puertas del teatro y no pensaba más que en divertirse.

Subieron a la moto. Avanzaron despacio por la calle Independencia. Asunta sudaba y aguantaba.

—¿Estás mejor? –preguntó Vicente.

—Cuidado –le advirtió Asunta–. No agarres los pozos.

Vicente maldijo a los pozos y al intendente. Deseó que hubiese alguien en la puerta de la dulcería, pero ya era tarde. Asunta bajó del sidecar, despacio. El largo pasillo hasta su pieza le pareció interminable. Por suerte, había cambiado las sábanas esa mañana y ya tenía listos los pañales y las batitas celestes, bordadas a mano por Doña Rosa.

La partera llegó al rato. "Va a ser varón", dijo mirando el vientre. Se lavó las manos, puso a hervir una olla con agua y colocó un trapo empapado de colonia sobre la frente de Asunta. Vicente salió al pasillo. Lo ponían nervioso esas cosas de las mujeres: "Empuje... respire". Oyó los gemidos de su mujer y los gritos de la partera: "Ahora... no afloje. Empuje más, que ya viene. Lo veo... empuje más, que ya está acá".

Y ella sudaba y pujaba. Aflojaba y volvía a pujar, hasta que sintió que el dolor bajaba, iba desapareciendo, transformándose en una sensación tibia, muy tibia, entre las ingles. El primer llanto del bebé la hizo sonreír.

Violento y sostenido ese primer llanto, morado el cuerpito, los puños cerrados. El 11 de marzo de 1921, a las dos de la mañana, envuelto en un intenso olor a vainilla, al fondo de una dulcería, nacía Astor Pantaleón Piazzolla.

Vicente no aguantó y corrió a buscar a sus amigos Egnio, Astor y Remo Bolognini. Tenía que contarles: había nacido su primer varón.

—Astor. Eso es, mi hijo se va a llamar Astor como vos –le dijo a Astor Bolognini, que además de ser corredor de moto había sido primer cello de la Orquesta Sinfónica de Chicago, durante el tiempo que había vivido en Estados Unidos.

Vicente casi no podía respirar de la emoción. Sus enormes manos se hicieron más torpes que nunca.

—Y va a ser algo grande. Acordate bien de lo que digo: este hijo mío va a ser grande. –Lo repitió una y otra vez, porque nuevamente aparecía en su vida esa bendita terquedad que había heredado de su padre y que más tarde marcaría el destino de Astor.

Pero en el fondo de la dulcería, en la pequeña pieza azul celeste, Asunta lloraba.

—¿Esto qué es? ¿Por qué tiene el piecito así torcido? ¿Usted sabe? –preguntaba una y otra vez a la partera, que permanecía de pie, en silencio. La partera, sin saber qué contestar, mantenía los ojos clavados en el piso.

Estuvo así un rato, confundida y llorosa, acariciando la pierna de su hijo y rezongándoles a todos los santos por esos imperdonables castigos divinos.

"Nací con un problema en el pie", confesaría Astor muchos años después. "Estaba torcido hacia adentro. Algunos dijeron que podía ser una parálisis sufrida durante el embarazo. Nunca se supieron las causas, pero eso le hizo mucho daño a mi madre. Ese día decidió no tener más hijos. Sufrió demasiado, pobre vieja. Me hicieron un montón de operaciones para enderezar el pie. Fueron como siete. Recién en la última, realizada por un médico que no nos cobró un peso, el doctor Rodríguez Egaña, quedé mejor. La pierna quedó mucho más delgada, pero el pie normal. Yo sé que eso me afectó. Recuerdo los días, los meses, vividos en el hospital. Muchas operaciones, mucho dolor y lo peor era que de noche me quedaba solo. Mamá tenía que irse y recuerdo que yo lloraba mucho, gritaba porque me quería ir a casa. Creo que por ese problema mío, a papá se le metió en la cabeza que yo tenía que ser algo grande. Tenía que superar la inseguridad que me daba el defecto en el pie. Él se propuso que yo hiciera todo lo que me prohibían, para salir adelante, para que no fuera un solitario o un acomplejado. Si me prohibían nadar, él me mandaba a nadar. Si me decían que no tenía que correr, él me hacía correr. Y así con todo. Por eso también lo de la música. Él quiso que yo fuera algo grande, diferente y se mató trabajando para que yo lo lograra. Lo que él no sabía era que yo también quería destacarme y hacer todo lo que me prohibían. Yo también quería superar mi problema, salir adelante, destacarme. A partir del día de mi nacimiento, ellos se dedicaron totalmente a mí, como si yo fuera una rara especie de diamante."

Durante casi cuatro años, Astor vivió de hospital en hospital, odiando el olor a alcohol, el tironeo de los puntos en el tobillo, las curaciones, las visitas cortas de sus padres, el beso de mamá cuando se iba. Como era muy pequeño, siempre lo ponían del lado de la ventana, para que le diera el sol y pudiera ver las copas de los árboles.

—Ya lo sabe. No puede hacer ejercicios muy violentos, ni correr demasiado. Debe usar botas y no exigirle más de lo debido a esa pierna. Sería peligroso –dijo el doctor el día de su alta definitiva, luego de la séptima y última operación.

Entre los problemas ocasionados por las operaciones, la situación económica, que no andaba bien, y la carta de unos primos que vivían en Estados Unidos, Vicente retomó su viejo sueño de viajar.

DEL HIJO

Para Astor, el mar y la nostalgia nacieron juntos, el día que Don Vicente le anunció que se irían de viaje, lejos, hacia el norte, en un barco muy grande.

—¿Allá? –preguntó Astor, señalando la raya roja del horizonte. Tenía cuatro años.

—Mucho más allá –contestó su padre, distraído. En realidad, pensaba en la carta que le habían enviado desde Nueva York, en donde le decían que por allá el trabajo de peluquero tenía futuro y que daba para vivir y mantener una familia.

—Allá vamos a vivir mejor, ya vas a ver.

—¿Puedo llevar mi escopeta con corcho y mis pajaritos de madera? –preguntó Astor, con la mirada perdida sobre un horizonte en el que no parecían suceder grandes cosas.

—Lo que quieras –contestó Vicente. Sólo ansiaba cruzar ese mar y llegar a otra tierra, aunque primero tuviera que convencer a Asunta, que no quería dejar a la familia y se pasaba el día llorando.

Vicente viajó antes. Tenía que tantear un poco el terreno, solucionar el asunto de trabajo, ver lo de la vivienda. En Nueva York recibió recomendaciones de algunos amigos y los parientes de Asunta ofrecieron cama, comida y un par de trabajitos temporarios para aguantar los primeros meses.

Al tiempo, volvió. Su mujer le notó algo extraño en la mirada. Se lo pasaba hablando de aquel país maravilloso, hacía números sobre infinitas hojas de papel y hasta comentó acerca de un pequeño departamento que había visto en alquiler.

—Mejor nos vamos, vieja. Vendé todo que nos vamos –le dijo un día, repentinamente, después de una noche llena de pesadillas, porque el dinero ya no alcanzaba para nada–. Allá es más fácil, estoy harto de esto.

A la semana, habían vendido todo y ya tenían los pasajes. Astor no hablaba. Veía cómo la casa iba quedando vacía, con un colchón en donde dormían los tres y una ventana sin cortinas. Amanecía sin hambre, y estaba todo el día de malhumor. No quería irse. No quería dejar a sus *nonos,* ni perderse el café con leche de la tía María, los conejos y las ciruelas de la quinta. Hubiera preferido que lo dejaran con sus primos Egnio, Tito y Aimone, o con su prima Enriqueta, que siempre se reía y le permitía jugar con su cotorrita.

—Yo quiero ir a cazar pajaritos con mis primos –dijo una tarde, mientras su madre lo peinaba para ir a despedirse de los nonos–. No quiero peinarme, quiero ir con los primos.

—Vamos a la quinta, tenemos que despedirnos de los tíos y de los nonos. Otro día vas a cazar –dijo Doña Asunta, con la voz más húmeda que de costumbre.

Astor sintió ganas de llorar, pero se aguantó y permaneció callado hasta llegar frente al gran portón de la quinta.

Había llovido. El pasto estaba mojado y había mariposas grises en el aire. "Yo no tenía ganas de hablar con nadie, por eso me metí en el gallinero, en donde siempre se escondía mi conejo", recordaría Astor mucho después. "Me senté en un banquito de troncos. Me gustaba porque me lo había hecho el tío Checo. El tío era muy bueno conmigo, me hacía hondas, cañas para pescar y escopetas de juguetes. Podía oírlo desde el gallinero. Sentado bajo la enorme higuera, hacía sonar su acordeón. Debían de ser las cinco, porque a esa hora zumbaban las abejas alrededor de los higos maduros. En voz baja (yo los oí escondido detrás de la puerta), mi mamá anunció que nos íbamos a Estados Unidos porque allá se ganaba más dinero. En la cocina estaban Giuseppe, uno de los peones que era como de la familia, la tía Argentina, que tenía los ojos azules y siempre tejía, y la tía Cecilia, con las manos gordas como almohadas y una cara sin cuello, llena de venitas rojas. 'Dale a las gallinas', dijo al verme, y me empujó con su panza enorme. Sus manos olían a albahaca recién cortada, cuando me dio el puñado de maíz. Cuando echan a los chicos y les dicen 'andá afuera a ver los pajaritos' es porque va a pasar algo importante. Yo estaba seguro de que lo que hablaban era triste porque todas las mujeres tenían los ojos rojos, los nonos habían juntado sus cabezas y sus manos como si rezaran y Giuseppe puteaba y escupía. La tía Argentina dejó el tejido sobre la silla y se fue al rincón con mi mamá. Yo lo vi todo desde la puerta del patio, mientras aplastaba moscas contra el vidrio sucio. En ese momento mi mamá mugió como Margarita, la vaca del vecino. Los nonos se abrazaron, y después lloraron, y después se sonaron la nariz. Mi mamá

Primer conjunto de Astor (Mar del Plata, 1937)

En el café Marzotto, rodeado de músicos y amigos (Buenos Aires, julio de 1946)

PROGRAMA

JUEVES 4 DE MAYO DE 1933
A LAS 8.30 P. M.

Beneficio de despedida del conocido
Cantor y Guitarrista

AGUSTIN A. CORNEJO

AGUSTIN A. CORNEJO
Cantor y Guitarrista

ANDY D'AQUILA
con su orquesta Argentina.

ASTOR PIAZZOLLA
disminuto bandoneinista argentino.

PILAR ARCOS
celebre cantante espanola.

ERNESTO (El Gitanillo) y Emerita
conocidos bailarines.

ANITA AMOROS
notable cantante puertorriquena

EL TRIO ALVENIZ
integrados por los Senores.

TUCCI - AYALA - FRANCES

AYALA Y CACERES
Cantante y guitarristas Argentinos de la N. B. C.

ROSITA ORTEGA
excelente interprete de bailes espanoles.

ARROYITO
famoso caricaturista en caricaturas conocidas.

JERONIMO VILLARINO
esimio guitarrista flamenco.

LORENZO HERRERA
celebrado tenor Venezolano quien estrenara una serenata de A. A. Cornejo.

PAULA RODES
aplaudita soprano lirica Americana de la Civic Light Opera Co.

Pida En Disco
"BRUNSWICK"
Por A. A. Cornejo
SUS COMPOSICIONES

"Meditando" — No. 41527
"Buenos Aires de mi vida" — No. 41400
"Rosas Blancas" — No. 41470

DISCOS VICTOR
Anita Amoròs

(a) — "Contigo" (Danza Moderna).
(b) — "Muchachita Primorosa" (Bolero, Rumba) de P. Berrios.

NILO MENENDEZ
Conocido compositor y pianista Cubano.

CARLOS Y GRETA
Bailarines argentinos quienes estranaran el tango "BROADWAY" musica de Carlos (Carlos A. Gianotti) *letra de Enrique Liendo, y la ranchera "La Ranchera Argentina" letra y musica de Agustin Argentino Cornejo. Tambien se estrenarà el Tango "Teresita" de A. A. Cornejo y E. Liendo*

DISCOS BRUNSWICK
Solicite las ultimas Selecciones
De Pinita y su Comparsa

No. 41526 — (a) "Un Lago Azul"
(b) Anita Amoros — (Bolero)

No. 41359 — "Los Negritos" (Tango Africano) — (Boricua).
"En Tu Ventana" — (Bolero, Son)

No. 41518 — "Perdò Senora Perdon" — (Bolero)
"Mujer" (Son) de O. Calvet.

Mar del plata Mayo 14 de 1938

Sr.Elvino Vardaro

Estos cortos renglones son todo para pedirle a Ud. una foto ,me gustaría tener esa foto porque ~~porque~~ admiro no solo a su orquesta como mi ~~######~~ favorita ,pero usted como violinista.Yo no soy violinista ,pero soy Bandoneonista,y me gusta su orquesta por los fraseos y arreglos para los bandoneones y esa orquestación,ylas armonías de violín que le hace Ud.Tengo solo 17 años y hace 7 años que toco Bandoneón.

Se lo agradeceré mucho el pedido.

Un hincha
Astor Piazzolla

Dirección
Alberti 1561
Mar del Plata
F.C .S.

se hizo chiquita y se agarró a las rodillas de mi nona Clelia. Estuvo así un rato largo, sin decir nada. La nariz se le hinchó como batata, se le humedecieron las pestañas y entonces empezaron a desfilar los primos. Mamá lloró hasta las ocho de la noche. Supe que eran las ocho porque a esa hora mi tío Checo se metía adentro de la casa y guardaba el acordeón en el ropero. Yo mordí una ciruela, de las amarillas. Un chorro frío me bajó por el cuello y se me pegó al pecho. Dejé caer el maíz para que se juntaran las gallinas. Me gustaba que se arremolinaran en torno a mis piernas. Dos higos se me reventaron en el bolsillo. El tío Checo había dejado de tocar. Parecía triste. La voz se le puso ronca y los ojos más grises. Parpadeó varias veces, como si le molestara el viento con tierra de la tarde. '¿Qué hay allá, eh?', me preguntó y tomó el último trago de Fernet. 'Nieve', le contesté persiguiendo a los pollitos que escapaban hacia el fondo del gallinero. 'Yo no me iría... Nunca se fue nadie de mi familia'. Sonrió, triste, mostró las cuevas negras de sus dientes y se perdió entre las plantas de tomates. Los bichitos de luz lo siguieron. Quise atrapar uno para hacerme un anillo, como me había enseñado papá, pero ya estaba muy oscuro y me daba miedo quedarme solo. Caminé derechito por el caminito de luz que venía desde la cocina. Mi mamá me llamó desde la puerta. Detrás de mi mamá salieron mis primos, los hijos de una prima lejana, los tíos, el señor del almacén, la dueña de la vaca Margarita, dos señoritas que mi mamá decía que eran como sus hermanas y un montón de perros y chicos como yo. Mamá llevaba una caja larga forrada con papel dorado. Adentro estaban las pantuflas que había tejido mi tía Argentina, orégano para la salsa, albahaca, un mate, un gaucho de bronce y la receta de la lasagna. No pude darle un beso al tío Checo ni saludar a mis conejos. De repente, me ahogué. Traté de respirar pero no podía. Mi cabeza estaba hundida entre los pechos blandos de la tía Cecilia, que con una mano me acariciaba la cabeza y con la otra se sonaba la nariz. Ellos lloraban. Yo no. Para no llorar, pensé en la escopeta que me había prometido papá y en el barco grande que nos iba a llevar por el mar hasta el país de la nieve."

Astor se quedó ronco de tanto gritar a los nonos desde la borda. Ahora sólo veía una masa gris. El cielo y el mar juntos: todo gris. Y por momentos, la aparición y desaparición violenta del tío Checo volando entre las nubes, o el carrito del nono avanzando sobre las olas, perseguido por las gallinas, los conejos y las torcazas. Largo rato estuvo Astor en puntas de pie, con el mentón apoyado en la baranda fría del barco, sin hablar. Tenía una arruga en la frente y los puños cerrados.

El puerto había desaparecido. Adelante, en la proa, con las cabezas juntas, Asunta y Vicente hablaban de sus sueños con otros emigrantes. Un ángel salvador, con una antorcha en una mano y ojos piadosos, los esperaba… cruzando el mar.

Durante varios días, a bordo de aquel inmenso barco, los Piazzolla crecieron en esperanzas, en tímidos desalientos, en "a lo mejor", "quién sabe", "si Dios quiere". Crecieron en preguntas y el Santo Nombre fue pronunciado infinidad de veces, en vano.

Eran las cinco de la mañana cuando el barco llegó al puerto de Manhattan. El ángel estaba ahí. Todos lo vieron. Lo vieron como un ángel, aunque era mujer. Una mano en alto, con una antorcha, y la mirada, más que piadosa, perdida.

"Recuerdo que vi una estatua enorme. Me dijeron que se llamaba la Estatua de la Libertad. Me impresionó. Yo estaba muerto de hambre y de cansancio. Nos fuimos derecho a lo del tío Pablo, un tío de mi mamá, obrero ferroviario, que enseguida nos dio de comer y nos preparó una cama para dormir. Mis padres hablaron mucho con tío Pablo: de la mafia, de Al Capone, de la Ley Seca, que prohibía consumir o vender alcohol, de muchos inmigrantes que se habían hecho ricos y otros que eran muy pobres, del oficio de peluquero, de las calles con números en vez de nombres, de las tiendas grandes, del subterráneo. Unos días más tarde, después de caminar y caminar, nos instalamos en una pieza totalmente distinta a la chacra de Mar del Plata, con sus grandes dormitorios y su enorme cocina. Acá todo era chico y viejo. Papá no estaba tan contento. Salía a buscar trabajo a la mañana y volvía cuando yo ya estaba durmiendo."

En un departamento ubicado en la calle Ocho, Saint Mark's Place, del Greenwich Village, en un extremo de la Península de Manhattan, Don Vicente Piazzolla peleaba a brazo partido contra la desilusión. La tristeza parecía venir de las veredas. Todo era pobre y triste ahí, hasta los ojos de la gente. Los mismos curiosos que se habían asomado en racimos a las ventanas para averiguar quién era el nuevo vecino alto, con una esposa bajita y un chico que miraba todo, emergían de sus pequeños y oscuros cuartos varias veces al día, cuando algo cambiaba el ritmo habitual del barrio.

Hacía treinta días que los Piazzolla se habían instalado ahí. Treinta días que Vicente no conseguía trabajo. Treinta días que Asunta lloraba y Astor preguntaba cuándo iban a comprarle los patines. Pero Vicente nunca había creído en el maleficio de los desengaños. "jamás caigas frente a un desengaño", le decía siempre el viejo Pantaleón, acostumbrado a los naufragios y a los vientos en contra.

En aquellos primeros días, Asunta se dedicó a poner veneno en los rincones para matar las ratas y a limpiar paredes, puertas y ventanas.

"No terminábamos nunca. Es que todo era muy pobre en la calle Ocho. Pobre y triste. Pobre y violento. Al principio mamá casi no salía y me pedía que no me moviera de la puerta de casa. Los pobres de ahí eran como los gatos. Así los veía yo. Al principio parecían serenos, callados, pero las necesidades cambian a la gente. Era un barrio violento, porque existía hambre y bronca. Crecí viendo todo eso. Pandillas que peleaban entre sí, robos y muertes todos los días. De todas maneras, la calle Ocho es mi calle. El Greenwich es mi barrio. Ahí crecí, ahí empezaron mis primeros desafíos, mis primeras peleas, los primeros pecados. La calle Ocho, Nueva York, Elia Kazan, Al Jolson, Gershwin, Sophie Taulker cantando en el Orpheum, un bar que estaba en la esquina de casa... Todo eso, más la violencia, más esa cosa emocionante que tiene Nueva York, están en mi música, están en mi vida, en mi conducta, en mis reacciones. Crecí pegando y defendiéndome. Sigo haciéndolo. Recuerdo que me daba bronca la tristeza de mi madre, la desesperación de mi padre sin trabajo, el frío que hacía en esa casa...".

Cocina de carbón, mucho frío en invierno, paredes descascaradas y ruido, porque abajo funcionaba un salón de billar, y mamá Asunta que transformó aquel lugar en una pieza confortable. Cortinas rojas (ella adoraba el rojo), una mesa con mantel de hule rojo, fotos de la familia en las paredes, un San Antonio en la cabecera de la cama y la victrola en un rincón, hicieron de aquel viejo departamento un sitio lleno de colores, con rojos y blancos por todos lados. Bajo la ventana, sobre un cajón de fruta que Vicente había lijado y pintado de rojo, pusieron el mate con borde de plata, el gaucho de bronce y una copa verde tallada a mano con un ramito de azahares adentro, recuerdo de boda de los Piazzolla.

—Ay, cómo me tomaría unos mates –suspiró Asunta una mañana, mientras enganchaba telarañas con el mango de la escoba. No tener yerba sí que era una desgracia. El mate era para ella desayuno, laxante y ayudamemoria. Siempre tomaba unos cuantos antes de ir al mercado y, entre mate y mate, recordaba si había que comprar papas, lechuga o ajo para la salsa. Pero por esos pagos no había yerba mate, la lechuga era chiquita y sin gusto y la papa amarilla y grumosa.

Nada era como allá. Desde el ruido del taco contra las bolas, dale que dale toda la noche en el billar de abajo, hasta el mate, vacío y absurdo sobre aquella mesita, todo era distinto. Extrañaba.

—Cómo me tomaría unos mates –suspiró tristemente, justo en el momento en que Vicente entraba, a los gritos, blandiendo unas longanizas napolitanas.

—Dame un beso, vieja, empiezo mañana con Tony Melli... Melli, mi amigo. ¿Te acordás? Tiene una peluquería y voy a trabajar con él. De paso aprendo el oficio y después pongo mi propio negocio. Yo te decía... ¿No te decía acaso? En este país no trabaja el que no quiere. Traje longaniza como la de allá, y mañana traigo queso. Lo venden en el barrio de Little Italy. Todo es italiano ahí. Vieras qué gran tipo es Melli. Yo te dije, hay buena gente acá.

Lo dijo todo sin tomarse un respiro siquiera, caminando en círculo alrededor de la mesa, sacudiendo las manos, echándole besos a los santitos que colgaban de las paredes, hasta que finalmente se sentó y miró a Asunta. Ella lloraba sobre las papas amarillas y grumosas que no había terminado de pelar.

—¿Estás llorando? –preguntó en voz baja.

Aquellas papas de la tristeza caían pesadamente sobre el agua hirviendo, mientras Asunta seguía llorando. Porque no era la papa ni la lechuga ni el mate con borde de plata. Era estar tan lejos, era "mamá que a lo mejor se muere y yo acá, en este país que no me gusta". Era su hermana Argentina, que ya se iba a casar, y Checo, que iba a estrenar una polca nueva, y las ciruelas de la quinta, que en esa época eran más dulces y se deshacían en la boca.

—Extraño mucho –dijo y se mordió el labio inferior, porque sabía que no debía decir esas cosas justo en ese momento, cuando Vicente estaba tan feliz.

Se abrazaron. Estuvieron así un rato largo, sintiendo cada uno las lágrimas del otro, hasta que Astor apareció en la puerta.

—Quiero mis patines. Los chicos se ríen de mí. Dicen que no sé andar en patines, que seguro me caigo, que no sé hacer nada.

—Rompeles la cara –dijo Vicente.

—Pero mis patines...

—Ya vamos a comprarlos. Y la escopeta con corcho también. Y una moto grande para ir al campo a ver al tío Pablo. Porque acá también tenés tíos, primos, y hay gallinas, conejos. Igual que allá –dijo Vicente y caminó a grandes pasos hacia el baño, para que su hijo no descubriera que se le habían puesto rojos los ojos.

La nostalgia empezaba a hacerse fuerte. La sorpresa de la nieve, tropezando contra los vidrios de la casa, cambió las caras de los tres Piazzolla.

Al tiempo de estar en Nueva York, Asunta Manetti, que era una mujer fuerte, aunque los recuerdos la hacían llorar, había escrito diez cartas, estaba terminando una bufanda para su hermano Checo y ya hablaba en inglés con las vecinas de la cuadra. Tenía cuatro amigas, dos judías y dos italianas, y una de ellas, la señora Wasserman, esposa del dueño del billar, le había propuesto instalar un salón de belleza. Asunta no sabía nada de esas cosas, pero decidió estudiar peluquería por las tardes y trabajar en alguna fábrica por la mañana. Sin decir nada a nadie, se presentó en un taller textil que solicitaba aprendices, y en donde confeccionaban cuellos de piel. Nunca había trabajado, pero era hábil con sus manos y necesitaba el dinero. Esa noche se lo comunicó a Vicente:

—Me presenté en un taller textil y me tomaron. Empiezo la semana que viene –dijo sin mirar a su esposo a la cara, picando cuidadosamente un diente de ajo.

—No hace falta. Tenés que cuidar a Astor.

—Necesitamos ropa, cosas para la casa. Ya conseguí colegio para Astor. Lo tienen todo el día y le dan de comer.

Vicente no contestó. El dinero no alcanzaba, era cierto. Además, cuando a su mujer se le metía algo en la cabeza nadie le hacía cambiar de opinión.

—¿Qué colegio? –preguntó.

—De las hermanitas. Está desde la mañana hasta las siete de la noche. Pobrecito, me da pena.

A partir de ese momento cambiarían las cosas para Astor. Escondido detrás de la puerta, con un pijama de franela y las pantuflas tejidas por la tía Argentina, escuchó todo.

—No está acostumbrado a quedarse solo –dijo Vicente.

—Y bueno.... tengo que trabajar. Además las hermanitas le van a enseñar cosas buenas y no va a callejear tanto.

A la semana, Asunta empezó a trabajar. Debía pegar pelos plateados en pieles artificiales, uno por uno, uno al lado del otro, durante ocho horas. Las pieles eran luego vendidas como zorros plateados auténticos. Terminaba su jornada con los ojos irritados y la nariz ardiendo por el contacto con la pelusa. Para colmo, Astor lloraba todas las noches, porque no quería ir al colegio de las hermanitas.

—Son malas, no me dejan correr y me tienen todo el día con los brazos cruzados, sentado en una silla y sin hablar –decía, y le rogaba a su madre que lo sacara de aquella escuela.

—Son buenas y además te enseñan a rezar. Yo no tengo tiempo para estar con vos, no puedo.

Astor insistió:

—Además siempre me sacan la medallita que me ponés en la camiseta. Y me castigan porque dicen que esas cosas no se traen al colegio.

—Eso es mentira. Otra de tus mentiras. Dios te va a castigar, vas a ver… Si el nono te escuchara. Eso no se dice.

Pero Astor seguía llorando y los escapularios desapareciendo de sus camisetas. Un día Asunta no aguantó más. Ya no le quedaban más escapularios del Sagrado Corazón. Decidió hablar con la directora.

—Nosotros no creemos en esas imágenes señora, no podemos permitir que el niño traiga esas cosas a la escuela –explicó la madre superiora.

—Pero…. eso no es malo. Nosotros somos devotos del Sagrado Corazón –Asunta empezó a ponerse nerviosa. No entendía.

—Nosotras no. Somos protestantes.

Astor estaba parado en un rincón, sin hablar. Vio cómo su madre se ponía pálida, a punto de llorar. Después saludaron rápidamente y se fueron.

Esa noche, arrodillados los dos frente a la cama de Astor, Doña Asunta pidió perdón a Dios por haber enviado a su hijo a una escuela protestante. Justamente ella, que era tan devota de la Virgen y de los santos. Con la luz apagada, rezaron el Yo Pecador.

Mientras oraban, Astor recordó que por suerte era viernes, que después del viernes venía el sábado y que papá le había prometido ir a la casa del tío Pablo, tan linda que era, tan parecida a la quinta del nono, con sus gallinas y sus conejos y eso de sacudirse el barro de los zapatos antes de entrar en la cocina.

Ya no aguantaba la huelga. El hambre le hacía doler el estómago y sentía en la garganta un nudo seco y porfiado. Tenía que aguantar. Tres meses de huelga, pero tenía que aguantar. No iba a levantarse de esa silla, no iba a traicionar a sus compañeros ferroviarios. Era un Bertolami. Pobre, pero leal. Miró a sus hijos y después recorrió con la mirada la quinta, seca y amarilla. Algunos pollos flacos y hambrientos, picoteaban el aire y la tierra.

Pablo Bertolami era obrero ferroviario. Trabajaba como señalero en una estación de Nueva Jersey. Tío de Asunta Manetti, su corazón era grande y generoso, aunque en sus ojos brillaba siempre una chispa de bronca. Bronca de inmigrante, nada de tristeza, porque la tristeza no era cosa de hombres, no era para un Bertolami.

Pero esos meses de huelga le habían dejado huellas en la cara y una carga casi tangible sobre los hombros. La rabia le había agrandado los ojos, andaba siempre con un puño cerrado y agradecía cuando algún vecino le traía verdura o una gallina para el guiso.

Aquel sábado por la tarde, los Piazzolla fueron a visitarlo. Como siempre, el tío Pablo salió a la puerta. Le gustaba verlos llegar, haciendo ruido y levantando tierra, en su opulenta moto con sidecar. Para Astor, ir a la casa del tío Pablo era la gloria: allí podía corretear cuanto quisiera, ver gallinas como las del nono, oler la albahaca y cazar pajaritos con los primos.

"Ahí llega Vicente en su carroza", gritaba Pablo Bertolami y aplaudía, porque el cariño era para él un montón de ruido, de saltos de los chicos, un crujir de manteles almidonados sobre toscas mesas de madera. El cariño era para él un abundante plato de ravioles hechos en casa, fruta fresca, vino tinto.

Pero aquella tarde, el tío no aplaudió ni gritó. Sólo levantó la mano, con esfuerzo: y trató de sonreír.

Sentados alrededor de la mesa, hablaron de la huelga, de la difícil situación económica, de las cartas que llegaban de Argentina, anunciando bautismos y cambios de trabajo, mudanzas y entierros.

Había cambiado el tío Pablo. Se le había agriado el humor y oscurecido el semblante. "Hijos de puta", repetía mecánicamente, se enojaba con los chicos porque corrían y con el diario porque nunca traía nada bueno. Costaba trabajo escucharlo. La voz le salía cansada, sacudida en cada frase por una tos que le arrancaba lágrimas y puteadas.

—¿Está enfermo el tío? –preguntaba Astor, que ya no oía su risa fuerte, que extrañaba sus brazos, sacudiéndolo por el aire y haciéndolo volar como un pájaro.

—Usted se calla la boca –interrumpía Asunta, llevándose lejos a los chicos, para que los grandes hablaran.

La visita fue corta. Astor lloró porque quería quedarse hasta la noche, pero un chistido le hizo bajar la cabeza.

De regreso a casa, Don Vicente decidió que había que hacer algo por el tío Pablo. Astor oyó que el tío no comía, que llevaba meses sin trabajar y que "pobre, ni ganas de reírse tenía". Comenzó a compartir las penas de sus padres, sintió que él también estaba triste, porque el tío era muy bueno. Había que ayudarlo.

—Si le damos plata se va a ofender –comentó Asunta.

—¿Y si vendemos algo? –interrumpió Astor, que ya había pensado vender sus patines o la escopeta de corcho.

—Nada, no podemos hacer nada –dijo Vicente.

Asunta habló, después de un largo silencio:

—Yo sé hacer vermouth, mi papá lo hacía en la quinta... y whisky también, es fácil.

—¿Y con eso qué?, ¿qué somos nosotros? ¿Mafiosos? ¿No sabés que está prohibida la venta de alcohol? ¿Querés que terminemos todos con un tiro en la cabeza? –contestó Vicente, furioso–. ¿Querés ir a la cárcel? Mirá a Genaro, el vecino que tenía la destilería clandestina. Bajo tierra está. Carajo con esta mujer.

Pero ella insistió:

—Conseguimos una serpentina, cáscara de naranja y podemos hacerlo en la bañadera. Nadie se va a enterar. Después se lo llevamos y él puede vendérselo a sus amigos italianos, esos que tienen la casa de juego. Puede ganar mucho dinero.

—Qué fácil, carajo... Pero está prohibido, ¿o no sabías? Es muy peligroso meterse con esa gente... Aunque la verdad es que el tío ha sido muy bueno con nosotros –dijo Vicente y empezó a calmarse. Los ojos fijos en las manos, las manos rompiendo papelitos, acomodando papelitos, amontonándolos, dándose tiempo para recapacitar.

Astor se emocionó con la idea, pero no se atrevió a hablar. Le brillaban los ojos. Eso de hacer cosas prohibidas sí que era divertido. Era como hacerse una casa secreta en el sótano del portero, o dar vueltas a la man-

Astor y su familia en Mar del Plata, 1948

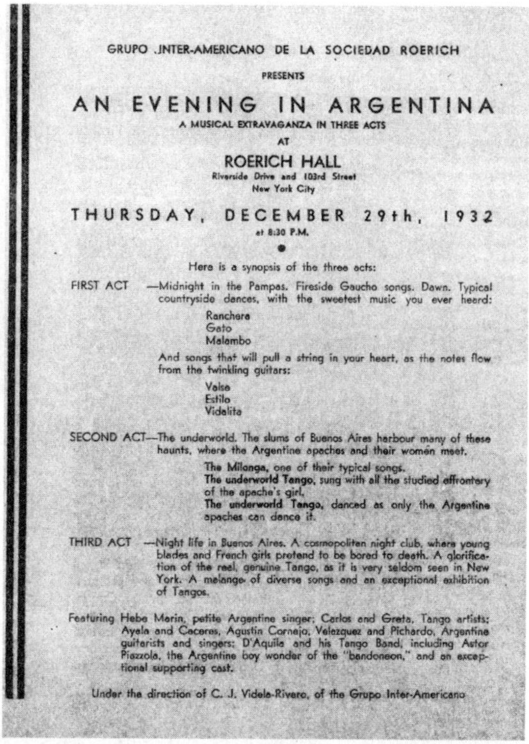

GRUPO INTER-AMERICANO DE LA SOCIEDAD ROERICH

PRESENTS

AN EVENING IN ARGENTINA

A MUSICAL EXTRAVAGANZA IN THREE ACTS

AT

ROERICH HALL

Riverside Drive and 103rd Street
New York City

THURSDAY, DECEMBER 29th, 1932

at 8:30 P.M.

Here is a synopsis of the three acts:

FIRST ACT —Midnight in the Pampas. Fireside Gaucho songs. Dawn. Typical countryside dances, with the sweetest music you ever heard:

Ranchera
Gato
Malambo

And songs that will pull a string in your heart, as the notes flow from the twinkling guitars:

Valse
Estilo
Vidalita

SECOND ACT—The underworld. The slums of Buenos Aires harbour many of these haunts, where the Argentine apaches and their women meet.

The Milonga, one of their typical songs.
The underworld Tango, sung with all the studied affrontery of the apache's girl.
The underworld Tango, danced as only the Argentine apaches can dance it.

THIRD ACT —Night life in Buenos Aires. A cosmopolitan night club, where young blades and French girls pretend to be bored to death. A glorification of the real, genuine Tango, as it is very seldom seen in New York. A melange of diverse songs and an exceptional exhibition of Tangos.

Featuring Hebe Marin, petite Argentine singer; Carlos and Greta, Tango artists; Ayala and Caceres, Agustin Cornejo, Velezquez and Pichardo, Argentine guitarists and singers; D'Aquila and his Tango Band, including Astor Piazzola, the Argentine boy wonder of the "bandoneon," and an exceptional supporting cast.

Under the direction of C. J. Videla-Rivero, of the Grupo Inter-Americano

La orquesta del 46, en la confitería Ruca de la calle Corrientes (puede verse, entre otros, a Di Filippo, Stampone, Baralis, Insúa y Campoamor)

En el Auditorio de la Facultad de Derecho. Astor con Fabien Sevitzky, en el día del estreno de la *Sinfonía Buenos Aires* (1953)

En el Tango Bar de la calle Corrientes (1946)

En la casa de los nonos: Astor y Dedé, Vicente y Asunta, Diana y Daniel (Mar del Plata, 1954)

zana, de noche y sin permiso, subiendo y bajando por las escaleras de incendio, huyendo de un cazador de cabezas.

—No me gusta nada esto –dijo Vicente, luchando contra esa cosa de hombre derecho y honesto que tenía, incapaz de hacer algo al margen de la ley–. Pero está bien, todo sea por el tío Pablo.

La venta de licor era un gran negocio en la época de la prohibición, pero tenía sus riesgos. Había que planearlo todo cuidadosamente. Astor sintió un cosquilleo en todo el cuerpo. Se sacó la gorra y después el saco. Sentía calor, mucho calor. Las manos le empezaron a sudar, cuando su padre ordenó: "Vos también vas a ayudar y ojo con abrir la boca".

Pero quién iba a dudar de los Piazzolla. Gente trabajadora, derecha... "Se les nota en los ojos la bondad", había comentado el policía que cuidaba la cuadra, un irlandés grandote y colorado, a quien Astor odiaba porque pateaba a los perros y olía a repollo. Decían que él había recibido varias medallas por sus actos heroicos contra el vicio y la inmoralidad, y que una noche había acabado con siete temibles miembros de la mafia que, fingiendo un funeral, transportaban whisky en un ataúd. Astor sintió otra vez el cosquilleo en el cuerpo. Era la emoción.

—Dios nos va a perdonar –murmuró Asunta y se persignó dos veces.

—Está bien. Prepará todo y a la noche lo hacemos –dijo Vicente, y dio por terminado el asunto.

A los seis años, Astor disfrutaba vivir al margen de la ley. Por eso lo habían echado de dos escuelas, por eso odiaba a los policías, a los porteros, a las directoras de escuela. A los seis años, era petiso, flaquito, aparentemente inofensivo, con una cabeza llena de rulos y un talento especial para simular inocencia, aunque la sonrisa lo traicionara. Zurdo, peleador, papá Vicente lo estimulaba con algunos centavos de dólar, a cambio de una paliza al irlandés grandote que se burlaba del pibe argentino. "Andá y pegale. Es más grandote que vos, pero podés", decía y *Lefty*, como lo llamaban sus amigos, no se quedaba atrás. Su trompada zurda era famosa y eso le había significado el respeto de las barras que se movían en el Greenwich. Porque vivir al margen de la ley, en esas calles y cerca del Distrito Maldito de Manhattan, era escupir para el costado, abrir y cerrar navajas hasta hacerlas zumbar en el aire, fumar en los zaguanes, odiar la escuela, robar y meterse la gorra hasta las ojos, para que nadie descubriera los secretos malditos, ese precioso tesoro de perversidades que Astor gozaba intensamente.

Mientras su madre preparaba todo para empezar a elaborar bebidas alcohólicas esa misma noche, Astor pensó en Willy y en Nicky, sus mejores amigos. Seguro que se morirían de envidia al enterarse de que él, Lefty, iba a convertirse muy pronto en un auténtico perseguido por la justicia.

En esa calle Ocho, calle de chicos pobres y con rabia, Astor había aprendido que el mundo se dividía en dos: los malos y los buenos; los pobres y los ricos. Él se había decidido por los primeros, entre quienes la crueldad era una forma de sobrevivir. Por eso sintió esa cosquilla de emoción cuando descubrió que mamá también era capaz de hacer cosas prohibidas, aunque luego le pidiera perdón a Dios.

"Conocimos gente de la mafia en Estados Unidos. Yo los recuerdo con cariño. Eran buenas personas, generosas, leales con los amigos. Lo que hacían, a mí no me importaba. Nunca me voy a olvidar de un hombre de la mafia: Scabutiello. Fue un gran tipo, ayudó a mi viejo, le dio trabajo, nos protegía y además hacía una pizza siciliana de locura. No le tengo ninguna simpatía a la policía. Siempre tenía problemas con ellos. Yo era peleador, violento, malo en serio. Formaba parte e una barra muy fuerte, de italianos, y siempre nos peleábamos con la barra de los judíos. Pero peleas en serio. Uno se tenía que meter, yo tenía que probar que no era gallina. Dios me libre. Si eso pasaba, te hacían a un lado y te tenías que aguantar palizas terribles. Tal vez por eso soy un tipo violento y ando siempre a la defensiva. Eso lo aprendí en mi barrio. Si no lo hacía, me reventaban y después me dejaban solo. Yo no quería estar solo, no quería ser el nene bueno y bien vestidito. Yo quería ser como ellos, por eso no me ponía la ropa nueva que mamá me compraba. Lo de hacer el vermouth para el tío Pablo me emocionó, porque yo sabía que era algo peligroso y todo lo peligroso me emociona...".

Y aquella noche de 1927, en el pequeño cuarto de la calle Ocho, Astor disfrutaba metido en la boca del lobo. Sus manos olían a naranjas y alcohol. Las luces habían sido apagadas, las puertas cerradas con doble llave. Sólo brillaba la vela del Sagrado Corazón, que Asunta había encendido para que los protegiera contra cualquier mal.

En el baño, tres individuos concentrados en su trabajo, ejecutaban su plan con cuidado y en silencio. Acomodaban corchos a un lado, botellas en un rincón, hablaban en voz baja, para que los vecinos no se enteraran. Asunta, rápida con las manos y atenta a su tarea, repetía a cada rato: "Dios nos va a perdonar", y se chupaba el dedo.

—Está rico. Salió igualito al del nono –señaló contenta y siguió llenando galones con una taza con pico.

—Apurate, Asunta, que esto no es agua bendita –dijo Don Vicente mirando a su mujer, que aprovechaba el vermouth que se caía al suelo para hacerle una cruz en la frente a su hijo.

—Es suerte –dijo salpicándole la cara a Vicente con las últimas gotas que quedaban en la bañadera–. Ya está.

Astor, callado y serio, acomodó las botellas en el sidecar de la moto. Una al lado de la otra, separadas por mantas y cubiertas con una colcha roja de crochet. Arriba de todo un almohadón para amortiguar los golpes y encima él, sentadito bien derecho, con cara de inocente y la gorra metida hasta los ojos. De tanta felicidad que le daba ayudar al tío Pablo y engañar al policía irlandés que odiaba a los perros, se puso a cantar el himno norteamericano mientras papá Vicente aceleraba.

—Agarrate fuerte y rezá –gritó Vicente. Asunta se apretó contra la espalda de su marido. La moto arrancó ruidosamente.

El policía irlandés estaba parado en la esquina, como todas las noches, revoleando su machete. Cuando pasaron los Piazzolla levantó la mano y sonrió. Astor se sacó su gorrita a cuadros y lo saludó con una reverencia.

—Es un pan de Dios –comentó Doña Asunta el día que conoció al nuevo patrón de Vicente: Nicola Scabutiello. Dueño de una de las barberías más importantes de todo el West Side, en la calle Lafayette, y de varios billares clandestinos, Don Nicola era discreto en asuntos de negocios, de corazón generoso.

—Un buen cristiano, eso soy yo. No soporto ver un hombre decente sin trabajo –decía a Vicente, que había aprendido su oficio de peluquero con Tony Melli y que ahora trabajaba en una de las mejores barberías de todo el West Side. Miembro respetado y temido de la mafia siciliana, Nicola Scabutiello nunca mezclaba la amistad con el trabajo–. Ustedes tres son mis amigos. Más que eso, son mis familiares –dijo un día mientras comían una pizza siciliana hecha por su esposa–. Pero nunca pregunten nada, vean lo que vean. En esta ciudad, para vivir muchos años, hay que mantener la boca cerrada.

Vicente entendió el mensaje y trabajó durante doce horas diarias, sin preguntar nada, sin siquiera mirar aquella puerta roja que lo tenía intrigado. Estaba al fondo de la peluquería y por ella sólo entraba o salía Scabutiello, a veces rozagante y feliz, otras maldiciendo, pálido.

Astor adoraba a Don Nicola.

—¿Puedo decirte tío? –le preguntó un día.

—Claro, zurdito, yo soy tu tío –contestó don Nicola y se puso a doblar pajaritas de papel, muchas pajaritas, para que Astor jugara en la vereda mientras su padre atendía a los clientes. Pero Astor se aburría rápido de las pajaritas de papel. Por eso una tarde, sentado en un banquito, se puso a mirar la puerta roja. Sintió curiosidad pero no podía preguntar nada porque el patrón se enojaba.

—Esa es mi capilla, la iglesia del bueno de Scabutiello –decía, señalando la puerta y mirando al cielo con una sonrisa piadosa.

Lo que Scabutiello afirmaba no admitía discusión. Por eso Vicente contestaba con una mirada de aprobación, sólo para dar a entender que estaba de acuerdo, que ésa era la iglesia del patrón, claro que sí. Se llevaba bien con el bueno de Don Nicola, como le decían vecinos y amigos. "Es un buen hombre, Asunta, tiene un gran corazón", comentaba Vicente a la hora de la cena.

—¿Y la puerta roja? –preguntó bruscamente Astor aquella noche, mientras comían salchichas al carbón.

—A usted no le importan esas cosas. Y cuando se come no se habla. Ni se le ocurra preguntar nada.

Pero Astor sentía curiosidad por aquella puerta prohibida. Porque detrás de aquella puerta ocurrían cosas, ruidos, pasos, risas; en cambio, en las iglesias, todo era silencioso.

Sin decir nada a nadie, resolvió averiguar. Espiaría disimuladamente, cuando no repararan en él; no iba a pasar nada. Don Nicola nunca se iba a enterar.

Esa noche, no logró conciliar el sueño. Pensó en el día siguiente, en el tío de grandes bigotes que siempre tenía cara de secreto y al que todos saludaban con una reverencia, besándolo estruendosamente en los cachetes. Pensó en la puerta roja. Era emocionante. No iba a ser un trabajito muy difícil. Se fue durmiendo lentamente, imaginando aquella puerta, abierta, llena de sorpresas.

—No es difícil –decidió a la mañana siguiente, sentadito cerca de la puerta roja, esperando que papá se pusiera a conversar de Argentina con el cliente gordito de las diez. Se miró en el espejo. Su cara estaba roja y brillante como la de Don Scabutiello.

Del otro lado de la puerta roja llegaron risas. Astor tembló. No podía esperar más. Tenía que aprovechar ese momento, mientras papá estaba de espaldas, muy preocupado por la crisis y el dinero que ya no alcanzaba para nada, porque eso contaban las cartas que llegaban de Argentina. "Ahora", se dijo y luego de bajar el picaporte con mucho cuidado, empujó la puerta. Se abrió suave, sin ruido. Al asomarse, sólo vio una línea vertical, de humo. La pareció el infierno, tan oscuro como le había contado su madre. En los pequeños espacios claros que aparecían por momentos, percibió figuras, como fantasmas, disolviéndose y reapareciendo, algunos recostados sobre largas mesas verdes, otros abrazándose. "Parece el infierno", pensó y cerró despacio la puerta. Era cierto lo que pensaba o había soñado; detrás de la puerta prohibida sucedían cosas que nadie tenía que saber y él iba a callarse la boca porque Don Nicola era su mejor amigo. Más calmado, salió a la vereda silbando y se sentó en el cordón a pensar. Era algo grande ese patrón de su padre. Algún día iba a ser como él y todos lo saludarían con una reverencia o con besos estruendosos en los cachetes, porque él quería ser el Gran Astor, dueño de un lugar prohibido, detrás de una puerta roja.

—¿Qué hace ahí, tan calladito? –lo sorprendió Don Nicola.

—Pensaba, tío.

—Qué peligro. ¿Alguna maldad? –preguntó Scabutiello sin darle mucha importancia y se alejó caminando despacio, la Smith y Wesson asomando debajo de su nuevo saco a rayas.

"Mi tío es grande", pensó Astor y se vio en un balcón de la calle Ocho, saludando con la mano a los vecinos, amado por los unos y por los otros.

Cada sábado era diferente, gracias a Don Nicola. Aquella mañana, fría pero con sol, caminó varios metros detrás de su padre, que tenía el paso largo y estaba nervioso porque llegaba tarde al trabajo. Astor no tenía apuro. Le encantaba patear piedritas, juntar papeles de caramelos, y jugar con el gato de la cuadra, un gato gris de ojos amarillos, que siempre lo esperaba en la puerta de un zaguán largo, oscuro. Se sentó a su lado y empezaron a mirarse. Astor lo hacía a propósito. Sabía que el gato fijaría sus ojos amarillos en él y después saldría huyendo hacia el fondo del zaguán.

—¿Conocés a Nicola Scabutiello? –La voz sonó enorme, detrás de Astor. Un hombre estaba ahí, tapando con su cuerpo toda la puerta, el ala del sombrero cubriéndole el ojo izquierdo.

—Sí –contestó Astor.

—Decile de mi parte… de parte de Jimmy Torino, que mañana abrimos una barbería en la otra cuadra –y le levantó el mentón con una de sus manos–. ¿Me entendiste?

Astor no había entendido nada. Salió corriendo hacia lo de Scabutiello, apretando los labios para contener el miedo. No le había gustado la cara de ese Jimmy. El tío era otra cosa. Nunca usaba sombrero y cuando hablaba terminaba riéndose o tocándole la cabeza.

—¡Don Nicola, Don Nicola! –gritaba cuando entró en la peluquería, agitado y sudoroso. Scabutiello lo tomó de los brazos y lo hizo volar un rato. Pero le notó algo raro cuando lo miró a los ojos.

—¿Qué pasa, Lefty?

—Ahí afuera había un señor… Jimmy Torino, dijo que se llama.

Los ojos de Don Scabutiello se achicaron, inyectados en sangre. Su aire de papá bueno se hizo feroz.

—¿Qué quiere ese delincuente?

—Dice que va a poner una barbería en la otra cuadra. Parecía enojado.

—Qué bien. Bravo por Jimmy. Que la ponga. Y nosotros se la cerramos.

Don Nicola se había puesto morado y no paraba de caminar. De repente se detuvo, tomó a Astor por los hombros y bajó el tono de su voz, casi al nivel de un gran secreto.

—Se la vamos a cerrar, te lo juro. ¿Qué te parece, amiguito?

—Me parece bien –Astor no sabía de qué se trataba, pero le pareció que el tío tenía razón, que nadie tenía derecho a meterse en su calle.

—Se la cerramos, tío. Yo te ayudo.

—Bravo, Astor. Así se habla. Serás mi ayudante, te lo prometo. –Y se lo llevó a la calle, del brazo, como a sus grandes amigos, esos que llegaban y lo besaban, antes de perderse detrás de la puerta roja.

Al día siguiente, no había más barbería que la de Don Nicola en la calle Lafayette. Una nube negra coronaba las ruinas doradas del fastuoso local de Jimmy Torino.

—¿Y la barbería? –preguntó Astor, concentrado en la enorme nube gris en forma de torre.

—Se la cerramos, amigo. Pobre Jimmy, no se esperaba una sandía con mecha –Scabutiello perfumó las solapas de su traje nuevo, uno negro con finas rayas grises, y sonrió.

—Vamos, Astor, daremos un paseo por la ciudad.

Y se lo llevó, cantando él, silbando Astor. Pasaron orgullosos al lado de aquellas ruinas doradas, encantados porque había salido el sol en Nueva York.

Cuando Astor partía de vacaciones a Connecticut se olvidaba de todo, hasta de su deseo de convertirse en la mano derecha de Don Nicola Scabutiello. El sol le ponía el pelo más rubio, y el aire puro serenaba su espíritu. Lo único que le importaba era rodar por las colinas con Willy Lukianski y pedirle prestada su armónica para tocar como Borah Minevitch.

Pasar tres meses con Willy y sus abuelos rusos era la gloria, a pesar de la sopa de remolachas, de lo mucho que extrañaba a papá y a mamá y los salamines del barrio de San Genaro. Cada noche, después de rezar en ruso una plegaria que Willy le había enseñado, Astor se tapaba la cabeza con la sábana y lloraba despacito. Con mamá lejos, volvían las pesadillas y los miedos. Pero a la mañana todo cambiaba. Ya no se oían ruidos en las ventanas ni aparecían sombras en las paredes. Astor volvía a ser feliz.

—¿Qué podemos hacer para ganar dinero y comprarnos cosas? –le preguntó Willy una tarde, mientras caminaban hacia las colinas.

—Qué sé yo... Dejame pensar –contestó Astor y entornó los ojos, concentrándose en aquella idea que también lo preocupaba.

Ninguno de los dos habló. Empezaron a rodar colina abajo.

—Ya sé –dijo Astor parándose de un salto y deteniendo con un pie el cuerpo de su amigo.

—¿Qué?

—Vamos a lustrar zapatos. Tengo un vecino, un irlandés, que con ese trabajito gana un montón de plata en la calle Once. Y tiene diez años.

—Eso cualquiera lo hace.

—Vos lustrás y yo zapateo para que vengan más clientes.

—Y podés tocar mi armónica.

—Eso. Pero no digas nada.

—A nadie, te lo juro.

Y soñaron toda la tarde, haciéndose ricos, cantando y zapateando bajo un sol que enrojecía las colinas. La noche llegó cuando ya eran grandes y poderosos, siempre juntos, porque nada ni nadie iba a separarlos. Cuando las colinas se volvieron negras, llegó la hora de rezar en la casa de los Lukianski.

Pero después de esos tres meses de dicha, volvía la tortura de la escuela, los deberes, las malas notas, los sermones de papá. Astor se ponía terrible en esos días. Cometía todos los pecados mortales del mundo, esos que su mamá decía que eran los peores porque lo mandaban derechito al infierno. Se agarraba a trompadas con los irlandeses, soñaba con robarse una armónica y ya lo habían echado de dos escuelas en un año, aunque eso no importaba, porque ahora iba a trabajar con Willy hasta volverse rico.

Pero el deseo de tener una armónica Hohner, cromada, con incrustaciones, no lo dejaba dormir. Lástima que papá odiara las armónicas. Prefería esa música triste y aburrida, que siempre terminaba con un *chanchan* y que lo hacía llorar, sobre todo cuando llegaba la noche y charlaban de Argentina con mamá.

—Ese bandoneón llora. ¿Te das cuenta, Asunta? El tipo es un genio tocando.

Cuando Vicente escuchaba a Pedro Maffia o a Julio De Caro se le ponían los ojos cristalinos y ya no hablaba con nadie. Doña Asunta hacía gestos de resignación y barría los pelos platinados de las clientas, mientras Astor intentaba dormirse rápido, porque lo tenían cansado con eso de Argentina, la musiquita triste... tan linda que era su armónica dorada.

"En ese tiempo, mamá había dejado la fábrica y había instalado una peluquería para señoras, llamada Mary & Susan. Tenía muchas clientas, italianas y judías. Para no tener problemas (porque las judías y las italianas se llevaban mal), un día atendía a las judías y otro día a las italianas. Nunca juntas. Yo aprovechaba que ellas me querían mucho, para que me dieran algún trabajito, y después la propina. Había una que me mandaba encender las velas en la sinagoga, el día que tenía que teñirse el pelo. Entonces iba yo, y después me daba un dólar, que era una fortuna. Otra me mandaba a comprar perfumes y después me daba la propina. Pero con eso no me alcanzaba para nada, y menos para comprarme la armónica."

Finalmente, un día, después de una insólita buena nota en matemática, Don Vicente llegó con la armónica, chiquita y opaca, no dorada. Igual sería útil para las lustradas en la calle Once.

Asunta, Norma, Diana, Daniel, Astor y Dedé

Astor jugando con sus hijos

Astor en sus primeros años

El Octeto Buenos Aires, en una aparición televisiva (Buenos Aires, 1955): (de izq. a der.): Hugo Baralis, “Nene” Nicolini, Enrique Francini, Atilio Stampone, José Bragato, Leopoldo Federico, Astor PIazzolla y Horacio Malvicino

—Ya tenemos todo. ¿Cuando empezamos? –preguntó Astor a Willy esa tarde.

—Mañana –contestó su amigo. La noche pasó de sueño en sueño y la mañana fue lenta, más lenta quizá por la emoción.

A las cuatro de la tarde, en la esquina de la calle Once, Astor y Willy ordenaron sus herramientas de trabajo.

—Yo empiezo –dijo Astor y sacó la armónica del bolsillo–. Toco un rato, zapateo y vas a ver cómo se junta la gente.

—¿Y yo qué hago?

—Vos.... tratá de no manchar las medias de los clientes, porque nos matan. Ocupate de tu trabajo, yo del espectáculo.

Willy puso en fila las tintas, sacudió la gamuza y se tentó cuando vio a Astor zapateando y sonriendo, pasando la gorrita, tocando la armónica.

—Parecés esos bailarines de las películas.

—Eso quiero ser cuando sea grande –y se puso a tocar la armónica y a zapatear al estilo de Minevitch.

—Ahí viene un cliente.

Fueron muchos los clientes y todos se fueron encantados, porque el chico que lustraba les dejaba brillantes los zapatos y el pequeño músico les dedicaba melodías, amenizando esos minutos con charlas y zapateo. A las siete, la gorra estaba llena de monedas.

—Ya está llena. Hicimos un montón... Te dije que íbamos a ser ricos –dijo Astor.

—Mañana volvemos. Ahora estoy cansado.

—Pero esto es mucha plata, no lo puedo creer.

Y estuvieron un rato contando monedas y abrazándose, porque no podía ser cierto, y tal vez seguían soñando bajo el sol de Connecticut, mareados de tanto rodar y rodar.

Astor llegó a su casa a las ocho. Decidió que ése iba a ser el secreto de toda su vida, porque papá y mamá jamás lo dejarían trabajar en la calle y menos todavía zapatear y tocar la armónica.

Se acostó temprano, boca arriba, con la armónica debajo de la almohada, una mano sobre los ojos. Desde la cocina le llegó aquel tango triste que su padre escuchaba en la victrola, mientras cenaba. Un murmullo lo puso nervioso. Seguro que estaban hablando de algo que él no debía escuchar. El tango hizo *chan-chan* y entonces pudo oír que su madre lloraba.

—Quiero volver, ya no aguanto.

—Está bien, no llores. Vamos a volver –decía Vicente, alzando el tono de la voz, porque la tristeza de Asunta le daba rabia. Rabia de estar lejos, de tener ganas de llorar y no poder, de verla a ella triste y no saber qué hacer.

—Escribile a tu viejo y decile que vamos a volver –dijo y siguió tomando la sopa–. Cuándo, no sé. Tendremos que juntar plata.

Astor no quiso oír más. Se tapó la cabeza con la almohada, sintió el frío de la armónica junto a la boca. El tango triste tenía la culpa, toda la culpa. Se acordó de su amigo Willy y pensó en esconderse en el sótano para que sus padres no lo encontraran nunca.

Fue realmente una pena escuchar aquel secreto de papá y mamá. A partir de esa noche, se lo pasaba peleando con Willy por cualquier cosa. Asunta comentaba con las clientas que Astor estaba ojeroso y sin hambre. La tristeza, la bronca, todo era culpa del tango. Porque de tanto escucharlo y pensar en Argentina, en los primos, en los tíos, a su papá le habían dado ganas de volver.

—Me voy a Argentina –le dijo una tarde a Willy, sin mirarlo a los ojos. Una lustrada de un cliente apurado interrumpió la confesión. A Willy se le corrió la pomada, se le mancharon los dedos y la media blanca del señor.

Astor terminó de zapatear y se sentó en el cordón de la vereda. Willy se le acercó, dio varias vueltas, después se sentó a su lado. Ninguno de los dos habló. Fue un pacto de dos hombres tristes.

—Hace calor, por eso se me corrió la pomada –disimuló Willy.

—Mejor volvamos –dijo Astor.

Caminaron despacio, sin hablar. Willy pensó que eso de irse en un barco a otro país era un invento de Astor, una mentira para darse aires, porque su amigo nunca iba a dejarlo.

Esa semana explotó todo. Astor se trompeó con un irlandés corpulento, como de doce años, insultó a la maestra de matemática, marcó las paredes de la escuela con una navaja y trajo seis amonestaciones. Tuvo que soportar, también, el llanto de mamá y un sermón de papá, preguntándose y preguntándole a Dios qué iba a ser de ese hijo que le había salido tan torcido y que, aunque fuera a golpes, le iba a salir bueno... y tan grande como siempre había soñado.

—Vas a estudiar, Astor Pantaleón. Aunque sea a patadas, pero vas a estudiar –gritó Vicente, haciendo saltar el plato de sopa.

Astor no habló. A veces se sentía como hecho de arena y se iba desmoronando, desapareciendo, debajo de la mesa.

—¿Qué te gusta? Nada, ya sé, nada. Te gusta la calle. Justo a mí me tocó un hijo vago, un delincuente –Se agarró la cabeza y caminó de pared a pared.

Asunta limpió el mantel, sirvió otro plato de sopa a su marido, se sentó. Por debajo de la mesa, acarició la rodilla de su hijo que había empezado a llorar. Todo se desmoronaba. Astor sintió que el diablo se lo quería llevar porque no era bueno, por eso le ocurrían tantas cosas terribles. Se lo había dicho la maestra de matemática, la de los dientes encimados: "No sos bueno, Astor Pantaleón. No hacés nada bien, no sos bueno". Se lo había dicho gritando, la saliva hecha espuma en la comisura de los labios. Se sintió acorralado contra la silla, cada vez más chiquito.

—Te gustaba el béisbol y se acabó... te mandé a estudiar boxeo al Boy's Club y te aburriste. Después se te dio por armar y desarmar aparatos de radio por tu cuenta... –lo amenazó con un puño–. Yo creía que iba a tener un hijo ingeniero, pero nada. Un vago, eso sos, y me tenés podrido.

Astor vio al diablo asomado a la ventana. Tanto le habían hablado del infierno, que ahora le parecía ver al diablo en todos lados. Se sintió malo. Le dio pena por papá, por la vena hinchada de su cuello, a punto de reventar, y también por mamá que se lo pasaba llorando por los rincones. Pensó que eso del barco y del viaje era un castigo, que la culpa de todo la tenía el tango triste que todas las noches giraba y giraba hasta que papá se quedaba dormido.

Ese tango triste también tuvo la culpa de que, días después, Vicente entrara en una casa de empeños. El dueño, un hombre desmemoriado y poco sentimental, de ojos azules y áridos, lo atendió con desgano.

—No tengo tiempo para fijarme en la cara de la gente –dijo, limpiando con un trapo sucio un violín viejo–. El hombre vino, dejó esa cosa ahí, le pagué y se fue.

—¿Era argentino? –preguntó Vicente Piazzolla, los ojos muy brillantes, porque ver esa cosa ahí, entre tantos violines, porcelanas antiguas y copas de plata, fue como un milagro, como si Dios lo hubiera dejado a propósito en aquella vidriera.

—Acá vienen de todas partes. Le cuentan a uno sus problemas, lloran un poco, pero el dinero lo agarran. Yo, por suerte, nunca mezclo los sentimientos con los negocios.

—¿Era de él? –quiso saber Vicente. A lo mejor conocía al tipo, o se trataba de algún compatriota en desgracia. Vender una cosa así... No lo podía creer; era tan lindo.

—Qué sé yo. Vino con esa cosa envuelta, dudó, yo le ofrecí unos pocos dólares, porque esto no vale nada –el hombre de ojos áridos siguió limpiando el violín–. Se quedó ahí parado, pensando. Después agarró los billetes y se fue.

—Seguro que era argentino.

—Era un loco. Hay muchos por acá.

—Me gusta.

—Mire: yo compro y vendo. ¿Lo quiere o no?

—Claro, claro que lo quiero. Es para mi hijo. Esto me lo mandó Dios.

—Por diecinueve dólares hasta le pongo una caja para que no se le maltrate en el camino. Lleva usted una joya.

—Mi hijo es un pibe, ¿sabe? Va a ser algo grande, yo lo sé.

Son presentimientos que uno tiene. ¿A usted nunca le pasó?

—Claro. Son diecinueve dólares –dijo el hombre sin prestarle atención.

Don Vicente pagó, saludó y salió a la calle. En la esquina de la Ocho, apuró el paso. Llevaba la caja apretada contra el pecho.

Salieron a la vereda el peluquero, la esposa del dueño del billar, una vecina platinada que se arreglaba las uñas con Doña Asunta y el portero, que nunca salía a la calle antes de las seis de la tarde. Pocas veces lo habían visto tan alegre y con un paquete tan grande.

—¿Regalos para la familia? –preguntó uno de ellos.

—Una bomba. Esta noche prendo la mecha y volamos todos –contestó Vicente. Los vecinos ya conocían su sentido del humor, a veces imperdonable. Se quedaron mirándolo, hasta que desapareció tras la puerta del Salón de Belleza Mary & Susan. A esa hora, el negocio estaba lleno. Cortes, tintura, depilación y Asunta yendo y viniendo, siempre sonriente a pesar del cansancio.

Vicente entró y fue derecho a la cocina. Quería darles la sorpresa a la hora de la cena, pero ya no aguantaba. Era demasiado para él solo. Oyó el ruido de la puerta de calle y los pasos cortos de su hijo. Seguro que le iba a gustar. Qué armónica ni qué carajo.

Astor llegó revoleando su bate de béisbol. Los ojos redondos y alegres. Se quedó mirando la caja.

—Dale, abrilo, es para vos –dijo Vicente nervioso. No tenía paciencia para esas cosas. Además, ése no era un regalo cualquiera. Era algo así como un milagro, un oscuro y pequeño presentimiento–. Abrilo, te digo –y manoteó el paquete.

Astor fue arrancando despacio el papel. Miraba la caja y después a su padre. "No son patines", pensó, "la caja es demasiado grande. Ni una armónica dorada, ni un equipo nuevo de béisbol".

—Era de un buen hombre... Un hombre que hubiera querido conocer –dijo Vicente.

Astor separó las últimas hojas que componían el envoltorio: páginas y páginas amarillas de un viejo periódico. Hasta que, finalmente, apareció la "jaula", con un envarillado de metal, la botonera y las incrustaciones de nácar. "Es una caja de magia", pensó Astor y la rozó con un dedo tembloroso, como si desde adentro fueran a saltar conejos y palomas.

—¿Qué hacés ahí parado? Tocalo, tocalo carajo. ¿O sos hijo de rusos vos?

Astor dio varias vueltas alrededor de la jaula, hasta que empezó a reírse bobamente, porque aquella cosa le resultaba desconocida y todo lo desconocido lo ponía nervioso y le provocaba risa.

—Tiene un montón de botones –dijo.

—Hay que abrirlo y cerrarlo, para que suene. Es como el acordeón del tío, pero esto se llama bandoneón. ¿Entendiste?

—¿Y yo qué hago con esto? –preguntó Astor, que no le veía gracia a aquella caja negra.

—Tocarlo. Ahora sentate y ponételo sobre las rodillas. –Vicente colocó suavemente el bandoneón entre las manos de su hijo y se quedó mirándolo–. Éste es el instrumento que toca Pedro Maffia... El del disco que escucho a la noche.

Sentado, quieto, Astor metió las manos adentro de las correas. Los dedos se le endurecieron. Apretó una tecla.

Un sonido corto y agudo lo sorprendió.

—¿Qué hay adentro? –preguntó.

—Qué va a haber, carajo. Sonidos, música, eso hay.

Astor apretó otra tecla y cerró el fuelle. Fue como un golpe de viento.

—De acá no sale nada. Esto es duro, no es como la armónica.

—De la armónica olvidate. Ahora tocá. Tenés que acostumbrarte. Poco a poco, hasta que te encariñes –dijo Vicente y acarició la cabeza de su hijo–. Yo sé que vas a tocar bien. Vas a ir a estudiar... No sé dónde, pero te voy a conseguir un maestro.

Astor miró a su padre. Lo vio distinto, alegre, como si algo largamente deseado se hubiera cumplido en ese momento.

—¿Estás contento, papá? –preguntó.

—Claro... Te veo ahí y me imagino cosas. Me gusta ver ese bandoneón en tus rodillas –dijo y salió, porque habían sido muchos los sueños demorados por la pobreza. Recordó cuando tocaba el acordeón para su padre, las ilusiones, los miedos. Todo se repetía ahora en su hijo. "El destino", pensó. Nunca había imaginado que cosas así pudieran ocurrirle a un hombre común.

Astor aprovechó la ausencia de su padre para tocar y mirar el bandoneón por todos lados. Decidió que hubiera sido más lindo una armónica, pero tal vez algún día (como decía su padre) le tomaría cariño, se acostumbraría. Lo golpeó con los nudillos primero, luego con toda la mano, con fuerza.

—¿Quién anda ahí? –preguntó con la boca pegada al instrumento.

El bandoneón contestaría años más tarde.

Aquella primera maestra, cuyo nombre nadie de la familia recordaría años después, hizo un extraño pacto con Asunta Manetti.

—Usted le da clases de música a mi hijo y yo le hago las uñas todos los sábados –le propuso esa mañana, después de explicarle que su esposo quería que el chico estudiara música para poder algún día tocar el bandoneón.

—Pero yo no enseño bandoneón, sino teoría y solfeo –le aclaró, sorprendida.

—No importa, usted enséñele esas cosas, después nosotros nos arreglamos.

Astor empezó un lunes. Vestido con su pantaloncito gris, camisa blanca, un par de botitas recién compradas, y un flequillo de rulos rubios cayéndole sobre la frente, tenía el aspecto de un auténtico ángel.

La maestra lo miró con ternura.

"Tiene cara de pájaro", pensó Astor cuando la vio, con esa nariz afilada, las cejas finas y la cabeza chiquita y ovalada de un pájaro. Le resultó aburrida, con su manera lenta de dar las clases, paseándose todo el tiempo por la sala y meciendo el cuerpo: "Do-re-mi-fa, uno, dos, tres... Do-re-mi-fa, uno, dos, tres", y esa felicidad celestial en el rostro cuando, mirando un cuadro de Mozart niño tocando frente a reyes y príncipes, decía: "Te pareces, Astor... Esa cara, esos ojos, esos rulos. Son muy parecidos".

Entonces el alumno sonreía para complacerla, aunque en realidad estaba pensando en las cuatro bombas rusas y cincuenta y cuatro cohetes que había fabricado él mismo para el día de la Independencia. Sólo faltaban dos días. Eso sí lo emocionaba, se le ponían rojas las mejillas y le brillaban los ojos.

—La música es un don supremo... viene del cielo e inunda de felicidad el corazón de los mortales –decía la maestra tocándose el corazón–. Eres un ángel, pequeño Astor. Llevas la música en el alma; se te nota en la mirada.

Pero su cabeza estaba en ese momento debajo del ropero de su dormitorio, en donde había escondido las cuatro bombas rusas y los cincuenta y cuatro cohetes.

Después de diez clases, el pacto entre Asunta Manetti y la maestra de música quedó en el olvido. El alumno no había aprendido ni siquiera la escala musical y Cara-de-pájaro comunicaba tristemente a los padres que ese niño no llevaba la música en el alma como el pequeño Mozart.

Después de varios cinturonazos y maldiciones, Vicente decidió buscar otro profesor para Astor.

El segundo maestro vivía a la vuelta de la casa de los Piazzolla, solo, con una mandolina y un gato siamés. Era italiano y enseñaba solfeo, violín y mandolina. Nada que ver con el bandoneón, pero Astor tenía que estudiar música y no había dinero para maestros especializados.

Las lecciones de solfeo, las clases de armonía y la historia de la mandolina y su importancia en la música, se desvanecían rápidamente cuando aquel maestro, con la cara de Toscanini y manos de boxeador, se ponía un repasador en la cintura para preparar la salsa de sus spaghetti. La pieza olía a albahaca y ajo dorado. Astor disfrutaba.

—¿Cómo la hace, maestro? –le preguntó una mañana, tragando saliva y acercándose a la olla.

—Calentás bien el aceite, le echás el ajo y cuando esté dorado... No quemado, dorado, se le pone el tomate, una pizca de pimienta, albahaca, sal y orégano. ¿Entendiste? –y revolvió la salsa con cuchara de madera.

Astor se quedó quieto, parado sobre un banquito.

—Nunca lo dejes hervir, nunca, porque se te pone agrio el tuco y te da acidez –y siguió revolviendo–. ¿Qué pasó con el solfeo?

—Nada. Se me fue de la cabeza.

—Entonces vamos a comer para que puedas pensar mejor.

Puso dos platos y comieron. Astor escuchó con atención las aventuras juveniles del viejo mandolinero. Llegó a su casa feliz, oliendo a salsa de tomate.

A los dos meses abandonaba al maestro, porque según Don Toscanini, como le decía Vicente, el chico era duro como una piedra para la música, y muy vago.

El bandoneón siguió sobre el ropero, junto a una pila de cajas y valijas vacías. La música no le entraba en la cabeza.

No entendió la alegría de su madre aquella noche, cuando Don Vicente entró y le dijo: "Nos vamos dentro de un mes".

Astor había olvidado lo del viaje, o mejor dicho, pensó que sus padres habían cambiado de planes. Volvió el desencanto con los preparativos para partir. Durante varias tardes la casa empezó a llenarse de gente y a vaciarse de cosas. Sólo se veían baúles, pilas de toallas, sábanas, ropa, diarios para envolver los platos, cajas del almacén de la esquina para guardar los objetos delicados. Fueron treinta días de despedidas, compras, lágrimas. Treinta días de frazadas dobladas dentro de cajas, de ventanas sin cortinas, de clavos sin cuadros, de camas sin colchones, de patines y juguetes guardados. Treinta días de desolación para Astor, aunque a Doña Asunta le agarraran ataques de besos con todo el mundo y se lo pasara comprando regalitos para la familia y ropa nueva para el hijo.

—Mirá qué lindo, es la última moda –dijo una mañana, mostrándole a Astor un traje a cuadros rojos y verdes con la gorra haciendo juego–. Es para estrenar en el barco, para que te vean tus tíos.

Vicente, a pesar de los nervios, se lo pasaba escuchando sus 78 rayados, con una voz de Gardel que parecía llegar desde muy lejos. Una y otra vez Gardel y Pedro Maffia, hasta que se tranquilizaba y se iba a la cama.

Durante esos días, Astor, sentado sobre un baúl, miraba todo.

—Voy a llevarme estas monedas de recuerdo –decía Doña Asunta y las guardaba dentro de un pañuelo–. Y unos dólares, porque allá no hay.

"Escríbanos, Doña Asunta", le pedían llorando las vecinas que habían aprendido a hacer los canelones, las empanadas y la crema de almendras para cutis seco de su amiga argentina.

"Usted es un santo, Vicente, que Dios lo proteja", decía Don Scabutiello y lo besaba estruendosamente en los cachetes. "A ver si me hace un

Orquesta de cuerdas, 1957 (entre otros, Vardaro, Bragato, Gossis, Greco y el cantor Jorge Sobral)

Durante la etapa del jazz-tango, en una foto promocional con Juan Carlos Copes (Nueva Yor, 1959)

En el club 676, con el Quinteto: Osvaldo Manzi, Oscar López Ruiz, Astor Piazzolla, "Kicho" Díaz, Antonio Agri (Buenos Aires, 1960)

Con Horacio Ferrer, durante *María de Buenos Aires* (1968)

lindo corte antes de irse", rogaba la señora Wassermann ayudando a cerrar cajas y valijas.

Astor prefirió no ver a sus amigos. Se despidió de ellos una hora antes del viaje.

En el puerto estaban la señora Wassermann y su esposo, el bueno de Scabutiello con toda la familia, el tío Pablo y los primos, el maestro de la mandolina y el portero de la casa. A Willy y a Nicky los alzaron, para que Astor pudiera verlos desde lejos. Pero él se tapó los ojos. Dijo que el barco lo mareaba y que por eso odiaba a todos los barcos del mundo. A la noche, en un camarote chiquito, lloró porque le dolía el estómago.

Toda la noche lloró y casi no durmió. No quería que se le borraran las caras de sus amigos.

A la mañana siguiente quiso ver el mar. Aspiró profundo.

Tenía que comprobar si era cierto aquello que decía su nono Pantaleón: que el aire de mar hace a los hombres más fuertes.

El cielo caía sobre el puerto de Buenos Aires, pesado y horizontal. 1930. Habían pasado cinco años desde su partida.

Vicente no reconoció a nadie, al principio. Después, lentamente, fue descubriendo a Checo, que tenía el pelo un poco más blanco, a Cecilia, que estaba más gorda, y a Argentina, que ahora se peinaba con la raya al medio y un pequeño rodete en la nuca. Había tres sobrinos que nunca había visto y una prima lejana que sólo aparecía en ocasiones especiales.

Astor, con su trajecito a cuadros rojos y verdes y la gorra metida hasta los ojos, preguntó dónde estaba la playa y cuándo podía ir a cazar perdices con los primos.

—La playa está en otro lado y los primos también –contestó Asunta, achicando los ojos para adivinar quién era aquel que saludaba con un pañuelo rojo, al lado de una mujer que secaba sus lágrimas con la manga del pulóver.

En el momento del encuentro, Astor fue arrebatado por brazos que lo alzaban y lo tocaban, haciéndolo girar, poniéndolo de frente, de perfil, "a ver esos ojos, igualitos a los de su madre... qué grande... a ver cómo habla... decí algo... precioso... un muñeco". De repente, todo se oscureció. La tía Cecilia, siempre enorme y cariñosa, lo tenía apretado contra su pecho y lloraba.

Los días siguientes, ya en Mar del Plata, fueron de dolor de piernas de tanto caminar, de regalos, visitas al cementerio, idas a la iglesia, saludos a los vecinos, paseo por el puerto para visitar a Don Chicho el pescador, lamentos por los muertos, los enfermos, los pobres, los que no se habían casado todavía.

Durmieron durante los primeros quince días en casa de una prima, en una cama prestada, Astor en un colchón, al lado de sus padres. Mientras tanto, buscaron un lugar para instalarse, hasta que consiguieron una pequeña vivienda con local al frente para poner una peluquería. Asunta y Vicente vivían hablando en voz baja, con gestos de preocupación y miradas que ya no eran alegres como en otras épocas. Las cosas habían cambiado en Argentina.

—Antes no había tantos pobres –le dijo Asunta a su esposo, una tarde tediosa y sin clientes.

—Mirá los negocios, están vacíos. No hay plata –dijo Vicente, nervioso, porque la peluquería no andaba bien. En toda la tarde un solo cliente, y de los ahorros no quedaba casi nada.

—Ni trabajo... De la fábrica de pescado que hay en el puerto echaron a un montón.

—Como para no robar está la cosa. Yo no sé qué haría... uno no sabe, con tanta miseria.

—¿Y qué vamos a hacer? –Asunta rehuyó la mirada de Vicente. Sabía que tenía ganas de volver a Nueva York.

—Esperar... A lo mejor cambia el gobierno, pero no creo. Yo me iría. Todavía nos queda un poco de plata.

—Pero Astor... el colegio.

—¿Y yo qué? Hace un mes que no duermo, ni al cine vamos, ni un par de zapatos te pudiste comprar. Allá, por lo menos, salíamos, nos íbamos de vacaciones... Astor tenía sus amigos. Acá no habla con nadie, está triste. ¿No lo ves, acaso?

—Sí, pero se va a acostumbrar. Puede estudiar el bandoneón. Acá hay maestros.

—Está bien, eso sí, podemos buscarle un maestro. Pero el día que me canse nos vamos. Y no me mires así.

Asunta fue hacia el fondo del negocio y preparó unos mates. Volvió al rato. Vicente estaba más calmado, pero ella presintió que el día menos pensado estarían otra vez en un barco, rumbo a Estados Unidos. Había heredado el espíritu de Don Pantaleón y ella estaba dispuesta a seguirlo.

Mientras estas preocupaciones angustiaban a sus padres, Astor intentaba adaptarse al guardapolvo blanco, a San Martín, a memorizar las estrofas del Himno Nacional, a que le ataran la mano izquierda para que escribiera con la derecha, a que se burlaran de él por ese lenguaje extraño que nadie conocía.

Muchos años después, su maestra de tercer grado recordaría: "Astor hablaba mitad inglés, mitad castellano. Se quedaba un rato pensando y después hablaba. Le costaba expresarse y los chicos a esa edad son muy crueles. Se burlaban de él, por la forma de vestir y de hablar. Sumado a eso, algunas maestras le ataban la mano izquierda para obligarlo a escribir con la derecha. Él era zurdo y eso lo ponía nervioso. De todas maneras, siempre salía adelante: peleando. Peleaba en cualquier lado, a él no le importaba. Pero, a pesar de eso, tenía un aspecto simpático que cautivaba a todo el mundo. Recuerdo que un día me confesó que se había enamorado de la hija de un médico que iba a la escuela con él y me dijo que se iba a casar con ella. Yo le respondí que para casarse tenía que crecer y trabajar mucho. Me contestó que él llegaría a ser un hombre importante y con mucho dinero. En ese tiempo había empezado a estudiar el bandoneón con un maestro."

Astor había empezado a estudiar, pero sin ganas. Hubiera preferido pasar las horas pescando con los primos Bertolami, pero papá había decidido que el bandoneón y el tango tenían que ser lo más importante en su vida.

—Quiero que estudies bandoneón. Escuchá bien: éste se llama Pedro Maffia y no hay zurda como la de él. Así quiero que toques –decía, cerrando los ojos, porque de una radio prestada por la vecina salían los acordes de *Taconeando,* aquel tango que lo volvía loco.

—El día que toques así me muero.

Mientras papá y mamá trabajaban, Astor estudiaba, controlado por su tío Checo, que lo encerraba en el baño para que no se escapara. Pasada una hora, golpeaba la puerta y gritaba:

—Ya terminé, tío... Quiero salir, quiero ir a tomar la leche a lo de la tía María.

Y cuando Checo le abría, salía corriendo, dejando todo tirado, golpeando las puertas, porque lo único que quería era llegar a la casa de los primos, aunque en esas cuatro cuadras tuviera que soportar las burlas de unos chicos vecinos que se reían de sus pantalones largos de colores, de sus botas, de su forma rara de hablar. Casi siempre terminaba agarrándose a trompadas y llegaba a la casa de su tía magullado, conteniendo a duras penas las ganas de llorar, puteando contra todo, buscando esa taza de café con leche caliente que le daba tiempo para calmarse y seguir jugando.

Peregrino y soñador, Líbero Paoloni llegaba todos los martes y jueves a la casa de los Piazzolla, con su bandoneón y un traje de lino blanco. No era maestro, pero Don Vicente prefería un hombre de tango para que su hijo aprendiera el bandoneón como Dios manda. Líbero terminaba de tocar en la Confitería Munich, que quedaba en el centro de Mar del Plata, a las cuatro de la mañana. Después de dormir tres horas y con los ojos rojos de cansancio, enfilaba hacia el departamentito de la calle Independencia, para darle clases al muchachito de diez años que ya se las arreglaba, con sus dedos cortos y gordos, para tocar en el fuelle algunos valses, Gershwin y Bach.

—No, pibe, pará. Eso está muy lindo, hasta me hace llorar, pero vos tenés que tocar tangos. Escuchá. –Y tocaba *Alma de Bohemio,* recostado, casi dormido sobre el bandoneón. Astor lo miraba, sin entender demasiado tanta melancolía y ojos entornados, porque él hubiera preferido, en ese momento, estar zapateando en la esquina de la calle Once, junto a Willy. Definitivamente, no le gustaba esa música. No tenía ritmo, era demasiado triste.

Un día, Líbero se vio obligado a partir para Buenos Aires por un contrato de trabajo y dejó a Astor en manos de su hermano Homero, profesor de música y de bandoneón.

Una ranchera, *Cadenita de Amor*, y un tango, *Vagabundo,* son las primeras piezas completas que Astor toca para sus amigos y parientes en una fiesta de cumpleaños, acompañado en acordeón por su tío Checo, el mismo tío que inventaba polcas debajo de la higuera, que lo llevaba por las calles de tierra a bautismos, bodas y fiestas patrias, para que su sobrino fuera encariñándose con la caja negra.

—El pibe tiene talento, sentimiento. Es un tanguero de alma –le dijo Homero Paoloni al padre de Astor, felicitándolo por esa vena artística que tenía el chico–. Todavía le queda ese estilo americano, pero ya está en camino, va a cambiar.

Don Vicente, fanático de su hijo y de la vida, sintió, por primera vez, que le temblaban las piernas de la emoción.

—Yo ya lo sabía, maestro. Va a ser algo grande. Ya lo sabía –dijo, serio, y decidió empezar a escribir, en una libreta con tapas de hule negro, la vida de su hijo. Dos meses después, en secreto, escribió laboriosamente el título: *La vida de mi hijo... o sea, él también tiene su historia.* Y sonrió, satisfecho.

Después de varias clases con el maestro Paoloni, Astor ya tocaba rancheras, valses y tangos. Había decidido borrarse la cara de Willy, la calle Ocho, el bueno de Scabutiello. Recordarlos le hacía mal, como también eso de oír a su madre repitiendo "Dios mío, Virgen Santa, que Dios nos ayude", y siempre aquello de que la plata no alcanzaba y que el país iba de mal en peor. Prefería escaparse a lo de la tía María, y no pensar. Hasta que una noche ocurrió algo con lo que siempre había soñado, pero que con el tiempo había decidido olvidar. Habían terminado la cena. Vicente y Asunta se fueron a dormir. Astor permaneció un rato dando vueltas en la cama. De la habitación de sus padres llegó otra vez ese murmullo que le quitaba el sueño. "Seguramente están hablando de algo que no quieren que oiga", pensó, pero se acercó a la puerta y pegó la oreja.

—Como vos quieras –decía su madre, llorando.

—Allá podemos poner la peluquería. Vamos a estar más tranquilos –decía su padre.

—Pero... otra vez a empezar, viejo.

—Yo acá no aguanto. La plata no alcanza, este país se va a la mierda, Astor anda nervioso... Me estoy volviendo loco.

—Está bien, hay que escribirles a los primos para avisarles.

—En una semana vendemos todo y allá podemos conseguir un departamentito en la Ocho o en la Nueve. Era un lindo barrio.

—Era lindo... Te imaginás a la Wassermann cuando nos vea.

Astor dio media vuelta y volvió a su cama. Otro viaje más, nuevamente el barco, las valijas, los mareos, los tíos y los primos llorando. No sintió alegría, tampoco ganas de llorar. Se quedó quieto, pensando en qué diría Willy cuando lo viera. Al mes, volvían a Nueva York.

Al llegar se instalaron en la calle Nueve, en un pequeño y oscuro departamento, desde el cual no se veían veredas ni gente. Astor busca a Willy y a Nicky, pero ya no viven en ese barrio. Pregunta por el maestro de la mandolina, y un vecino le cuenta que está enfermo y que ya no sale a la calle. De Don Scabutiello nadie sabe nada, el nuevo portero se llama mister Toc y enfrente vive un chico irlandés que tiene cara de perro.

—No me gusta vivir acá –les dijo una noche a sus padres, mientras guardaban debajo de las camas las valijas vacías.

—Te guste o no, acá tenemos que vivir –contestó Vicente y le ordenó que lo ayudara con las maletas.

—Ya vas a tener otros amigos. Ustedes, los pibes, no tienen problemas.

Pero Astor sintió que todo había cambiado de lugar. Tuvo miedo, lo confundían tantos deseos y sentimientos nuevos, desconocidos. Y entonces se llenó de bronca porque, por más que buscaba, no encontraba en qué ocupar su tiempo. Finalmente decidió estudiar box con el ex campeón mundial Tony Canzoneri, en un gimnasio que quedaba cerca de su casa. Ahí conoció a Jack La Mota, campeón del mundo, que lo deslumbró de inmediato.

"Era mi ídolo. Yo tenía sólo doce años pero quería pelear como él. Me quedaba horas observándolo, hasta que un día me pidió que subiera al cuadrilátero. Yo me hice el valiente y subí. Me dio tal trompada que nunca más volví al gimnasio. De todas maneras, eso me sirvió. Me defendía muy bien. Perdí el miedo, me sentí fuerte, vivía todo el día en la calle...".

Por la noche, cerca de las once, mientras sus padres dormían, Astor escapaba por una de las ventanas de la casa y se reunía con sus amigos para ir a jugar al pase inglés bajo los faroles de la calle Cuarenta y dos. Peleaba y jugaba. Jugaba y hacía trampas. Después, cansado, huía. Cuando el dinero se acababa, corría con sus compañeros hasta una casa de la calle Once, en donde vivía George Raft, protector y consejero, quien de vez en cuando les tiraba algunas monedas que les permitían aguantar un rato más.

"Yo volvía a casa cansado y me remordía la conciencia. Después de hacer algo malo, siempre pensaba en papá y mamá. Ellos no estaban enterados de nada. Pobres viejos. Pero a pesar de mi aparente dureza, de mi fanfarronería, yo era un débil de corazón, un sentimental... Quizá por eso no terminé en la cárcel."

—¿Te pasa algo? –preguntó Doña Asunta a la mañana siguiente, al verlo tan callado y con los ojos rojos.

—Nada... Te juro por Dios que no hice nada –contestó Astor y fue derecho al baño, para lavarse la cara con agua helada.

Lo supo el día que conoció al Polaco. Con Stanley Komerkorsky ya no necesitaría aquellos chorros de agua helada que lavaban todos los pecados. Su amigo tenía catorce años, igual que él, y lo comprendía. justificaba todas sus crueldades, se repartían el cielo y el infierno de una manera fraternal. Stanley admiraba las ocurrencias de su amigo y las compartía con un gozo especial. Nadie manejaba los puños como Astor, ninguno tenía su estilo, no había quien lo igualara en audacia, imaginación y prestigio dentro del barrio.

Sin embargo, cuando el Polaco jugaba al béisbol o hacía pesas con los parquímetros robados de veredas sin control policial, era Astor el que envidiaba esa fuerza, esa agilidad, esos músculos gracias a los cuales su compañero seducía a las chicas de la escuela.

La amistad creció durante ese verano lleno de placeres, bajo los árboles del Central Park, y un invierno interminable que se hacía más llevadero debido a las escapadas a Harlem, para escuchar a Cab Calloway en un local nocturno. A los dos les gustaba el jazz y la noche, el pase inglés y los lugares prohibidos de la calle Cuarenta y dos. Llegó un momento en que las emociones pequeñas de cada día no fueron suficientes. Los padres controlaban demasiado, castigaban con noches sin salida. El barrio les quedaba chico.

—Ya no aguanto a los viejos. No entienden... se pasan el día gritando, no los soporto más. Me voy de mi casa. ¿Y vos? –dijo Stanley, mirando a su amigo a los ojos, buscando su complicidad–. Vos siempre te quejás de que te gritan, que tu viejo te rompe el alma por cualquier cosa. ¿Te la vas a aguantar? –insistió el Polaco.

—No sé. A veces tengo ganas de irme, pero no sé adónde. En el fondo, los viejos no son malos.

—Está bien. Hacé lo que quieras. Yo me voy. Tengo el mapa de la ruta que podríamos seguir, dos bicicletas... Lo demás vendrá solo. Somos hombres, ¿o no? –Stanley guardó el mapa que habia sacado para mostrarle a su amigo y lo miró brevemente–. Me desilusionás. No sos lo que pensaba.

—Está bien, parala. Voy con vos. Marica no soy. Total... algún día vamos a volver.

—Claro, va a ser una lección para ellos. A mí no me van a tocar más un pelo...

—¿Pero, qué hago? ¿Dejo una nota, me voy sin decir nada?

Stanley convenció a Astor de que no había que retroceder en la decisión. Tarde o temprano, los padres iba a comprender que ya era un hombre.

—Salimos mañana a las diez –explicó el Polaco–. A esa hora tus viejos trabajan. Tu mamá va a estar tan ocupada con las clientas de la peluquería que ni cuenta se va a dar.

—¿Y la ropa?

—Con dos pantalones y dos camisas nos arreglamos. Cuando ganemos plata nos compramos más. Vos poné cara de tonto y no te comas las uñas, porque sino se van a dar cuenta de que estás nervioso y van a empezar las preguntas.

—Está bien. Nos vemos mañana.

—Tranquilo, zurdo, no va a pasar nada…

A las nueve en punto del día siguiente, Astor besó a su madre. Un beso corto, culpable, casi en el aire.

—¿Adónde vas?

—Salgo un rato.

—Cuidate, nene.

Astor estaba nervioso. Le dolía el estómago. Nunca se había ido así, para siempre. Atravesó el pasillo, saludó al señor Toc con la mano y se perdió por una calle angosta sin mirar hacia atrás.

—Tenemos que estar preparados para todo. Nos esperan días difíciles –comentó Stanley cuando se encontraron. Tenía la voz más grave que de costumbre. Astor se subió a una de las bicicletas.

—Ésta es la tuya. Yo tengo herramientas y unos pedazos de torta, por si nos agarra hambre en el camino.

Partieron a las diez, preocupados porque el pronóstico anunciaba frío y probables nevadas al caer la noche. Las dos bicicletas avanzaron pegadas al cordón de la vereda. Anduvieron así un rato largo, sin hablar, concentrados en aquel pedaleo sin tregua, que los llevaba hacia un lugar de eterna felicidad. Un viento frío hizo más difícil la marcha.

—¿Adónde vamos? –preguntó Astor, poniéndose al lado de su amigo.

—No sé.

—¿Trajiste plata?

—No. Pero trabajo no falta, siempre andan pidiendo muchachos para la limpieza o ayudantes de cocina… Cosas así.

—Necesitamos un lugar para dormir.

—Eso es lo de menos. ¿Nunca dormiste en los andenes de los subterráneos?

“Que vuelva a verlo pronto, en este mismo lugar, querido Astor Piazzolla”, de puño y letra de Nadia Boulanger en los días anteriores a la partida de Astor de París, en 1955

Componiendo, al piano (1970)

El Noneto (1971): Horacio Ferrer, Hugo Baralis, Oscar López Ruiz, Astor Piazzolla, José Bragato, Antonio Agri, Néstor Panik, Osvaldo Tarantino, "Kicho" Díaz y José Correale

Izquierda: una de sus bromas. Derecha: En Venecia

1957, Nueva York

—Nunca probé.

—Se duerme bárbaro, yo lo vi en una película.

—Hace más frío por acá –dijo Astor acomodándose unas hojas de periódico que había colocado entre la camisa y el pecho, para darse calor.

Miró la hora en el reloj: las ocho de la noche. Recordó a mamá. Seguro que en ese momento estaría poniendo la mesa para cuando llegara papá. Salchichas al carbón. Sintió hambre. Todos los viernes, salchichas al carbón y, después de comer, tocar un rato el bandoneón para que a papá se le calmaran los nervios. Mamá iba a llorar a mares cuando supiera lo de la fuga. Tan buena que era. Está bien que a veces gritaba y lo dejaba sin salir, pero era tan buena. Siempre lo defendía, decía mentiras para que papá no le pegara. Pobre papá, metido en esa peluquería, con los juanetes que le dolían tanto y ahora las várices de tanto estar parado. El estómago se le puso duro. El frío le congeló las orejas.

—No siento las orejas.

—Es el frío –contestó Stanley y le pasó un pedazo de torta–. Comé, así calentás el estómago.

Cuando hacía frío, mamá le ponía un ladrillo caliente a los pies de la cama.

—Ya estamos llegando a Long Island –gritó el Polaco–. Qué vida, qué vida nos espera, zurdo.

Astor sintió que el talón de la bota le lastimaba el tobillo.

—Creo que tendríamos que haberlo planeado mejor... ¿Y si nos agarra la policía? –dijo Astor, tratando de convencer a Stanley de que aquello era una locura. Su amigo no le contestó.

Podía jurarlo. Nadie iba a dormir en la calle Nueve. Los vecinos se reunirían, agitados por aquella tragedia y el señor Toc recitaría algunos de sus sermones acerca de la crueldad de los jóvenes. Papá seguramente rompería algo contra la pared y mamá hablaría con los santos de la repisa.

Silbó un rato, para disimular su inseguridad. Ya no iría a la fiesta de San Genaro y mamá escribiría una carta a la Argentina, diciendo que su hijo había desaparecido misteriosamente. Entonces papá guardaría el bandoneón de recuerdo y mamá se pondría grave del corazón, porque hay penas que matan a la gente. Ya no sentía ni la nariz ni las orejas. Había comenzado a nevar.

—Yo me vuelvo. Mejor nos vamos otro día... –dijo repentinamente Astor dando media vuelta y retomando el camino a su casa.

—¿Qué hacés? ¿Qué estás haciendo? –gritó el Polaco.

—Me voy. Me vuelvo.

—Sos un traidor, un mal amigo. No te hablo más, sos un marica... Eso sos –vociferaba el Polaco pedaleando detrás de Astor–. ¡Un marica! ¿Me entendiste?

Astor no le hizo caso. Sabía que a su amigo se le pasaría rápido el enojo. Tal vez dos o tres días, y después todo volvería a la normalidad. Silbó una ranchera y después un pedacito de *Vagabundo,* el tango que tanto le gustaba a su padre, porque seguro que el viejo lo estaba esperando, sentado en la cocina, moviendo las piernas de puro nervio y en cuanto llegara, él iba a tener que agarrar el bandoneón y tocar un rato, para calmarlo y para que mamá dejara de pensar en cosas tristes.

—Tal vez las hermanitas lo enderecen. No es tan malo, viejo, tiene buen corazón, es cariñoso –le dijo Doña Asunta a su marido, luego de recorrer todos los colegios de Manhattan. En ninguno lo aceptaban. Un muchacho echado de tres escuelas era un mal ejemplo para cualquiera. Sólo uno había dicho que sí: el María Auxiliadora, a donde iban a parar los más rebeldes, los que no tenían remedio... como Astor.

—La oración y la fe cambian al hombre –dijo la Hermana Superiora, luego de aceptar la inscripción de Astor Pantaleón. Cara de tiza, el dedo índice apuntando al Cristo que colgaba de una de las paredes blanquísimas de la rectoría, agregó–: Dios puede con los corazones más rebeldes.

Don Vicente, mientras tanto, comenzó su otra búsqueda.

—Necesita un buen maestro de música. Yo me encargo de eso. Ya no le va a quedar tiempo para la calle y la joda –dijo y una maldición se le quedó colgando de los labios, porque ya no sabía qué hacer con ese muchachito que un día desarmaba una radio para ver cómo era y al otro día decidía ser el mejor *pitcher* norteamericano y a la semana imitaba el *uppercut* de Jack La Mota.

—Tiene que tocar el bandoneón o le rompo el alma.

—Está bien. Ya va a cambiar... Es chico todavía –dijo Doña Asunta, calmando a su marido.

Al día siguiente, Astor empezó en el María Auxiliadora.

Tres Ave Marías, un Padre Nuestro, el Yo Pecador y una medallita en la solapa. No robar, no pelear, honrar padre y madre, santificar las fiestas, no fornicar, saco azul y camisa blanca. Entre las frías paredes de mosaicos blancos, blancos hasta el techo, lustrados a mano por las sacrificadas hermanitas, todos los pecados se fueron haciendo más deseables. Aquellos muros, aquellas rejas, los hijos de la mafia hablando de las glorias de sus padres, los secretos más terribles comentados con pasión detrás de las enormes columnas adornadas de ángeles, el recuerdo de Scabutiello, sus deseos ocultos, hicieron que Astor sintiera que el mundo era fácilmente conquistable.

"Robar no me pareció algo imposible. Cuando los muchachos hablaban de sus hazañas, yo escuchaba. Era una época en que la mafia era dueña y señora de toda Nueva York. En esa escuela estudiaban muchos hijos de famosos delincuentes, y ése era el mundo que a mí me mostraban. Un mundo fácil de conquistar. No existían normas morales, todo era posible. Me sentía atraído por todas esas historias. Por eso, pensé en la armónica que había visto en un estante de la tienda Macy's. Era carísima y papá nunca me la iba a comprar. Era una Hohner cromática, la más grande. Él odiaba las armónicas. Sólo quería que tocara el bandoneón. Tocar la armónica era traicionarlo. Pero yo no amaba el tango como él. Papá sí, él se emocionaba cada vez que escuchaba un tango. A mí me gustaba el jazz y esa armónica dorada. La quería. La quería más que a cualquier otra cosa en la vida. No me aguanté. Pensé en mis viejos, siempre pensaba en ellos antes de hacer una cosa mala, pero esa armónica era todo para mí. Cuando me decidí se lo dije a Stanley. Él, como siempre, me ayudó."

—No hay mucho control en ese piso –dijo Astor, explicándole a Stanley su plan–. Al mediodía y con el calor, las empleadas se meten en el baño a refrescarse. Quedan dos o tres, pero medio dormidas.

—Yo cuido la retaguardia, por las dudas. Tenés que ser rápido. La velocidad, los buenos reflejos, son imprescindibles en estas operaciones –aclaró Stanley, que prefería estudiar cada detalle para evitar errores.

—Bueno, en marcha, nos queda poco tiempo. Es cambio de turno.

Cuando entraron y mientras subían las escaleras, Astor sintió que le saltaba el corazón en el pecho. Iba a ejecutar un acto de justicia largamente esperado. Esa armónica le pertenecía. Su padre jamás iba a comprársela. Se acercaron lentamente al lugar indicado. Vestían trajes impecables y charlaban de cualquier cosa para evitar gestos de tensión y movimientos que los traicionaran. Saludaron a la cajera, que cabeceaba de sueño, acodada sobre el mostrador. Desde el interior de los baños llegaban risas. Las muchachas se estaban refrescando. Astor sintió que el saco le pesaba sobre el cuerpo.

—Ahí está. ¿La viste? –dijo a Stanley, apretándole el brazo.

—Rapidez. No dudes. Yo te aviso. –Las órdenes del Polaco eran siempre precisas, contundentes.

—Es divina… Él nunca me la iba a comprar.

—Ahora –ordenó Stanley, mirando hacia los baños de las empleadas.

Astor alargó la mano y agarró la armónica sin la caja. La metió en el bolsillo trasero de su pantalón, dieron media vuelta y caminaron despacio hacia las escaleras.

—Salgamos por la puerta de la derecha. Ya pasó todo, ahora a casa –dijo Stanley sonriéndole a una empleada rubia que regalaba muestras de perfumes en la puerta de salida–. Adiós, linda.

Ver el cielo y disfrutar el verano, fue una maravilla.

Astor sintió deseos de gritar y de tocar su armónica para toda la gente de esa ciudad que tanto amaba.

"…Hasta que sentí que alguien me agarraba de los brazos. Habíamos caminado unos metros y nos sentíamos libres, pero no fue así. Una mujer policía, como de un metro ochenta, pelirroja, corpulenta y siniestra, me sacó la armónica del bolsillo, me golpeó con ella en la cabeza y empezó a reírse. Nos habían agarrado. No había escapatoria. Nos tuvo contra la pared un rato largo y después empezamos a caminar. Íbamos hacia la comisaría. Pensé en las rejas de la cárcel y en la paliza de papá. Teníamos que intentar escapar. Quizás en el momento de cruzar la avenida. Pasaban infinidad de camiones. Todo era cuestión de distraer a la pelirroja, salir corriendo y treparnos a la parte trasera de algún camión. Yo lo había hecho muchas veces. Era peligroso, pero mejor que la cárcel. Lo miré a Stanley. Él comprendió. De repente, dándome ánimo y usando toda la potencia de mi voz, pegué un grito como nunca en mi vida. La mujer policía, del susto, nos soltó por un instante. Fue fatal para ella; antes de que se recuperara ya nos habíamos trepado a un camión de reparto y estábamos a varias cuadras del lugar. No tenía mi armónica, y lo lamenté. Pero estábamos libres".

Astor llegó a su casa rojo y sudando.

—¿Hace calor? –preguntó Doña Asunta cuando lo vio llegar.

Astor contestó que sí y fue derecho a su pieza. Necesitaba descansar, olvidar el susto, y extrañar su Hohner cromática.

A los catorce años, Astor era un muchacho que soñaba con ser jugador de béisbol, boxeador o estrella del zapateo americano. El bandoneón seguía sobre el ropero. Don Vicente sufría.

—¿Y el bandoneón qué? Se va a apolillar ahí arriba. Tocate algo -le dijo una tarde, luego de una mañana lenta y triste, porque a su hijo no se le daba por el tango.

—Está bien -contestó Astor sin ganas, bajando el bandoneón y soplándole la tierra de la tapa. Y empezó a tocar, siempre lo mismo: la rancherita, el tango, un vals. Don Vicente entornó los ojos, para imaginar a su hijo sobre un escenario, frente a un gran público.

"Un día descubrí que papá había empezado a escribir un diario sobre mí. Se llamaba *Él también tiene su historia*. Estaba escrito a mano, en una libreta de tapas duras. Lo escondía en uno de los cajones del ropero. Había decidido escribir mi vida, paso a paso. Sus preocupaciones respecto de mi futuro, mi desamor por el tango, los maestros, las palizas. En esos días, me llevó a un cabaret en Nueva York. Recuerdo que se llamaba El Gaucho, pero los dueños eran españoles. Ahí toqué para ellos *Cuando Llora la Milonga* y les gustó mucho. A los pocos días formábamos un trío: un argentino llamado Agustín Cornejo, un peruano y yo. La presentación la hicimos en el Teatro Roerich. Por primera vez sentí lo que era la emoción de estar sobre un escenario, aplaudido por la gente. Yo actuaba vestido de marinero y después lo hice vestido de gaucho. Desde ese día, empecé a salir en los diarios. Era el niño prodigio llegado de las pampas argentinas."

Don Vicente, entusiasmado por el éxito de su hijo, siguió buscando maestros. Un argentino llamado Andy Daquila, pianista, le dio clases de bandoneón durante un año. Con él, grabó Astor el tango *Silencio,* de Carlos Gardel. Las exigencias, la disciplina, los ejercicios del maestro, aburrían a Astor que prefería practicar béisbol en el Boy's Club con Stanley. Por problemas personales de Daquila, siguió estudiando con Terig Tucci, que le enseñó Bach y armonía. Tenía facilidad, aunque por momentos se quedaba dormido sobre su bandoneón, en la pequeña cocina de su casa, en donde practicaba de tres a cuatro horas por día.

"En el año treinta y cinco, me llamaron de una radio que transmitía a la Argentina. En esa audición, hablé y toqué el bandoneón. Recuerdo que estaba muy nervioso y que antes de agarrar el micrófono tuve que aprenderme de memoria lo que iba a decir. Dediqué los temas a mis abuelos. Eran dos rancheras que yo mismo había compuesto: *La Cachirla* y *Doña Ròsa*, y dos tangos: uno se llamaba *Yugando* y el otro *Guapo el Mozo*. En esa época, según mi padre, había pasado por siete maestros en cuatro años. Además, cada día me gustaba más la calle. La música no me había cambiado para nada... Yo soñaba con otras cosas que nada tenían que ver con el tango."

El departamento de la calle Nueve tenía un pequeño baño, la habitación de Astor, un cuarto más grande en donde dormían sus padres, la cocina y, al fondo, un patio donde apenas daba el sol una hora por la tarde.

Obligado por mamá, que lo veía cada día más pálido y ojeroso, Astor hacía sus deberes al aire libre y, cuando se aburría, jugaba con su navaja contra un viejo tronco que papá había transformado en rústico banco. Hacer todas las tardes lo mismo terminó por cansarlo. Hasta que un día, mientras lanzaba su navaja hacia un blanco que él mismo había fabricado en una de las paredes, vio caer, desde la ventana del primer piso que daba a su patio, un resto de cigarrillo que en ese momento no le venía nada mal. Como todavía estaba encendido, lo levantó y fumó con placer. Fue cuando oyó aquellos acordes que lo obligaron a sentarse y a mirar con curiosidad la ventana entornada del primer piso. Era un concierto para piano. No sabía de quién, pero nunca antes había sentido tanta emoción. Aunque el sol ya se había ido del patio, él siguió ahí, sin pensar en la navaja ni en los deberes, sólo en aquella obra que el desconocido pianista repetía una y otra vez, hasta que por fin logró tocarla completa, sin interrupciones, durante casi veinte minutos. De repente la música se detuvo. Astor se paró. Alguien había cerrado aquella ventana y corrido las cortinas. Cuando dieron las seis en el reloj de la cocina y mamá llamó a comer, la música seguía oyéndose cada vez más lejana.

—Nunca estuviste tanto tiempo en el patio. Así me gusta –dijo mamá, contenta, sirviéndole un plato de sopa con más fideos que caldo–. El sol hace bien, y últimamente estás muy demacrado.

—¿Qué hiciste toda la tarde? –preguntó Don Vicente, preocupado por las tres horas transcurridas en un patio cuadrado y en absoluto silencio.

—Escuché música –Astor no pudo terminar de hablar, porque su padre lo interrumpió bruscamente:

—¿Música? ¿Vos escuchando música durante tres horas? –tomó una cucharada de sopa y agregó–: No te creo.

—Te lo juro, papá. Nunca me había pasado. Era una música hermosa –Dejó de tomar la sopa y se paró. Ni él podía explicarse qué le había ocurrido esa tarde.

"No sé. Creo que me gusta el piano. Me gustaría aprender piano con alguien que tocara así...

—Ni lo conozco. Debe de haber llegado hace poco, porque nunca oí música en este edificio –dijo Don Vicente y siguió comiendo.

—Pero podemos averiguar. Si querés subo y le pregunto si me puede dar clases –insistió Astor.

Nunca lo habían visto así. Por primera vez decidía algo: y justamente era estudiar música.

—Está bien –dijo su padre–. Termino la sopa y vamos.

Y el trato se hizo. Dos clases semanales a cambio de una fuente de canelones, ravioles o alguna especialidad de Doña Asunta. Americano, hijo de húngaros, Bela Wilda había sido discípulo de Rachmaninov. Becado por el maestro, vivía de sus conciertos, muriéndose de hambre.

"Como nosotros tampoco teníamos dinero, mi mamá decidió pagarle con comida. Pero no fue una formalidad. El matrimonio Wilda y mis padres trabaron una profunda amistad, en donde la pobreza y la música eran cosas en común. Recuerdo su parche en el pantalón, un solo traje para los conciertos, el piano de cola con un teclado viejo y destartalado y los cigarrillos Camel. Fue mi primer gran maestro. Con él aprendí a amar a Bach. Fue el hombre que me enseñó a encarar la música con pasión, no como un simple ejercicio. Sus clases no eran aburridas. Charlábamos de jazz, de los canelones, de la amistad, de la necesidad de estudiar seis y hasta ocho horas diarias hasta lograr la perfección. Con él conocí el verdadero amor a la música. Amor en medio de dificultades, de hambre, de techos con goteras, de frío. Y nunca dejaba de tocar y tocar. Con esfuerzo, yo trasladaba Bach al bandoneón. Logré hacerlo cada día mejor... Del tango ni me acordaba."

Astor permanecía horas, en silencio, mirando las manos de Wilda sobre el teclado. En esos meses, olvidó la armónica, la calle, las peleas pendientes, las citas para jugar al pase inglés.

—Sus canelones, maestro –le decía antes de empezar la clase, porque sabía que entonces se le ponía la mirada brillante y tocaba mejor.

—Esto calienta mis manos y Bach sale una maravilla –decía sonriendo y ofreciéndole un cigarrillo–: Acá nadie te ve.

Después de conocer a Bela Wilda, Astor sintió que quería ser como su maestro: un gran concertista, tener un piano de cola y fumar Camel. Se le ponía la piel de gallina de sólo pensarlo.

Las clases con Wilda terminaron una tarde, cuando el maestro se mudó. Astor jamás dejó de pensar en aquel hombre del parche en el pantalón, que le había hecho amar a Bach.

"Seguí actuando en teatros y por radio. Me daba vergüenza que mis amigos se enteraran de que yo tocaba el bandoneón vestido de marinero o de gaucho. Durante algunos meses traté de ocultarlo, hasta que un día las hermanas del María Auxiliadora descubrieron mi secreto."

Con el rostro amarillo, como una porcelana vieja, la Madre Superiora intentó una sonrisa benévola y habló con Astor:

—Piazzolla, hijo mío, estoy enterada de tu talento y de que sabes tocar un instrumento que suena como el órgano. Quiero que toques en una de nuestras fiestas. Dios te lo va a agradecer.

A la sombra del Ángel Guardián que dividía en dos el patio cuadrado de la escuela, Astor pensó que hacer una cosa así era ganarse el odio y la burla de todos sus compañeros. Seguramente, iban a pensar que se trataba del niño mimado por la Superiora, o de un futuro alcahuete.

—No puedo, hermana. No toco muy bien, tengo miedo de equivocarme.

—Es hora de que realices una buena acción para limpiar tu alma. Lo necesitas.

No había nada que hacer. O tocaba o a la calle con todos sus pecados.

La fiesta fue un viernes a las tres de la tarde. El patio estaba adornado con banderas italianas, los muchachos vestían camisas negras en honor a Mussolini, y sus rostros se veían rojos de felicidad y patriotismo. Astor ni siquiera sabía qué se festejaba.

—Acá tienes tu atril y las partituras de las marchas –le dijo la Madre Superiora, acariciándole la cabeza–. Serás bien visto por Nuestro Señor y por el Duce.

Astor siguió sin entender, pero sonrió forzado, porque todos lo estaban mirando. Tuvo que sentarse en el medio del escenario, junto a una enorme bandera italiana. Ensayó con el bandoneón los primeros acordes y tocó la marcha que tenía delante, en la partitura, sobre el atril. "Es lindo", pensó.

Cuando la Madre dio la orden, estallaron gritos fervorosos, flamearon las banderas. La Superiora, desde la silla de alto respaldo, se hinchó como un sapo, vivando a Mussolini, a quien Astor había oído nombrar sin entender demasiado de qué se trataba.

El bandoneonista prodigio se enteró de todo días después, luego de una larga explicación de su padre.

"Mi viejo lo sabía.... pero no le dio importancia. Lo que yo había tocado, frente a todo ese ejército de muchachos enardecidos, eran dos marchas fascistas: *Giovinezza* y *Camicia nera*. Qué sabía yo de esas cosas a mi edad. En esa época, según me contó papá, Mussolini era adorado por grandes sectores de la juventud italiana y de los Estados Unidos. Sin saberlo, yo había tocado para los fascistas, y me gustaron mucho las marchas."

Tal como había prometido la Madre Superiora, Dios perdonó todos los pecados de Astor y, en 1936, recibió el diploma por haber completado satisfactoriamente sus estudios.

Por fin acababa la escuela.

Finalizados sus estudios, decidió no pensar en nada. Quería divertirse, ir al club a practicar béisbol, jugar al pase inglés los viernes por la noche y escuchar jazz con Stanley, en los lugares prohibidos de Harlem. La única responsabilidad que tenía, cuando no le quedaba otro remedio, era ir al Teatro Roerich cada vez que lo llamaban, para representar a su país en las fiestas latinoamericanas.

"...Con una escenografía de puerto brumoso, apaches y mujeres muy pintadas, aparecía yo. Vestido de marinero, tocaba *Derecho Viejo,* acompañado por Daquila y su 'banda de tango'. Así le decían allá: *tango band.* Otras veces actué vestido de gauchito, tocando pasodobles, fandangos y alegres ritmos borincanos. No faltaban, por supuesto, jarabes tapatíos y boleros cubanos. A los quince años, uno se siente Dios, subido a un escenario y aplaudido por un gran público. Y más aún cuando me hacían entrevistas y hablaban de mí como si me consideraran un joven prodigio. En esa época, las actuaciones me divertían. Nada más. Eran algo diferente en medio de una vida siempre igual. De todas maneras, yo no lo tomaba como una vocación, sino como un juego, una aventura más entre tantas de mi adolescencia...".

En ese tiempo, y por segunda vez en el mismo año, en la hoja central del diario *La Capital*, de Mar del Plata, aparecía en grandes letras el nombre de Astor:

> UN PIBE BANDONEONISTA ES ESCUCHADO DESDE NUEVA YORK
> El joven Astor Piazzolla, vinculado a una familia de Mar del Plata, intervino anoche en una audición dedicada a la Argentina, por la Broadcasting de Onda Corta W2 X AF de Nueva York, interpretando en bandoneón piezas de música criolla. El jovencito interpretó la zamba *Claveles Mendocinos* y la ranchera *La Bolichera.*

Pero para él, nada significaban una zamba y una ranchera. Esa música, la Argentina, el recuerdo lejano de una playa, la mención de un Buenos Aires que nunca había conocido, eran en su vida algo distante, ajeno.

—¿Pero no te enorgullece haber tocado por radio para los de tu patria? –preguntó Don Vicente, al ver que el muchacho ni siquiera se había emocionado.

—Sí, papá, sí. Pero no es para tanto –dijo, y salió apurado, porque Stanley lo estaba esperando–. Vuelvo tarde, chau.

Don Vicente se quedó pensativo. Pocas veces se detenía a preguntarse qué le estaba pasando a su hijo. Tal vez el tango no era para él, ni Argentina, ni el bandoneón. Sintió tristeza. Astor estaba creciendo... ¿Qué pasaría cuando se enterara de que ellos ya no aguantaban vivir lejos de la Patria y que el retorno estaba cerca?

En la cocina hacía frío. Cuando Astor volvió de la calle, prefirió quedarse en su habitación, metido en la cama, hasta que mamá llamara a comer. Además, ya lo sabía. Las conversaciones sobre Argentina, la familia, las posibilidades de volver y poner un negocio allá, eran charlas de todos los días, sobre todo a la noche, cuando papá ponía los discos de Maffia en la victrola y mamá leía las cartas que habían llegado. Él no quería ni siquiera oír acerca de aquel viaje. Pero aquella noche, los proyectos de su padre se aceleraron. Hasta hablaron de un barco que salía en un mes y que llegaba justo para Navidad.

—El dinero lo tenemos. Faltaría reservar los pasajes y avisarle a la familia –comentó Don Vicente.

—Sí, viejo, sería lindo llegar para Navidad. Yo no quiero otro fin de año acá, extraño mucho –dijo Doña Asunta, guardando la carta que acababa de leer–. Mañana les escribo. Se van a poner tan contentos.

Lo sabía. Tenía que suceder algún día. Cuando mamá llamó a la mesa y a pesar de las salchichas al carbón, que eran su plato preferido, Astor alegó que le dolía el estómago y se quedó en la cama. Ya no quería nada, sólo romper aquellos discos malditos que papá ponía todas las noches, y fugarse con Stanley, pero esta vez para siempre.

Días más tarde Vicente se enteró, por un amigo, de que Carlos Gardel estaba en Nueva York. Ya no pudo dormir.

Nonino y Nonina con Diana y Daniel

Astor y Dedé

Astor y Dedé en su viaje a París

Astor en Mar del Plata

Astor con su madre, Aníbal Troilo y unos amigos

—¿Qué te parece si le hago un muñeco de madera y se lo mando? –le preguntó a Asunta, ansioso por enviarle un regalo a aquel hombre que admiraba tanto.

—Tenés dos que hiciste el otro día.

—Pero quiero hacer uno especial para él. Un guitarrista —insistió, buscando sus herramientas en un cajón del ropero–. Con su guitarra, su sombrero y una dedicatoria.

Esa misma tarde empezó a tallar, sobre un viejo pedazo de madera que le había sobrado de otros trabajos. A la noche lo barnizó y le colocó la guitarra entre las manos. Pelo negro y brillante, primero pintó de verde el saco y negro los zapatones y el pantalón.

A la mañana siguiente, escribió la dedicatoria: *Al gran Carlos Gardel, este recuerdo de Vicente Piazzolla.* Gardel había alquilado un departamento en el piso 18 del edificio de Bellas Artes, en la calle Cuarenta y Ocho, para estar ahí mientras filmaba y grababa para algunos sellos norteamericanos. A Don Vicente le temblaron las manos cuando le entregó el muñeco a su hijo.

—Tomá, llevráselo a Gardel. Y decile que tocás el bandoneón; le va a gustar –Terminó de envolver el regalo y agregó–: Invitalo a comer. Mamá puede hacer ravioles; seguro que le va a gustar. No te olvides... Que te diga el día, así tu madre tiene tiempo de preparar todo. Dale, andá.

Vicente miró a su hijo desde la ventana. Al pibe no le gustaba llevar paquetes con papel dorado y moñitos, y menos a un tipo tan importante. Practicó el saludo en español. Lo hablaba mal y eso lo hizo sentir mucho peor.

En la calle Cuarenta y Siete se detuvo, ensayó otra vez el saludo, se alisó el pelo con la mano y caminó derecho hacia el edificio de Gardel. Un hombre pelado, alto, con una botella de leche en la mano, esperaba el ascensor. Mientras subían, Astor preguntó:

—*What floor?*

—No entiendo, pibe, yo no hablo inglés –le contestó el hombre.

—Yo soy argentino y voy al piso 18 a ver al señor Gardel –le aclaró Astor, sudando, porque se había esforzado en hablar lo mejor posible.

—Fijate qué casualidad, yo vivo con Gardel. Estamos acá de paso, porque Carlos tiene que hacer unas grabaciones. Ahora está durmiendo; pero pasá, vení.

Salieron del ascensor y se detuvieron frente a una puerta blanca. El señor Castellanos buscó algo en el bolsillo. Astor vio que se ponía nervioso. Buscó en el otro bolsillo, hizo gestos, balbuceó palabras que Astor no entendía.

—Carajo, me olvidé las llaves. Carlitos me mata. –Siguió buscando en el pijama que llevaba puesto debajo del sobretodo–. ¿Te animás a entrar por la ventana? Sos flaquito, seguro que podés.

Para Astor, con su habilidad para trepar escaleras de incendio, era más fácil entrar por la ventana que por la puerta. En unos minutos estuvo adentro de la habitación. A pesar de la penumbra, pudo ver dos camas y dos señores durmiendo. Uno roncaba, el otro tenía la cabeza tapada con la almohada. Seguramente Gardel era el de pelo negro y brillante, como le había contado su padre. Le tocó el hombro con suavidad y luego le abrió la puerta al señor Castellanos.

—Llamé a ése, el del pelo negro. ¿Es Gardel? –preguntó Astor, con miedo.

—No, pibe, ése es Le Pera. Te va a reventar. Gardel es el otro, el que se tapa la cabeza con la almohada.

Astor quedó parado en un rincón, quieto. No sabía si pedir perdón o salir corriendo. Apretó el muñeco contra el pecho. A los cinco minutos, despertó Gardel. Un pijama de franela gris y una sonrisa. Dijo "buenos días" y se metió en el baño.

—Si molesto, me voy –dijo Astor, nervioso, porque en realidad nada le había salido bien.

—Carlos se lava la cara y viene. Después de medio vaso de leche es otro tipo. Sentate, no te pongás nervioso –agregó Castellanos sirviendo leche en un vaso y colocando al lado un platito con una porción de budín.

—Le encanta el budín inglés, con pasas de uva.

Gardel salió del baño peinándose y sonriendo. Astor se puso de pie. Recordó el consejo de mamá: hay que pararse para saludar a los mayores y no sentarse hasta que ellos se sienten. Juntó todas las palabras en su cabeza y las largó de golpe, sin respirar.

—Mi papá le manda este muñeco de recuerdo. Yo soy argentino, toco el bandoneón y me gusta cómo canta usted y mi mamá lo invita a comer ravioles a mi casa, cuando usted quiera. –Se detuvo de repente, porque se le habían acabado las palabras. Esperó la respuesta sin hablar, observando cómo Gardel disfrutaba su vaso de leche.

—Tu viejo es un artista –dijo mirando el muñeco, después de desenvolverlo y leer la dedicatoria–. Éste va a ser mi muñeco de la suerte. ¿Qué te parece, pibe?

Astor sonrió. Le caía bien aquel hombre siempre alegre, que lo trataba como si lo conociera de toda la vida.

—¿Me dijiste que tocabas el bandoneón? –preguntó Gardel.

—Sí, señor.

—¿Por qué no lo trajiste?

—Si quiere, vengo mañana.

—Claro, quiero oír esos tangos que tocás –le palmeó la espalda–. ¿Hablás inglés, vos?

—Y, claro, casi nací acá.

—Dale, hablá algo para mí. Cualquier cosa.

Astor dudó un instante, pero después empezó a explicarle cómo se decía gracias, cómo se saludaba, cómo pedir un vaso de leche con budín, una corbata, una entrada para el cine.

—Suena lindo –lo interrumpió Gardel–. A partir de mañana me acompañás a todos lados. Yo no sé ni medio de inglés, y quiero ir de compras y divertirme un rato. ¿Hay algún lado donde se coma bien?

—Yo conozco toda la ciudad, de punta a punta. Si quiere, lo llevo a un restaurante adonde va mi viejo los domingos. Se llama Santa Lucía y hacen unos ravioles bárbaros.

—Dale. Traete el fuelle, mañana, y después nos vamos por ahí –Gardel lo abrazó–. Sos un pibe fenómeno.

Lo acompañó hasta la puerta y ahí se despidieron.

Astor se fue silbando, feliz, porque era verdad lo que su padre le había contado de Gardel. "Ahora tengo un amigo grande", pensó y aceleró el paso, porque quería contarle a papá que Carlos (como Gardel le había pedido que lo llamara), era un tipo simpático, que no parecía famoso, y que al día siguiente iba a tocar el bandoneón para él, porque después tenían que salir de compras y divertirse un rato. Cuando llegó a casa contó todo. Vicente se emocionó, mamá lloraba. Astor ensayó durante dos horas la *Rapsodia en Azul* de Gershwin, algunos valses y un tango.

Al día siguiente, con una camisa blanca y. un pantalón azul, caminó despacio hacia el departamento de su amigo. Se sentía tranquilo, contento por la tarde que iba a compartir con Carlos. Cuando llegó, él ya estaba listo. Camisa francesa de seda natural, traje claro, corbata a rayas. Le ofreció un vaso de leche.

—Sentate tranquilo, tomá la leche y tocate algo en el bandoneón –dijo y se sentó a su lado.

Astor colocó el bandoneón sobre sus rodillas y tocó: un poco de Gershwin, algunos valses, una ranchera, un tango. Gardel lo miraba y sonreía. Después del tango, habló:

—Vas a ser algo grande, pibe, te lo digo yo... Pero el tango lo tocás como un gallego.

—Es que tengo que ensayar, yo de tango no sé mucho –se disculpó Astor.

—Metele, que vas a llegar. Y ahora vamos, que quiero conocer la ciudad.

Caminaron toda la mañana. Gardel se probó camisas, compró zapatos, trajes, corbatas y al mediodía comieron ravioles en el Santa Lucía. Astor le mostró sus escuelas, la casa de George Raft, el Central Park, el River Side, los alrededores de Harlem.

—¿A vos te gusta el jazz? –preguntó Gardel, al ver el entusiasmo con que Astor hablaba de Cab Calloway.

—Es lo que más me gusta. El tango todavía no lo entiendo...

—Cuando lo entiendas, no lo vas a dejar.

Siguieron caminando. Gardel se había encariñado con aquel pibe que quería saber acerca de las noches de Buenos Aires, y Astor ya no olvidaría nunca a ese hombre que tomaba todo con calma, como si la vida fuera interminable, y que se entristecía cuando hablaban de Argentina.

—¿Te gustaría tocar conmigo? –le preguntó Gardel un día, mirándolo a los ojos, serio–. Tocás bien, me gusta.

Astor creyó que se trataba de una broma. Eso no podía ser.

—¿Lo dice en serio?

—Claro. Quiero que grabes conmigo y actúes en una película que vamos a filmar.

—¿Una película? ¿Y yo qué hago en una película? –Astor se sintió desconcertado. Eran demasiadas cosas juntas. Estaba soñando.

—Se llama *El Día que me Quieras,* y quiero que hagas el papel del canillita.

—¿Y qué es eso?

—El que vende los diarios... el pibe de la calle. Como vos. Es el papel justito para un reo como vos.

Astor no supo qué decir. Finalmente, luego de conversar con Don Vicente y Doña Asunta, graban el disco y filman la película. Gardel se había entusiasmado. Quería llevárselo en la gira que iba a iniciar en pocos días. Luego de un plato de ravioles en casa de los Piazzolla, intentó convencerlos.

—Imposible. Es muy chico, es un honor para mí lo que usted me pide, pero es chico, entiéndame –le contestó Vicente, emocionado por la propuesta, pero decidido a no dejarlo viajar.

Gardel comprendió. Esa tarde, luego de un café con leche con buñuelos que Doña Asunta había preparado especialmente, se despidieron. Carlos, intentando sonreír. Astor enojado, porque hubiera querido irse con él.

Nunca más se volvieron a ver. Una mañana, sentado en el patio del fondo, escuchó una conversación entre sus padres.

—Pobre Carlos... Mirá que morir así.

—¿Se lo vas a decir?

—Ya se va a enterar. Y pensar que lo quería llevar de gira...

—Gracias a Dios que no lo mandamos.

—En el diario dice que quedó todo hecho cenizas.

—Que en paz descanse.

Astor no necesitó leer el diario. Para no sentir en el pecho esa molestia parecida a las ganas de llorar, salió a la calle y caminó un rato largo, mezclándose con la gente, tratando de olvidar al amigo que siempre se ponía triste cuando hablaban de Argentina.

Esta vez era en serio. Se iban para siempre. Astor oyó que el buque *Southern Cross* salía un día miércoles, a las nueve de la mañana, y llegaba a Buenos Aires dos días antes de Navidad.

—Una Navidad en casa, por fin –dijo Doña Asunta, mientras llenaba cajas y baúles.

—Mejor andá despidiéndote de tus amigos y de los vecinos, porque ahora sí que no vamos a volver –agregó Don Vicente atando cajas con nudos marineros–. Y cambiá esa cara, que no es el fin del mundo.

Pero Astor sentía que sí, que todo se acababa. Salió a la calle. Estaba nevando. Alguien le había dicho que cuando llegaba la nieve los pájaros se escapaban. Nunca lo había notado, pero era cierto. No había pájaros en la ciudad. Recordó el día de la fuga, las manos anchas de Stanley sobre un mapa de rutas; pensó en la pequeña nariz de María Alberti, la hija de los panaderos, que lo había traicionado con Tony Renda. Le pareció oír la risa brutal de Jack La Mota y el silbido de Willy, llamándolo desde alguna esquina. No quería despedirse de nadie. Buscó en el bolsillo. Todavía le quedaba la mitad de un cigarrillo. Lo fumó detrás de la escalera, rápido y sin respirar, de tanta bronca que tenía.

Después las vio pasar. Una detrás de la otra. Nuevas, hinchadas, con un número colgando de la manija. En una decía *Sábanas y regalos,* en la otra, *Ropa de invierno.* Todo en orden, como le gustaba a mamá. Eran nueve valijas y mamá sonreía, saludaba a los vecinos, pegaba saltitos de tan contenta que estaba. Se sintió solo y estúpido, en medio de tanta gente, abrazos, promesas y lágrimas. No quería irse. Odió con toda su alma el traje nuevo que su madre le había comprado para el viaje y aquellas nueve valijas llenas de regalos.

En el momento de partir, el bandoneón en una mano y la otra metida en el bolsillo porque no sabía qué hacer con ella, Astor trató de no pensar en nada. Subió en silencio la escalerilla del *Southern Cross,* sin mirar hacia atrás. No podía ponerse a llorar como un tonto delante de tanta gente. Tenía que arreglárselas con el viejo truco que había aprendido años atrás: abrir bien los ojos, los ojos abiertos, más... "Maldición", murmuró y se quedó quieto, apoyado en la fría baranda del barco, con los ojos bien abiertos, hasta que el barco zarpó.

"Yo no quería volver. Para mí, Argentina no significaba nada, y menos a los dieciséis años, que es cuando uno está contra todo, sobre todo contra lo que piensan los padres. En Nueva York tenía a todos mis amigos, mis novias, mi vida entera. Hasta el jazz, que era ya parte de esa vida, porque con mi amigo Stanley nos vestíamos de hombres, con sobretodo y gorra para que no descubrieran que éramos menores de edad, y nos íbamos a Harlem a escuchar a Cab Calloway. Yo hablaba inglés y muy mal el español. Volver fue como enfrentarme a un mundo desconocido, nada de eso me pertenecía. Lo único que me atraía era ir a pescar con los primos Bertolami y cazar. Eso era lo único emocionante, lo demás era chato, aburrido, una vida provinciana. Yo no lograba hacer amistades. Al contrario, tenía enemigos, me peleaba con todo el mundo. Hablaba poco, porque sabía que lo hacía mal, entonces eso me acomplejaba. Parecía Tarzán hablando. Para colmo de males, a mi viejo se le ocurrió mandarme a estudiar contabilidad en una escuela nocturna. Ahí hice de todo para que me echaran, hasta que finalmente lo hicieron. Después, a papá se le metió en la cabeza que yo lo ayudara en el negocio, un restaurante que habían instalado en el centro. No quise y tampoco quise trabajar en el Casino, en un puesto como empleado que me había ofrecido un tío. Nada de eso me gustaba. En realidad, yo no sabía qué hacer con mi vida. Estaba confundido, aburrido, sentía que me ahogaba..."

Sacó la cabeza y tragó aire. Mar del Plata, 1937; el aburrimiento lo aplastaba, las cosas eran así: primero la quietud, después el ahogo. Entonces abría la ventana de la pieza y aspiraba aquel aire que venía del mar para tranquilizarse.

Todo había empezado después de los ravioles:

—¿Y? ¿Qué pensás hacer con tu vida? –preguntó Vicente sin levantar los ojos del plato.

—Qué sé yo, se te ocurre cada cosa.

—Si se pone nervioso le van a caer mal los ravioles –dijo Doña Asunta y juntó las manos, pidiéndole socorro a la Virgen–. Dios dirá, tiene una vida por delante.

—Si querés te pongo al frente del negocio.

—Ni soñando –dijo Astor. Había sido un golpe bajo de su padre. Sintió, como siempre cuando lo hacían pensar en las cosas serias de la vida, que se desmoronaba–. Algo voy a hacer, no te voy a fallar, no te preocupes –dijo por fin y se fue, dejando medio plato de ravioles sin comer y a mamá rezongando.

De los nervios, Vicente se mordió la lengua. "Nunca va a cambiar, nunca", pensó, y se le fue el hambre.

Astor sacó otra vez la cabeza por la ventana, en cuanto estuvo en su cuarto, y aspiró más aire. Aquella discusión lo había puesto nervioso. Además, Mar del Plata era una ciudad demasiado tranquila para él. Había empezado a aburrirse. En ese momento, se sintió estúpido y desamparado. Nada le gustaba, y eso que ya era un hombre, como decía papá, con pelusa debajo de la nariz, una pelusa oscura que emocionaba a mamá hasta las lágrimas.

Todo era demasiado apacible para ese muchachito rebelde y ansioso, de sólo dieciséis años, que de una manera u otra tenía que trastornar la vida de los demás, llamar la atención, ser diferente. Tocar el bandoneón en bailes y en picnics, visitar a los tíos y observar cómo crecían los tomates, no era suficiente. Necesitaba cosas que lo emocionaran, inventar algo para ocupar el tiempo. Fue así como decidió hablar con sus amigos Rolando y Pocholo, proponiéndoles formar un trío musical para entretener a los clientes del bar-restaurante Nueva York, propiedad de su padre.

Improvisaron una tarima de madera al fondo del local, en medio de un gran patio andaluz. Pusieron foquitos de colores, guirnaldas y adornaron con calas el escenario. Rolando y Pocholo eran dos músicos ciegos que

Astor había conocido en Radio Mar del Plata. Uno tocaba el violoncello y el otro piano. Por amistad, y por la propina que dejaban los clientes, aceptaron. Desde ese día, no tuvieron más remedio que seguir las locuras de su amigo, sus bromas pesadas, su ansiedad insoportable, cada noche, antes de que empezara el espectáculo.

—Hay que ensayar. ¿Qué les parece *Some of These Days*? –preguntaba Astor y arrancaba con su armónica, sin esperar la respuesta de sus compañeros. Rolando y Pocholo lo seguían, aunque no les gustaba para nada aquella melodía norteamericana. Ellos preferían los tangos y las rancheras. Pero *Some Of These Days* fue la locura del bar-restaurante Nueva York, el éxito de la apacible ciudad junto al mar, en donde pocos hechos perturbadores ocurrían. Astor zapatea, toca la armónica, habla con el público y también toca el bandoneón. Peinado a la gomina y con un traje claro, es una mezcla rara de George Raft y Mickey Rooney.

—Un, dos, tres, va... –Astor marca con el pie el inicio del show. En realidad juega, se divierte, quiere olvidar qué va a hacer con su vida, porque ya es casi un hombre y todavía no sabe qué pretende.

"Yo no quería pensar y menos en el tango. Esa música no me emocionaba. Estaba acostumbrado a otra cosa. A Bach, a Gershwin, al jazz, aunque tampoco me volvían loco. Un día la música me apasionaba y al otro ya me aburría. Papá me hacía escuchar los discos de Maffia y a mí me gustaba, pero seguía confuso. Estoy seguro de que, si mi viejo me hubiera regalado un saxofón en lugar del bandoneón, hoy sería un gran saxofonista. En esos tiempos no sabía qué quería. No había llegado mi momento, ese momento en que uno descubre que ya encontró el camino. Pero un día llegó. Fue como una locura, un milagro. Ocurrió una tarde de mucho calor, en Mar del Plata. Esas tardes interminables, cuando no se sabe qué hacer con el tiempo, dónde meterse..."

Tarde de treinta y ocho grados, de siesta larga, de ahogo. Y esas ganas de sacar la cabeza por la ventana y tragar aire. Pero Astor prefirió quedarse quieto, tendido sobre la cama, escuchando la radio y mirando el techo.

"Fue el segundo flechazo. El primero había sido Bela Wilda tocando Bach en un piano de cola. El segundo fue el sexteto de Elvino Vardaro. Ahí descubrí una nueva manera de tocar el tango. Ese tipo de tango sí me gustaba. Yo ya no sólo tocaba en picnics y acompañaba a cantores de tango en Radio Mar del Plata; también hacía algunos arreglos, pero para mí. Nunca había mostrado nada. Esa tarde, después de escuchar a Vardaro, que muchos años después sería mi violinista, le escribí una carta

Con la orquesta de Fiorentino

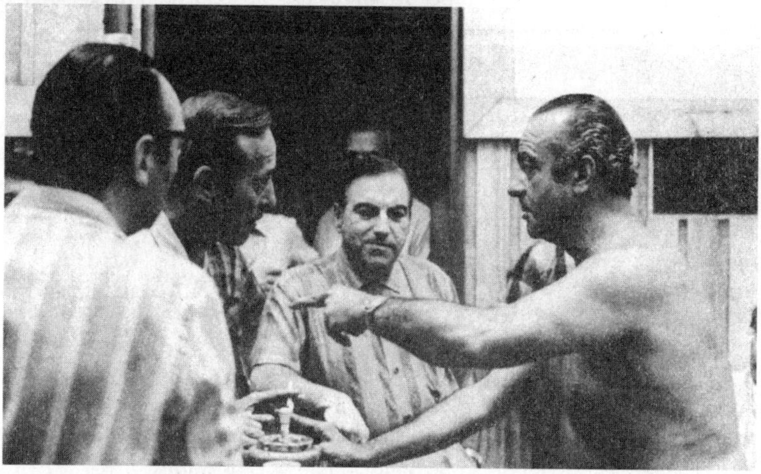

Con Roberto Goyeneche y Enrique Francini (1973)

Con Fiorentino, 1946

Con Peter Ustinov, en el Festival de Venecia de 1974

Con el Conjunto electrónico, en París, durante las presentaciones en el Teatro Olimpia junto con Georges Moustaki: entre otros Luis Cerávolo, Tomás Gubitsch, Ricardo Sanz, Gustavo Beytelman, Daniel Piazzolla, Osvaldo Caló

Con Gerry Mulligan, en Roma (1974), durante la grabación del disco *Reunión Cumbre*

Con Mulligan

diciéndole cuánto lo admiraba. A los pocos días me contestó dándome ánimo para seguir adelante. Enseguida formé un cuarteto, El Cuarteto Azul, que era una exacta imitación del estilo Vardaro. Me había agarrado la locura por el tango y, como no conocía mucho, me iba todas las noches a un lugar en donde tocaba una orquesta de un hermano de Pugliese. Ahí conocí al bandoneonista Sánchez Gorio. Para mí fue como conocer a un Dios. Me pasaba horas hablando con él, de tango, de orquestas, del bandoneón. En esa época, yo no sabía si tocaba bien o mal, además era bastante inseguro, tímido. Pero tenía que salir adelante, presentarme para tocar en alguna orquesta. Y la única forma era haciéndome el audaz y dejando de lado todos los miedos."

Una noche, Astor se enteró de que en una confitería de Mar del Plata debutaba la orquesta de Miguel Caló. Lo había escuchado por radio y le gustaba. Se puso un traje gris que le agradaba mucho y decidió ir a verlo.

—¿Otra vez a la confitería? –preguntó Vicente, preocupado por las salidas nocturnas de su hijo.

—Voy a la Porta, la que está en el muelle de los pescadores. Toca Miguel Caló.

—Es una gran orquesta. ¿Y qué vas a hacer?

—Voy a hablar con él, a ver si tiene algún trabajito para mí.

—¿Y ahora qué te agarró?

—Es que ahora me gusta el tango.

—Bueno... era hora. Toda la vida soñé con esto –sonrió Vicente.

A Astor le gustaba ver feliz a su padre. Se sintió aliviado. Lo saludó y salió.

Cuando llegó a la puerta de la confitería Porta no se atrevió a entrar. Prefirió quedarse un rato escuchando desde afuera, y dándose ánimo para hablar con los músicos. Finalmente avanzó con cuidado entre cortinas de terciopelo granate, buscó el rincón más oscuro y se quedó ahí: atento, quieto, una cosquilla rebelde recorriéndole el cuerpo. Ya era "el Gato", como más adelante lo llamarían sus compañeros, tan flaco, con sus ojos redondos y brillantes.

Decidió averiguar dónde vivían los músicos. Le preguntó a uno de los mozos. Tenía que conocerlos, decirles que se llamaba Astor Piazzolla.

Al día siguiente, caminó hasta el hotel en donde se alojaban los músicos. Las manos en los bolsillos, la mirada expectante, como la del Nono Pantaleón en aquella foto que guardaba su padre. Se fue armando de fuerzas, exigiéndose, una seguridad que aún no tenía. Se detuvo frente a un cartel: "Pensión El Paraíso". Se quedó un rato en la puerta, pensando qué hacer, hasta que sus ojos se detuvieron en tres ventanas a la calle, tres pequeñas ventanas cerradas. Podía ser la tercera: varios pares de medias de hombre, calzoncillos y pañuelos húmedos colgando de la baranda del balconcito.

—¿A quién busca? –le preguntó una mujer carnosa, con la cara brillante de crema y una escoba en la mano.

—A los músicos. Viven acá, ¿no?

—Se lo pasan durmiendo –dijo la mujer con desprecio–. ¿Para qué?

—Quiero hablarles.

—Duermen, ya se lo dije –la mujer lo miraba con desconfianza–. ¿Usted es de acá, o de la capital?

—De acá; soy marplatense.

—Así me gusta más. Mire, hay uno, un muchacho bajito de ojos celestes. Ése duerme poco. Seguro que debe estar tomando mate o lavándose la ropa. Es el único que se lava la ropa. Si quiere, pase.

Antes de que la mujer hubiera terminado, Astor ya estaba subiendo la escalera. Arriba, se encontró con una salita muy oscura, llena de muebles, floreritos, lámparas. Seguro que por eso del calor y porque la luz atrae las moscas, la señora había cerrado todas las persianas, pensó. Le dio tristeza el lugar. Buscó una puerta gris con un número diez, como le había indicado la portera, y golpeó dos veces. El tipo debía de componer valses; no podía ser de otra manera, con esa piel marfilina, esa mansedumbre en los gestos y esos ojos tan azules, a pesar de la infinidad de venitas rojas que los hacía casi rosados. Su voz era pausada y nasal. Abrió la puerta y se quedó mirando a Astor.

—¿Qué buscás? –Estaba en calzoncillos y tenía las manos llenas de jabón. El Gato dio un paso al frente y se hizo fuerte.

—Soy músico. Me llamo Astor Piazzolla y toco el bandoneón. También toco el piano y la armónica, y sé componer un poco. –Dio tres pasos y se frenó en el medio de la pieza, con los ojos más redondos que nunca–. ¿Quiere escucharme? Ando buscando trabajo.

—Yo me llamo Héctor Stamponi, toco el piano y hago valses. También lavo calzoncillos –dijo, secándose las manos y sonriendo–. Te buscaste la peor hora para venir. Los muchachos te van a sacar corriendo.

—No sabía, perdone.

"Pero Astor nunca entendió", recordaría años después el mismo Stamponi en Buenos Aires. "Nunca entendió que ésa era la hora de la siesta y la siesta era sagrada para los músicos. Todos los días caía a la misma hora. Venía con alguna idea rara, traía algún arreglo. Nos volvió locos a todos. Pero, la verdad, era un fenómeno. Todos los días, traía un arreglo nuevo de mi tango *Inquietud*. Creo que hizo como cuatro arreglos diferentes, todos diferentes. Tenía una imaginación increíble. Daba gusto escucharlo. Era inquieto, infantil a veces, lleno de entusiasmo. Desde aquella tarde nos hicimos amigos..."

Un día llegó más contento que de costumbre. Había compuesto un tango llamado *Mi ensueño*.

—Lo hice esta mañana y está dedicado a Miguel Caló.

—¿Sabés qué, pibe? Vos tenés que venirte a Buenos Aires. Acá no pasa nada –le dijo Héctor esa tarde–. Allá podés tocar en orquestas buenas, hacerte un nombre, triunfar.

—Es que... qué sé yo. Mis viejos –Astor se sintió raro. Nunca se había separado de sus padres. Lo atraía la idea, pero tenía miedo.

—Tenés que decidirte. Tus viejos pueden ir a visitarte. Además, allá hay mucha gente, gente de tango, como a vos te gusta, chicas, lugares para ir a divertirse. Es otra cosa.

—¿Y adónde voy a vivir? –preguntó Astor, como si ya hubiera decidido el viaje.

—En una pensión. Todos los que vienen de provincia paran en pensiones.

—No me gusta... –Astor se quedó mirando los zapatos que mamá le había lustrado esa mañana, los puños de la camisa limpios y almidonados, la raya del pantalón derechita. Iba a extrañarlos. Había sido todo tan apacible hasta ese día.

Doña Asunta lloró como nunca aquella noche, mientras Vicente soplaba su sopa, absorto en el par de valijas que había a un costado. Astor había decidido irse a Buenos Aires.

—No voy a dejar de comer porque él se vaya... Justo ahora se le ocurre irse a la ciudad. No sabe nada de la vida y se va. Siguió comiendo mientras Asunta lloraba y revolvía la sopa–. Y bueno, vieja, se va... Ya es grande, sabe lo que hace; es su destino. Yo sabía que esto iba a pasar. Algún día tenía que pasar.

Después se quedó quieto, con la inmovilidad que da la tristeza sin remedio, mirando el pedazo de pan que se deshacía en la sopa. Pero unos minutos antes de la partida, lo llamó y lo sentó a su lado.

—Acá tenés doscientos pesos para tus gastos. Anotá todo, mirá que la plata hay que cuidarla –le acarició la cabeza y después lo miró. Había muchas noches frías detrás de esa mirada, incertidumbre, ilusiones–. Portate bien, estudiá, y no le des dolores de cabeza a tu madre. Yo te voy a ir a ver cada quince días.

Mientras tanto Doña Asunta, chiquita y doblada sobre una de las valijas, hablaba sin parar: de la tía que le había tejido a Astor un pulóver grueso para el frío, de los primos que le deseaban suerte, del tío Checo que le mandaba decir que cuidado con las pibas, y de unos primos de La Boca, allá en Buenos Aires, "porque es bueno tener alguien de la familia cerca, ya sabés, andá a verlos, ellos fueron tan buenos con nosotros, y cuidado con las amistades, comé cosas que te alimenten, leche caliente a la noche, todavía sos chico y te puede venir debilidad, mirá que allá hay esas mujeres que trabajan de noche y que siempre tienen enfermedades. Dios me libre y me guarde de que te agarres algo. Voy a rezar... vos te reís, pero yo voy a rezar".. Y Doña Asunta no dejaba de hablar, de pegar botones, cepillar solapas, doblar camisas; todo en orden, hasta los jabones de pino y una colonia fresca para después del baño.

—La virgencita te la puse abajo de todo, entre las camisas –dijo al rato, y siguió llorando– y también te puse un vaso, no uses el vaso de nadie, te podés agarrar algo malo. Y el San Cayetano te lo puse arriba de todo. Ese podés ponerlo en una mesita, al lado de tu cama, y esta foto que nos sacamos en Long Island, cuando te graduaste.

Se besaron. Todo fue más tibio en ese momento. Los tres cuerpos juntos y abrazados, mientras Astor abría los ojos con fuerza, bien abiertos, el viejo truco de cada despedida, bien abiertos, hasta que papá y mamá se hicieron chiquitos, borrosos y desaparecieron detrás de una nube de tierra, en el extremo de un largo camino que lo llevaba a la ciudad.

DE LOS PRIMEROS COMPASES

Buenos Aires, julio de 1937.
Pensiones, soledad, tango.

"Viajamos a Buenos Aires en un Ford 35. Manejaba mi amigo Mario Sasiain, un viejo conocido de mi padre que me había estimulado mucho con eso de trabajar en la Capital. Él se hizo cargo de mí, porque yo sólo tenía dieciséis años. El viaje me pareció larguísimo. La ciudad no me gustó. Tal vez porque era de noche, o porque hacía mucho frío y había empezado a lloviznar. Yo ya extrañaba. Mario me iba hablando para entretenerme, pero yo pensaba en mis viejos, en el miedo de estar solo. Por momentos me entusiasmaba, todo era como una aventura. El coche se detuvo en la puerta de la pensión. Se llamaba Alegría. A mí me parecía todo lo contrario. Sasiain me mostró una lechería en donde se comía barato, un cine que quedaba cerca, la comisaría, el correo y la farmacia. 'Esta calle se llama Sarmiento', me dijo y me indicó que mi habitación era la número 12 y que la iba a compartir con otro bandoneonista. Me sentí mal, muy mal. No entendía por qué los músicos tenían que vivir en lugares tan miserables."

Se sintió desdichado cuando vio aquella puerta marrón con un número en el medio.

—Ésa es su pieza, le dejo la llave –dijo la mujer. Astor entró detrás de ella–. Todavía hay olor a lavandina. Esa es su cama –encendió la luz–. Me llamo Argentina, soy la encargada de esta pensión. Si necesita algo, ya sabe –agregó, antes de cerrar nuevamente la puerta y dejarlo a solas.

Astor se sentó en la cama, mirando la pared que tenía enfrente, absolutamente gris, con un almanaque de nenas rubias, llenas de rulos, una boleta de tintorería colgando de un clavo y un cuadro de un barco azotado por enormes olas plateadas. La verdad, no era una pared para mirar tan detenidamente, pero no tenía otra cosa que hacer mientras esperaba.

"Pobre nono Pantaleón, qué feo debe de haber sido estar solo en el medio del mar", pensó, mirando el barco del cuadro y ese cielo tan negro. Afuera seguía lloviendo. Astor nunca había sentido tanto frío y tantas ganas de irse. Quizá por eso prefirió quedarse con el sobretodo puesto, el cuello levantado, las manos en los bolsillos, como si estuviera a la intemperie.

Era feo estar solo, pero si el nono había peleado contra las tormentas, sobreviviendo a varios naufragios, él tenía que aguantar. Muchas veces, el recuerdo de su abuelo y el de su padre lo tranquilizaban. Se sacó el sobretodo, lo colgó de un clavo y volvió a sentarse. Observó: había muchos clavos. Clavos con perchas, con boletas viejas, con toallas, con calzoncillos y medias mojadas. De repente oyó el ruido de una llave en la cerradura. Seguro que era su compañero de habitación: el bandoneonista. ¿De qué iba a hablar con él? ¿Cómo sería? Nunca había vivido con extraños. Para disimular su inquietud, preparó una sonrisa. El hombre entró tranquilo, dejó el bandoneón y le tendió la mano.

—¿Qué hacés ahí parado? Sentate, estás en tu casa –Se sacó el piloto que chorreaba agua, lo colgó en un clavo y puso una palanganita debajo–. Yo a vos te conozco desde chico, pero seguramente vos ni te acordás de mí.

Se llamaba Líbero Paoloni y era el mismo que le había enseñado a tocar el tango *Alma de Bohemio.* Aunque tenía veinticinco años, se lo veía cansado, con los ojos rojos, como todos los hombres de la noche, y esa voz de haber dormido poco, pausada, que hacía desaparecer por momentos las últimas sílabas de las palabras.

—Claro, ahora me acuerdo. Usted fue mi maestro de bandoneón. Ya me parecía –dijo Astor, nervioso, tartamudeando, porque todavía le costaba expresarse. A veces pensaba en inglés y, cuando quería hablar, le salía otra cosa. Con lentitud, se acercó a Líbero que, agachado al lado del ropero, sacaba de una cajita el mate, la bombilla, la yerba, los bizcochos Canale y un Primus viejo.

—En esta cajita dorada están las cosas del mate –dijo y sacó otra caja–. En ésta, con flores, tenés los jabones. Yo compro los más baratos, pero igual tienen perfume. Acá están la gomina y el peine. Eso sí, pibe, el peine es mío. No es por nada, pero me cuido.

Astor no hablaba. Seguía a Líbero por toda la pieza, esa pieza que por momentos se parecía a otras. A la de la calle Ocho, pero no, aquella tenía la puerta a la derecha. A la de la calle Nueve, tampoco; ésa tenía una ventana chiquita y una puerta de madera pintada de verde.

—¿Así que te acordás de mí? –dijo Líbero con un gesto sombrío, de recuerdo. Era un hombre de tristeza serena, esas tristezas que no molestan a nadie. Sólo derramaba alguna lágrima cuando nombraba a su madre, que vivía en la provincia, o cuando se curvaba sobre el bandoneón para tocar *Alma de Bohemio.* Guardó las cajitas, encendió el Primus y miró la llamita azul que subía y bajaba.

—Claro que me acuerdo –dijo Astor.

—Tu viejo me regaló tres corbatas, porque yo no quería cobrarle. Yo era un bandoneonista, no un maestro.

—Pero usted me enseñó a tocar tangos. Llegaba cansado y a veces se dormía en la silla.

—Puede ser. La noche cansa, pibe, es dura. Pero dejate de recuerdos, que me dan dolor de estómago –Cebó el primer mate y dijo–: Ahora hay que conseguirte una orquesta y un buen plato de lentejas. Sos un palo vestido.

Y de inmediato cambió de tema; se puso a hablar de la vida en la pensión, del pianista que vivía en la pieza de arriba, de los helados que vendían en la lechería cuando llegaba el verano y de la mucama paraguaya llamada Argentina, una mujer de ojos duros que siempre decía que los músicos eran como diablos y que por eso llevaba un cuchillo debajo de la blusa.

—Pero Doña Argentina hace las lentejas más ricas del mundo y hay que quererla como a la vieja –dijo Líbero, tomó a Astor por los hombros y lo miró a los ojos–. Ya te vas a acostumbrar. Al principio vas a extrañar, te van a tratar mal, algún hijo de puta no te va a pagar... Es que sos muy tiernito.

—Y, bueno, para eso vine.

—También nos divertimos. No es todo tan feo.

—Si me aburro me voy.

—El que entra acá se queda. Se encadena solito.

—Yo no. Cuando algo me cansa, me voy.

—¿Y adónde vas a ir con el bandoneón, al Colón?

—Qué sé yo. Pero a mí nadie me dice lo que tengo que hacer –Astor se había puesto violento, los ojos redondos y saltones.

—No te pongas nervioso –Líbero puso el Primus entre las dos camas y se acostó–. Tomátelo con calma. Acá hay que poner los pies sobre la tierra; se acabó la joda.

Astor se acostó. Las manos debajo de la nuca y, frente a él, la pared gris, absolutamente gris. Sintió frío. Extrañaba.

—No pienses. Mañana te comés unas lentejas y vamos a hablar con el Tano Lauro, a ver si te pone en su orquesta –dijo Líbero y se fue durmiendo despacio.

Astor prefirió soñar boca arriba, bajo esa luz miserable que apenas iluminaba la pieza. Se imaginó sobre un escenario, junto a una gran orquesta.

Al día siguiente Francisco Lauro lo aceptó en su típica y esa misma noche debutó en el cabaret Novelty.

"Lo que el pibe Piazzolla no sabía era que muchas veces se sale de este mundo, sin pena ni gloria", confesaría Líbero Paoloni años después. "Él salió con gloria... pero algunos se quedan en nada, esperando siempre que le estrenen un tango, o soñando con ser el primer bandoneón, o el primer violín, o con dirigir la orquesta propia. En ese momento él no lo sabía, no sabía que el mundo del cabaret era jodido, que la noche se hacía larga y pesada, que a veces lo trataban a uno como basura, que el patrón controlaba todo. El cabaret era un trabajo, no una aventura. Él llegó pensando que todo era fácil. Claro, tenía ilusiones, un empuje bárbaro. Nosotros, que ya teníamos unos años trabajando de noche, tratábamos de calmarlo. Su padre me había pedido que lo cuidara. Entonces yo lo hacía comer bien, íbamos al cine, charlábamos. En la pensión se lo pasaba estudiando y tocando piezas muy lindas, que me hacían llorar. Se ponía a tocar Bach, Chopin, esas músicas tan tristes que a veces me ponían loco. Entonces yo lo paraba y le decía: 'Dejá eso, pibe; tocate algo alegre'. Y me tocaba *La Raspa* o una rancherita. Era un gran compañero de pieza, alegre, bromista, muy inocente para ese mundo. Iba a sufrir, yo se lo decía. Por el carácter, por la forma de ser, tan rebelde, tan soñadora. Y terco, era terco como una mula. Quería llegar, quería ser importante, diferente a todos. Y era diferente, se lo juro, había algo en él. Nosotros, con unos bailes los fines de semana, la radio, el cabaret, nos conformábamos. Él no. Quería estudiar, y dale con eso, todo el día. Cuando volvía del Novelty, a las cuatro de la mañana, casi lloraba. Se quedaba callado, ni mate quería. Decía que se quería volver con los viejos, ir a pescar, ver a sus primos. Entonces yo agarraba y me lo llevaba al billar, o salíamos con chicas. En el billar era Dios; no lo sacaba nadie de arriba del paño verde. Así se nos pasaba rápido el tiempo, porque todos estábamos solos y la soledad era fulera. Viera qué fulera era. Una noche, creo... Bueno, yo no le dije nada, lo dejé... Pero me pareció oírlo llorar."

Astor lloró, lloró durante varias noches seguidas, porque era oscuro y triste en invierno, a las cuatro de la mañana, cuando volvía del cabaret y se recostaba, con su traje azul y sus zapatos de charol, sobre la colcha floreada. Y así llegaban los sueños, con la interferencia de una luz amarilla que entraba por la pequeña ventana de la pieza. Era el momento exacto de la nostalgia. De querer volver con papá y mamá. Soñaba.

"Vamos a pasar momentos muy difíciles", decía Stanley revisando el mapa de la fuga. Astor pedaleaba fuerte, con el viento en contra y ese dolor en la boca del estómago. "Quiero volver", decía, pero las manos se le habían dormido sobre el manubrio de la bicicleta. "Sos un marica", le contestaba su amigo. Astor seguía pedaleando. Y entonces aquellas sombras fosforescentes, las luces malas, como decía su tío de la quinta, empezaban a caer de las copas de los árboles. Otras avanzaban desde los costados del camino. Todas juntas hacia él, compactas, como una enorme barrera de luz. Las luces malas son las almas en pena de los muertos, decía otra tía. Todas juntas, empujadas por el viento. Astor pedaleaba fuerte. Stanley ya no estaba. Como si se lo hubieran tragado las luces malas. Él no quería esa fuga, no así. Quizá le gustara meterse en la boca del lobo, pero no así. Las sombras fosforescentes eran cada vez más grandes y numerosas y estaban sobre él, que ni siquiera podía moverse, con las manos dormidas sobre el manubrio de la bicicleta, y esas ganas tremendas de volver a casa.

—Eh, pibe, ¿qué te pasa? No me asustés –dijo Líbero sacudiéndole suavemente el hombro. Astor pedaleaba entre las sábanas, los ojos mojados y apretados–. Dale, ¿qué te pasa?

Se arrepintió de tocarlo. "Es peligroso despertar a alguien de golpe, puede morirse del corazón y Dios me libre", pensó y se levantó a prepararse unos mates.

—Hola –la voz de Astor sonó sin fuerza. Los ojos redondos, muy abiertos, como si viniera del fondo de un túnel.

—Qué manera de romper colchones. ¿A quién querías matar? –dijo Líbero y le ofreció un mate.

—Tengo bronca. Me tomaron el pelo, ¿sabés?

—¿Siempre dormís así, vos? –preguntó Líbero un rato después, mientras se lavaba los dientes. Trató de no darle importancia al asunto–. Tenés que calmarte. Pedile a Doña Argentina un tecito de tilo; es bueno para los nervios.

—Es que no me pagaron. Trabajé todo el mes en ese cabaret y no me pagaron. Voy a irme, me tienen harto.

—Yo ya te avisé. Así es al principio –Líbero lavaba sólo el cuello de su única camisa blanca. Después de escurrirla la colgó en el balcón–. Mirá qué sol. Vestite y damos una vueltita por Corrientes.

—No tenían plata, eso me dijo el director de la orquesta, y que me tenía que aguantar porque recién empezaba –Astor no había oído lo del sol ni lo del té de tilo. Tampoco vio cuando Líbero se puso el saco para salir–. Eso es lo que me revienta. Que me tomen el pelo. Los mataría...

Golpeó la almohada. Líbero ya había salido, despidiéndose con un "tomate un té de tilo". Astor no había oído nada, ni siquiera la escoba ruidosa de Argentina, juntando polvo y puchos en los rincones.

—¿Y Líbero? –le preguntó, sorprendido, al verla entrar.

—Ya se fue. Lo saludó y usted ni siquiera le contestó. Mal amigo...

—Cómo que se fue. ¿Y me dejó solo? –no recordaba la invitación de Líbero, sus mates, el té para los nervios.

—¿Y qué quiere? El pobre hombre se cansó de hablarle. Usted es un egoísta, ni piensa en los demás... Pobre señor Líbero, hasta un té de tilo quería dejarle preparado.

Astor se sintió peor. Lo que decía Argentina era cierto. Sólo había estado pensando en su bronca y el pobre de Líbero pensando en un té para calmarle los nervios. Decidió salir. Aquella pieza lo ahogaba. Para calmar el malhumor de Argentina, le dio un beso en la mejilla.

—Si alguien me viene a buscar, dígale que estoy en la Costanera pescando mojarritas –y salió silbando.

Había algo de cierto en aquella broma. Le gustaba la Costanera, el olor del río y de la carnada fresca sobre una tablita de madera. Recordar aquellas cosas, desearlas, tropezar con la gente porque iba pensando en las mojarritas, en sus primos pescadores y en la tía de la quinta con olor a albahaca en las manos, lo pusieron de buen humor.

Caminó sin apuro. Tomaría un café en algún bar de la calle Florida, ahí escribiría una carta a sus padres, y después se metería en algún cine para ver el Noticiero Español y unos dibujos animados. Sintió que la noche iba quedando atrás. De día todos parecían más buenos, aunque todavía le quedaba en la boca un sabor ácido y los ojos ya empezaba a tenerlos rojos, como los hombres de la noche. Se miró en una vidriera, junto a un maniquí de ojos brillantes. El pelo echado para atrás, la sonrisa, una frente ancha y despejada. Era él mismo, pero diferente. Sintió envidia de aquel otro. La noche estaba envejeciéndolo. El otro sacó del bolsillo una armónica dorada, la lustró con la manga del saco y se puso a tocar *Some of These Days*. Después, en una lengua medio extraña, le habló de un piano de cola, de un concierto que algún día escribiría, de un escenario grande para él solo, de aplausos y fama. Las ganas que tenía de ir a pescar mojarritas a la Costanera se hicieron mayores. El sol ya estaba alto. "Vamos", le dijo Astor, los ojos menos rojos y unas ganas tremendas de tocar la armónica.

En realidad, nunca los vieron juntos. Dicen, que el otro partía de noche, dejándolo a Astor solo y maldiciendo, mientras se ponía el traje azul y los zapatos de charol para ir al cabaret.

La bola de marfil rodó sobre el paño verde. Astor la siguió con los ojos, la empujó suave con el taco, vio cómo golpeaba en las bandas y seguía, avanzando hasta caer en la tronera infinita.

En el billar olvidaba todo. Se aburría sonriendo. La cuestión era llenar de alguna manera ese tiempo que empezaba con su llegada al cabaret y terminaba en el último escalón de la pensión de la calle Sarmiento, a las cuatro de la mañana. A esa hora, otra vez empezaba a rodar y golpear contra las bandas hasta caer en la tronera infinita del sueño, entre los olores ineludibles de la noche. Para calmarse, como siempre había hecho ante los sinsabores y el tedio, se recostó, aspiró el aire que se filtraba por la ventana y esperó la llegada de los sueños.

"A veces me quedaba un rato largo pensando en lo que había visto, en lo que había hecho esa noche, en lo bien o mal que había tocado. El Novelty era de bajo nivel, siempre había peleas entre las chicas que trabajaban ahí. Los patrones las mandaban a ducharse para calmarlas y después a trabajar otra vez. Tenían que hacer copas y bailar toda la noche, aunque se estuvieran muriendo. Eso me entristecía. Además, los músicos nos teníamos que callar la boca y jamás meternos con ellas. Algunas noches, aparecía por ahí el Loco Samporín, un gordito al que los nenes bien emborrachaban hasta atontarlo. Lo hacían bailar sobre una mesa y hacer cosas grotescas, que hasta asco me provocaban. Pobre Loco. Murió en la calle, de frío. Yo no era un santo, no puedo decir que no conociera cómo circulaba la droga y ese mundo de gente que andaba por los cabarets. Un día probé cocaína, porque me decían que se podía trabajar horas sin parar y estar siempre bien y contento. Me resultó una experiencia espantosa. Cuando quise escribir música en ese estado, me salieron garabatos y acordes que ni yo entendía. La dejé enseguida; no quería terminar como otros músicos. Todo eso me empezó a hastiar. Además, en el Novelty yo tocaba piezas que no me gustaban y los músicos éramos peones explotados por el dueño del cabaret. Cuando volvía a casa... Bueno, a esa infame pieza, me dolía todo."

Dolores del crecimiento, diría mamá. Dolores del aburrimiento, se repetía Astor y se buscaba en el recuerdo, subido a las terrazas de la calle Ocho, tan parecido a un pájaro, respirando el olor a almendras dulces llegando de la peluquería de mamá. Olores tibios, amables. Se veía pequeño, con su gorra y pantalón a cuadros rojos y verdes. Todo tan nítido. Las manos redondeando bolas de nieve que luego caían sobre los techos de los tranvías.

Hasta que, después de un movimiento demasiado brusco entre las sábanas, se despertaba atontado y se levantaba. Era tristemente silencioso todo aquello: las perchas colgando de los clavos, la humedad alargándose sobre las paredes, el almanaque de las nenas con rulos en un mes ya vencido. Cerraba entonces los ojos con fuerza. "Si pudiera volar", pensó una vez y toda la noche soñó que volaba. Despertó aleteando, mientras Líbero intentaba sujetarle los brazos.

—Ya pasó. Vamos, calmate, ya pasó todo.

—Qué bárbaro -murmuró Astor semidormido y sonrió.

—Casi me matás.

—Soñé que volaba. Toda la noche volé -Se quedó sentado en la cama con los ojos cerrados. El recuerdo de aquel sueño lo hacía feliz-. Y la gente me miraba.

—Sos loco, ¿eh? Acordate el otro día: por poco te tengo que sacar de encima del ropero.

—Vos estabas ahí, con la cara distinta, pero eras vos. Me saludabas desde la ventana.

—Está bien. Ahora que aterrizaste, tomate unos mates. Compré unos bizcochitos con grasa que tanto te gustan.

—¿Viste? Yo no puedo estar encerrado. Te lo dije, a mí esto del cabaret me mata. Parecen todos muertos ahí adentro... No aguanto más.

—Yo, a los dieciocho, también me quería ir -dijo Líbero y le acercó un mate. Hablaba con la voz lenta del cansancio-. Pero me quedé. Me quedé.

—Yo no aguanto. Me quiero ir a otro lado.

—¿Adónde?

Astor ya no lo escuchaba. Había salido al pasillo, descalzo y con pijama, buscando el viento de aquel sueño, porque lo enfurecía el encierro, porque la ansiedad lo hacía un ser insoportable, o, más que la ansiedad, ese instinto de búsqueda, de irse siempre detrás de algún sonido, de algún olor, de una luz.

Una tarde se largó a caminar por Corrientes. Cuando llegó al 900 se detuvo. En la puerta del Café Germinal, un cartel anunciaba el debut de la orquesta de Aníbal Troilo, "Pichuco". Siempre lo había admirado. Alguien tocaba en el piano el tango *Comme il faut*, de Arolas. Escuchó desde afuera. Sin darse cuenta, caminó hacia aquellos sonidos, atravesó la puerta y vio, recostado sobre el aire brumoso del café, a Orlando Goñi, aquel pianista que con el tiempo ejercería una fuerte influencia en su música. Se deslizó entre cortinas de terciopelo, buscó una silla, acurrucó su cuerpo en la oscuridad y desde ahí, gozoso, empezó a decidir su destino.

"Goñi me enloquecía. Cuando ya integraba la orquesta de Pichuco, me ponía detrás de él, con un cuadernito, y anotaba todo lo que él tocaba para después imitarlo en el bandoneón. Cuando descubrí a Troilo, me pareció un viejo. Él tenía veinticinco años y yo diecisiete. Yo quería tocar como él. Me quedé en el Germinal desde las dos hasta las ocho de la noche. Escuchaba atentamente y golpeaba con los dedos sobre la mesa, repitiendo los compases, como si estuviera tocando el bandoneón. Cuando volví a la pensión, pasé todo lo que recordaba al bandoneón. Así, me fui aprendiendo el repertorio de memoria. Aquella tarde, me propuse entrar con Troilo. No sabía cómo, pero tenía que intentarlo. Volví a la pensión loco… Totalmente loco."

Llegó a la pensión de noche, con el tiempo justo para lustrarse los zapatos y salir para el cabaret. Sentía una alegría de otros tiempos. Le contó a Líbero sobre Troilo y Goñi, maldijo los cabarets, habló del destino y de los sueños de su padre, hasta que Líbero lo interrumpió, poniéndole una taza de café entre las manos.

—Pará de soñar y tomate algo caliente antes de salir.

—Voy a entrar en esa orquesta. Te juego lo que quieras. Soy medio adivino, como mi vieja –dijo lustrándose frenéticamente los zapatos de charol–. Vieras qué pianista, qué bandoneones. Y los violines ni hablar.

—Está bien, pibe, vas a entrar. Pero ahora tomate el cafecito.

—¿Me estás tomando el pelo? ¿Te creés que estoy loco?

—Escuchame bien –dijo Líbero–: Troilo es palabras mayores. No es para vos. Tenés que ir despacio.

—Yo puedo tocar como ellos. Ya me sé casi todo el repertorio.

—Te lo digo para que no te ilusiones.

—Pero yo puedo, yo sé que puedo.

—Mirá: tenés un sueldito, buena salud y dieciocho años. ¿Qué más querés?

—Irme del Novelty. Hoy me voy. Me aguanto con unos pesos que me quedan hasta que encuentre otra orquesta.

Líbero prefirió no seguir hablando. Era inútil pararlo cuando se le metía algo en la cabeza. Partieron: zapatos de charol, trajes azules. Líbero con los ojos hinchados por una siesta larga. Astor pensando en la tarde siguiente, en Troilo, adelantándose a la vida, porque siempre había creído en las cosas imposibles. Esa noche, jugó al billar como nunca, se despidió de los músicos, del mozo, de las chicas y le dijo chau al Novelty para siempre.

"Conocí a Astor en 1939", recuerda Hugo Baralis, legendario primer violín de la orquesta de Troilo. "Lo vi desde el palco. Ya lo había visto otras tardes, siempre sentado en la misma mesa, con un café que le duraba cinco horas. Los mozos no le decían nada, sabían que era músico. Un día me animé y me fui derecho a la mesa donde estaba. Me miró sorprendido. Yo me senté y le hablé de cualquier cosa para que se tranquilizara. Recuerdo que se movía constantemente. Movía los dedos, las manos, las piernas. Era muy inquieto. Yo tenía media hora de descanso, así que aproveché para averiguar qué buscaba. Al principio hablaba poco, pero fue perdiendo la vergüenza y me confesó que su sueño era entrar con Troilo. Yo me quedé mudo, porque Astor era muy pibe y sabía que Troilo jamás iba a aceptar un chico así, sin experiencia. Me contó que sabía música y que se había aprendido de memoria todo el repertorio de la orquesta. Yo, la verdad, no le creí; pensé que estaba loco. Nadie podía aprender un repertorio tan difícil en tan poco tiempo. En ese momento preferí no insistir con el tema, para no desilusionarlo. Porque lo veía entusiasmado, lleno de ideas, con unas ilusiones bárbaras. Entonces me puse a hablar de otra cosa. Hablamos de pesca, de bicicletas, de mi papá que era contrabajista, de un violín que me había regalado Canaro a los once años. Y de zapatos; a los dos nos gustaban los buenos zapatos. Le recomendé una casa en la calle Florida, en donde los hacían a medida, y esa misma tarde arreglamos para ir juntos a pescar a la Costanera. Desde ese día, fuimos inseparables. Él seguía con la idea de entrar con Troilo y me insistía para que hablara con Pichuco. Yo no lo había escuchado tocar el bandoneón, todavía, así que ni siquiera sabía si era bueno o malo. De todas maneras, prometí ayu-

Con Jeanne Moreau, después de la filmación de *Lumière*, dirigida por Moreau y musicalizada por Piazzolla (París, 1976)

Astor en París

Con Ernesto y Matilde Sábato (París, 1976)

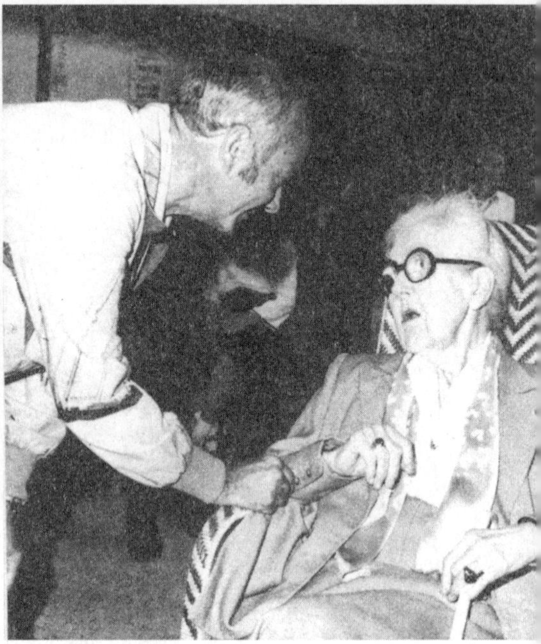

Reencuentro con Nadia Boulanger, el día en que cumplía noventa y seis años (Fontainebleau, 1976)

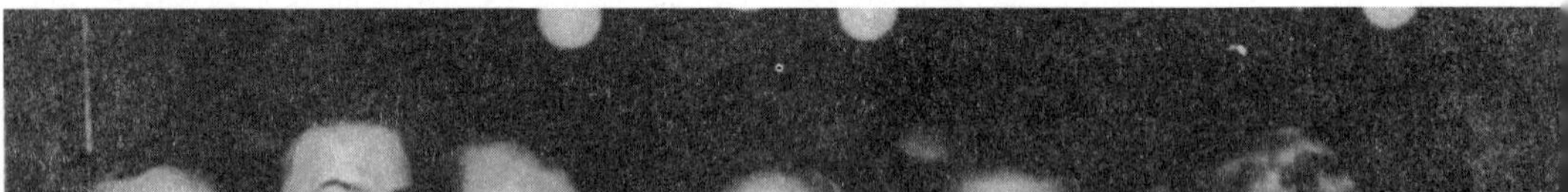

Con Horacio Ferrer, Laura Escalada y Eladia

darlo, pero le pedí que me diera unos días, porque el Gordo era un tipo difícil y además ya tenía todos los bandoneones completos. Pero él estaba seguro, él sabía que iba a entrar en esa orquesta..."

El día en que uno de los bandoneones de la orquesta, el Toto Rodríguez, cayó enfermo, la vida de Astor empezó a cambiar. Se dio cuenta en cuanto entró en el Germinal aquella tarde. Clima de velorio en el aire y todos nombrando al Toto en voz baja: "Mirá que enfermarse justo hoy que es viernes. Ayer ya sudaba el pobre, tenía fiebre... Justo hoy que es viernes, y mañana sábado... Sin el Toto qué hacemos". Así, con caras más de tango que nunca, los músicos rondaban el palco, sin sonrisas, porque se iban a perder los bailes del fin de semana y eso no era chiste. Además, el bandoneón del Toto era irreemplazable.

Astor sonrió. Había llegado su oportunidad. No era por el pobre del Toto Rodríguez, no era maldad, podía jurarlo. Eran los nervios. Ya le había pasado de pibe: reírse en los velorios, estar muerto de miedo y reírse. Porque en unos instantes más, cuando se sintiera fuerte y con ganas, se acercaría al palco, más pálido que nunca y pediría su oportunidad.

"Yo puedo tocar", pensó decir, pero fue entonces cuando vio acercarse a Hugo Baralis, titubeante, ese gesto dramático torciéndole la cara. Le daba bronca verlo así, con los hombros caídos, la cabeza gacha y siempre la mala suerte, la yeta, el destino, y esa forma de hablar para el costado, medio susurro y medio lamento. Al verlo venir, se adelantó:

Dale, viejo, decile al Gordo que yo toco. Que puedo reemplazar al Toto.

—¿Justo ahora? Mirale la cara. Es viernes –Y señaló con un movimiento de la cabeza la cara redonda del Gordo, que en medio del humo y de la luz amarilla que caía sobre el palco, parecía sentado sobre una nube de azufre.

—¿Y qué tiene que ver que sea viernes? Mejor, mañana ustedes tienen bailes y yo puedo tocar. Yo los salvo, Huguito.

—Pero el Gordo se pone loco los viernes. Me da no sé qué..

—Yo no le tengo miedo a nadie –dijo, súbitamente irritado por la sonrisa siempre amable de Hugo, por su gesto complaciente, inalterable–. Ni siquiera tengo que ensayar.

—Está bien, calmate, ahora voy –Se ajustó el nudo de la corbata, tosió sin ganas y caminó derecho hacia el Gordo, que seguía meneando la cabeza, resignado.

Astor no quiso mirar a Troilo. Seguro que Hugo le hablaría de mil cosas, le palmearía la espalda, llorarían juntos la gripe del Toto, un fin de semana sin bailes, y mientras tanto él ahí, parado como un gil, desmenuzando con la cuchara de café el terroncito de azúcar, con furia. En esos momentos, cuando la impotencia o el temor lo volvían torpe y violento, Astor recordaba al nono Pantaleón y también a su padre. No sabía por qué, pero siempre recurría a ellos, como si su memoria los buscara en los instantes de debilidad. Y el nono siempre estaba ahí, con sus cuentos de barcos y tormentas. "Nos hundíamos. Mi pobre *Altiberán* escoraba cada vez más. El peso de los mármoles que cargaba lo fue partiendo en dos, lentamente. Sentí primero el crujir de la madera. Fue inútil resistirse... El *Altiberán* desapareció bajo las aguas. Anduvimos flotando a la deriva varios días, perdiendo nuestras fuerzas, pero nunca la esperanza. Ánimo, nos gritábamos mutuamente los marineros y yo."

Astor levantó la cabeza. Se sentía seguro. Por qué no. Vio a Hugo dando vueltas alrededor de Troilo, espió al Gordo acariciándose el mentón, a los músicos nerviosos, a Goñi descansando en un taburete en medio del humo. No esperó más. Atravesó la pista hacia el palco, se paró frente a Pichuco, lo miró.

—¿Sos vos el pibe que quiere entrar en la orquesta? –le preguntó Troilo.

—Sí.

—Estás muy seguro, ¿eh?

—Claro.

—¿Cómo te llamás? –preguntó el maestro mirándose las uñas, e hizo una seña con la cabeza. Alguien le alcanzó un bandoneón.

—Astor Piazzolla.

—Bueno. Subí... Ahí tenés un bandoneón. ¿Qué sabés tocar?

—Todo su repertorio de memoria.

Troilo sonrió, aunque el recelo le enturbió la mirada por un instante, cuando vio al muchacho tan tranquilo, subiendo al palco de un salto, sin decir gracias, como todos los demás cuando el Gordo les daba una oportunidad. Astor arrancó con la *Rapsodia en Azul*, de Gershwin. Quería escandalizarlos. Troilo se puso tenso. Sudaba. Invierno y verano, sudaba. Orlando Goñi disfrutó aquella herejía en silencio, desde su rincón, con una sonrisa torcida.

Astor siguió tocando. Hizo todo el repertorio de la orquesta, de punta a punta, sin parar. Cuando se detuvo, levantó la cabeza, aspiró todo el aire que podía y permaneció en silencio. Nadie habló. Goñi le palmeó el hombro, sonrió y volvió al humo y a las sombras. Troilo atravesó el salón del Germinal hasta un fondo de penumbra que lo tapó por completo. Apareció al rato, abriéndose paso entre las mesas. Se paró frente a Astor.

—Ese traje no va, pibe. Conseguite uno azul. Debutás esta noche.

"Cuando entré con Troilo, yo trataba de imitar muchas de sus cosas, pero poco a poco empecé a labrarme un estilo propio. Me aprendí las trampas de los tangueros, esas trampas del intuitivo que me sirvieron más adelante. No las podría definir técnicamente, son formas de tocar, de sentir; es algo que sale de adentro, así, sin vueltas, espontáneamente. Yo era, al principio, uno de los tantos bandoneones que tenía Troilo en su orquesta, pero quería ser el primero y llegué a serlo. El Gordo confiaba en mí. Muchas veces, estaba cansado o tenía otras cosas que hacer o no se sentía muy inspirado y me pedía que lo reemplazara. Claro, eso no les gustaba a los otros. Me empezaron a tener bronca. Bronca por eso y porque yo quería estudiar música. Ellos, la mayoría, se conformaban con su intuición; que puede ser maravillosa, pero no basta. A mí me empezó a molestar esa pasividad, esa especie de resignación tanguera. Por eso les resultaba un ser insoportable. Porque yo siempre quería otras cosas, superarme, escuchar otro tipo de música. De todas maneras, con Troilo estaba en la gloria. En lo que hace al tango, fue un triunfo para mí, realzado por la edad que tenía en ese entonces. Ganaba bien y ya empezaba a ser conocido como bandoneonista. En el Germinal y en el Tibidabo conocí a los grandes, como Discépolo, Manzi, Contursi, Cadícamo. Ellos iban a escucharnos y después nosotros íbamos a sus mesas para conversar. Eso, tal vez, era lo único lindo de la vida nocturna. Lo demás, era el aburrimiento total. Entre vuelta y vuelta, me iba a caminar o al café o al billar y, muchas veces, me quedaba en el camarín haciendo algún dúo de violín y bandoneón con Hugo. Después, a la salida, Baralis se iba con sus padres. La mayoría de los músicos tenían sus mujeres. Yo me volvía solo a la pensión. Ahí empezaba mi suplicio. Estar solo significaba extrañar a mis viejos, añorar una novia, querer estudiar música en serio para dejar la noche y vivir de día, hacer algún concierto y volverme famoso. Ahí volvían los recuerdos de cuando era pibe, las salidas a cazar y a pescar con mis primos, mis amigos de Nueva York. Yo deseaba realmente vivir otro tipo de vida. No aceptaba que ésa, la de los tangueros, la de la noche, fuera mi destino. Yo quería salir de todo eso... Y creo que esa intención, esa ansiedad, me salvaron."

Tendido sobre la colcha floreada, sintió como nunca la vastedad de aquella pieza. En realidad, no era por su tamaño; la pieza estaba miserablemente iluminada y el gris de las paredes la hacía miserablemente estrecha, con un techo lleno de grietas y un ropero que nunca cerraba. Pero a pesar de todo, la sintió amplia y hasta confortable. Tal vez eran los zapatos nuevos que había podido comprarse aquella tarde luego de cobrar el sueldo, o el piloto blanco que iba a estrenar cuando lloviera, o el Primus flamante que pensaba regalarle al bueno de Líbero. Miró la bombita que colgaba del techo y pensó en cambiarla por una más potente. El espejo del ropero también. Sí, ese espejo lo desfiguraba todo: las caras se veían largas y los cuerpos pequeños y ondulados. Se miró en él. En realidad, aunque tenía una nariz demasiado ancha y esa frente excesivamente espaciosa que su familia veneraba tanto, no era un tipo feo. No era alto y de ojos azules como su amigo Hugo, pero era simpático, gracioso y bastante genial. Eso volvía locas a las chicas. Después de abrir la ventana para que entrara el ruido de la calle, se sentó en la cama. No tenía nada que hacer, Líbero no había llegado. Le hubiera gustado tener alguien con quién hablar en lugar de pensar y pensar en cosas que tarde o temprano lo ponían triste.

Pero ahí estaban: los zaguanes de Nueva York, especialmente uno largo y oscuro, en la calle Ocho, en donde había arrinconado a María Alberti, la hija del panadero, para robarle un beso. Hermoso romance, hasta el día de la desilusión, cuando María lo dejó por Tony Renda, su mejor amigo, un muchacho musculoso parecido a Cary Grant. Sus amores siempre habían sido así: fugaces, intensos, con finales lamentables. Como Inés, aquella chica de dieciséis años, pálida, de trenzas. Tres meses duró el idilio. Ella murió de tifus, en una pieza de hospital, rodeada de floreros con jazmines.

Astor no supo si era el ruido de la calle, los jazmines o los zaguanes, pero sintió que se derrumbaba, que otra vez la pieza volvía a ser miserablemente estrecha. En realidad, quería tener una novia en serio, no seguir solo, ir con ella al cine, compartir un paquete de caramelos de goma, hablarle de un concierto que algún día escribiría, hacerle regalos, presentársela a sus padres, casarse.

Cuando el aturdimiento de aquellos deseos lo había derrumbado sobre la cama, entró Líbero: la cara blanca sobre el traje azul. Traía una carta en la mano.

—Es de tus viejos. Seguro que se vienen este fin de semana.

Medio dormido, Astor sonrió. Era lo mejor que podía pasarle. Papá, mamá, paquetes de quesos y salamines, chismes de los tíos, perdices en escabeche preparadas por la tía María. Astor sintió que todo eso pertenecía a un país ya lejano.

—Necesito verlos –dijo, y guardó la carta debajo de la almohada.

Pero Vicente llegó solo y en moto. Sin mamá, sin salamines, sin perdices. Lo único que quería era conocer personalmente a Pichuco y hablar con él sobre su hijo. Fueron directamente a la casa de la madre de Troilo, que ese mediodía había preparado unos tallarines con estofado, amasados por ella. La sobremesa fue larga y llena de consejos morales.

—Mi hijo es chico, usted sabe. De la vida no conoce nada –dijo Vicente al maestro, mirando de costado a Astor, que se había puesto rojo y no hablaba–. Para mí usted es todo un señor, así que cuídemelo de las malas compañías, las mujeres de la noche, esas cosas... Usted me entiende.

—No se preocupe, Don Vicente. El chico está en buenas manos –dijo Pichuco y le sonrió a Astor–. Voy a ser como un padre para él.

Esa misma noche, luego de despedirse de su padre y de prometerle comer bien, evitar las malas compañías y ahorrar, Astor cruzó el Puente Avellaneda. Algo de aquella neblina le hacía recordar el fulgor de las navajas de las esquinas de la calle Cuarenta y Dos, bajo la penumbra excitante de los faroles. En un lugar llamado Doble Tres, jugó al pase inglés hasta las cinco de la mañana.

—Tu viejo me mata si se entera –le dijo Troilo en un instante de arrepentimiento–. Mejor andate a dormir.

—¿Ahora? Ni loco. Y no me queme, que la cosa anda bien. Astor miró los dados sobre la mesa, se distrajo un momento, encendió un cigarrillo–. Juego desde los doce años. Mi viejo no lo sabe... Creo. Pero algún día voy a dejar todo esto, voy a cambiar.

A vos no te salva ni Dios –dijo Pichuco.

Astor apagó el cigarrillo por la mitad, se levantó de la mesa y se dirigió hacia la puerta del billar.

—Usted no me conoce –dijo desde ahí.

—Sos un peligro, Gato.

—Puede ser –dijo Astor y salió sin saludar a nadie.

Troilo se quedó mirándolo. No lo entendía. Por eso le había puesto "Gato". Un poco por el brillo de los ojos en la noche, ese ir y venir que no cesaba nunca, lo impredecible, aquella sospechosa inocencia. El sol ya se mostraba por sobre la línea del río. El Gato había escapado sin aviso. Siempre hacía lo mismo, cuando ya no soportaba sobre el lomo el peso de la noche, la abulia, el círculo trágico de los tangueros.

Había dormido sólo tres horas, pero despertó contento y de buen humor. Se vistió y fue derecho a un negocio en la calle Talcahuano, en donde vendían cohetes, polvos picapica, rapé, bombitas de mal olor y todo tipo de chascos. Salió de ahí feliz como un chico, con un enorme paquete en las manos. Durante el trayecto en tranvía, planeó todo minuciosamente. Llegó a casa de Hugo justo a la hora del almuerzo. Doña Manuela estaba haciendo ravioles.

—¿Me invita? –dijo, metiéndose en la cocina y acercándose a la olla en donde se cocinaba la salsa.

—Claro, hijo. Dale un vermut, Huguito, así entretiene el estómago.

Los dos amigos fueron a un rincón de la salita. Astor abrió el paquete.

—¿Qué vas a hacer? –le preguntó su amigo, agarrándose la cabeza.

—Yo solo no. Vos y yo. Te necesito.

—Claro, Gato, lo que digas.

—El rapé es para los bailarines de la jazz... el norteamericano que baila con la Beba se lo va a pasar estornudando.

—Bárbaro.

—El pica-pica, todavía no pensé nada. Los cohetes son para el reservado. Mirá... ya tengo todo planeado. Agarramos un cachito de espiral, en la punta le ponemos la mecha con la pólvora, encendemos la espiral y nos vamos a tocar.

—Pero el reservado es peligroso, van tipos importantes. Si el patrón se entera nos mata –dijo Hugo, preocupado.

—Vamos a estar tocando cuando estalle esa cosa. Nadie va a pensar que fuimos nosotros.

—Está bien. ¿Pero qué te agarró?

—Ganas de divertirme. Estoy podrido.

—¿De qué?

—De todo. Ya me aburrió estar ahí todas las noches, tocando siempre lo mismo, hablando siempre de las mismas cosas. Parecen momias. Qué sé yo, quiero armar lío, joder un rato.

—¿Que el Gordo te eche... eso querés?

—Si me voy, formo mi orquesta. Mía, con mis músicos y yo dirigiendo. Eso quiero.

—Estás loco…

—¿Te vendrías conmigo?

Hugo dudó. Astor lo desconcertaba, pero por sobre todas las cosas le tenía tanto cariño como a un hermano.

—Claro, Gato –dijo y le palmeó la espalda–. Yo me voy con vos adonde sea.

Después de comer los ravioles de Doña Manuela, se sentaron en la salita. Siempre se habían contado todo, pero existían secretos que Astor no se atrevía a confesar. Aprovecharon la penumbra y la modorra para decirse todas las cosas que nunca antes se habían revelado.

—No ando bien –dijo Astor, de pronto.

—Qué te pasa –preguntó Hugo desde su sillón de terciopelo.

—No aguanto la pensión. No sirvo para estar solo. ¿Me entendés, o creés que soy un maricón?

—No. Yo me divierto con las chicas pero después vuelvo acá. No siento la soledad. En mi casa siempre hay barullo, y además está la vieja.

—Pero yo estoy solo. Si no vengo acá no tengo adónde ir. Salgo con una, con otra, pero me aburro enseguida.

—Vos necesitás una noviecita… Una buena piba.

—Alguien en serio, para poder casarme algún día.

—¿Casarte?

—¿Te parezco un idiota, acaso? Casarme, sí, casarme. Qué tiene de malo.

Hugo se quedó pensando. Al rato dijo:

—Creo que tengo la piba justa para vos. Es amiga de mis hermanas, muy buena, seriecita y tiene los ojos azules –se estaba entusiasmando solo–. Yo preparo el encuentro. Vos dejámelo a mí. Eso sí, nada de jodas pesadas. Vos serio, formal, todo un señor.

—Dale. A lo mejor sale bien. ¿Es simpática?

—Qué sé yo. Estudia pintura en una academia, es rubiecita, habla poco.

—Está bien. Vos avisame, así mando a la tintorería el traje gris. Ahora me voy, tengo que armar los cohetes para esta noche.

Se despidieron. Astor se fue contento. La idea de una orquesta propia, los cohetes y la chica de ojos azules, lo animaron para aguantar la noche que se venía. La oscuridad llegó de repente. Caminó algunas cuadras, tenso, alerta. Subió velozmente la escalera de la pensión, abrió la puerta y se echó sobre la cama. Disimulado entre las flores de la colcha, las repisitas con talcos y peines, el velador dorado yacía el almanaque de la nena con rulos, y la imagen le resultó particularmente simpática esa noche. Astor buscó el calor de la almohada contra el cuerpo y se durmió pensando en tantas cosas que algún día haría, cuando ya no estuviera solo.

Lo había intentado varias veces, pero sin éxito. Escribir un concierto era una cosa seria. Se lo había dicho Bela Wilda un día, mientras comían canelones y hablaban de Rachmaninov. Recordaba algo de armonía y algunas nociones de composición, pero no era suficiente. Había estado silbando aquel concierto toda la noche; lo tenía todo armado en su cabeza, pero en el papel era diferente. Escribía las primeras notas y después nada. Una obra musical debe tener una lógica, un desarrollo, igual que una operación matemática, le había señalado Wilda muchas veces, cuando analizaban a Bach.

No quería darse por vencido: agarró otra hoja de papel, sacó punta al lápiz, se preparó un café. Inquieto por los ruidos que venían de la calle, cerró la ventana para no oír al diariero que anunciaba un desembarco de tropas alemanas en algún lugar del mundo. La Segunda Guerra Mundial había comenzado. Todo el mundo hablaba de eso; las mujeres lloraban por los hijos de otras mujeres, los más viejos recordaban la Primera Guerra y se lamentaban por tanta muerte. Astor prefería no oír nada: ni al diariero, ni los murmullos que llegaban hasta su ventana. Qué sería de Willy... de Nicky, que quería ser soldado... de Stanley... de los hijos del tío Pablo. Él estaba lejos y a salvo, pero triste.

Cuando se oscureció la pieza encendió el velador. Se sintió más protegido, casi inspirado. Pero, por más que escribía, el concierto no avanzaba. Se levantó furioso de aquella mesita llena de papeles y ceniza. De su cabeza no salía nada. Para colmo, a los músicos de la pieza de al lado se les había dado por tocar el Himno Nacional en el piano.

"Con un piano de cola todo sería distinto", pensó juntando papeles y tirándolos en el tacho de basura. Releyó unas partituras de Schumann que había comprado esa tarde, después ojeó algunos capítulos sueltos de una biografía de Mozart que había conseguido en oferta en una librería del centro, pero nada. Todo terminaba en el más rotundo fracaso. Miró el bandoneón. Lo odió. Aquel instrumento lo había condenado a ser un músico de tango para toda la vida.

Seguía garabateando notas sueltas sobre papel de música cuando entró Líbero, silbando bajo.

—¿Componiendo un tanguito? –preguntó, inocente, espiando los papeles por encima del hombro de Astor–. Vos la sabés lunga, podés hacerlo de taquito.

—Callate, no me cargués. Los critico a ustedes porque no estudian, pero yo soy igual. Soy una bestia...

—Gracias por lo de bestia.

—Perdoná, pero es que quiero escribir un concierto y no me sale nada. Tengo la cabeza vacía.

—¿Un concierto?

—Sí, ¿qué tiene de malo? Yo un tango no escribo ni loco.

—Y ponete a estudiar entonces. Con tu sueldo podés pagarte un buen maestro. No sé, digo. No me quiero meter... Es tu vida –dijo y se alejó hacia la ventana, atento a la reacción de Astor.

—Parecés mi viejo.

—Y dale con eso. ¿Acaso no querías estudiar, vos? Metele, entonces.

—Es que tengo un lío bárbaro en la cabeza. Me aburre estudiar; más de una semana no aguanto. Siempre me pasó así.

—¿Pero qué pretendés? ¿Que venga el hada madrina y te toque con la varita mágica?

—No sé.

—Dejate de macanas. Te lo pasás diciendo que vas a ser un músico en serio, un concertista, un genio. ¿Y qué hacés? Nada.

Astor se quedó mirando a Líbero. Aquel compañero de pieza en el que nunca había reparado le estaba diciendo las mismas cosas que le hubiera dicho su padre. Era la primera vez que le hablaba así, la primera vez que Astor sentía que había sido ingrato con su amigo, egoísta, indiferente. Se sintió mal.

—¿Estás enojado? –preguntó, disculpándose a su manera y ofreciendo a Líbero unos bizcochos con grasa.

—No, lo que pasa es que me da bronca. Si querés salir de este mundo, estudiá; no pierdas el tiempo. Yo ya me acostumbré, es tarde para mí. Pero vos, vos todavía podés –Líbero se sentó en la cama, mirando el piso–. Ahora tocate algo.

Astor agarró el bandoneón, ensayó los primeros acordes de una ranchera y se detuvo.

—¿Querés que toque Bach? –preguntó, con una sonrisa tímida.

—Estás loco. Esa música me pone mal –Líbero miró por la ventana–. Mañana empieza la primavera y está lloviendo. Qué tiempo de mierda.

—¿Mañana es 21? –preguntó Astor, mirando el almanaque.

—Claro, viejo. ¿En qué país vivís?

—Casi me olvido del té con buñuelos.

—¿De qué?

—En lo de Hugo. No digas nada, pero me van a presentar una piba –dijo y se probó el piloto blanco que había comprado la semana anterior–. ¿Cómo me queda? ¿Tengo o no tengo pinta?

—Parecés un detective de las películas.

Mientras Líbero se iba quedando dormido, Astor caminó por la pieza con el piloto puesto, mirándose de vez en cuando en el espejo. Miró las anotaciones del concierto que había empezado a escribir y que algún día terminaría, las dobló cuidadosamente, las guardó en la mesita de luz. Tenía razón su amigo: había que estudiar para salir de todo eso. Se sintió nervioso por el té con buñuelos y por la chica que iba a conocer. Decidió acostarse y dormir por lo menos seis horas, para amanecer sin ojeras, con los ojos brillantes, de buen humor. Más seguro de sí mismo, guiñó un ojo a la foto de Lauren Bacall que, colgada de un clavo, ondeaba suavemente sobre la cabecera de la cama de Líbero.

En la salita de la casa de los Baralis, todo era azul. Astor sintió como si hubiera entrado en el cielo. La penumbra lo tranquilizaba, lo mismo que el olor del piso recién encerado, los besos de Doña Manuela, los ruidos de vajilla que venían de la cocina. Hugo se le acercó nervioso, alisando las solapas de un impecable traje de lino blanco que había prometido estrenar en primavera. Afuera llovía.

—Ya vienen. Las vi desde el balcón. Preparate.

—¿Qué hago? –dijo Astor, refugiándose en uno de los sillones de terciopelo. La funda de plástico crujió. El ruido lo puso tan nervioso que se paró de inmediato.

—Queda mejor que estés parado. Yo ya tengo mi plan. Vos hablá, contá algún chiste de los tuyos... y no muevas demasiado las manos.

Astor encendió un cigarrillo y se paró al lado del sillón.

—Apagá eso; queda mal. Son gente de buenos modales.

Cuando oyó el ruido de la puerta y el crujir de las escaleras de madera, se miró en un espejo de marco dorado. Le dio bronca tener cara de nene, como le decían los muchachos de la orquesta. Se pasó la mano por el pelo y esperó.

Porque todo era azul en aquella salita, no le sorprendió que los ojos de ella también lo fueran: Dedé lo estaba mirando desde la puerta de entrada, vestida con una pollera azul acampanada, blusa blanca y un sombrerito de paja con una pluma. Rodeándola, estaban sus padres y sus dos hermanas. Ella apenas sonrió cuando Hugo hizo las presentaciones. Después se dedicó a observar el piso, los cortinados, las lámparas de pie, los zapatos de Astor, su piloto blanco.

Cuando Doña Manuela anunció que el té estaba servido, pasaron al comedor, en fila india, atravesando un largo pasillo.

—Usted siéntese ahí, por favor –dijo Hugo a Dedé, señalando una silla al lado de Astor–. Es el lugar más cómodo, y así pueden charlar. –Dedé permaneció en silencio, observando de vez en cuando a su madre, que hablaba de la lluvia, del último capítulo de la radionovela de Carmen Valdés y de lo importante que es ponerles una pizca de bicarbonato a los buñuelos, para que queden esponjosos.

Hugo codeaba a Astor, que no se atrevía a hablar y se lo pasaba golpeando el borde del plato con la cucharita de té.

—Decí algo… cualquier cosa –le murmuró Hugo al oído.

"Está bien", pensó Astor. "Me largo. Ahí va", se dirigió a Dedé, que en ese momento mordía tímidamente un buñuelo de manzana:

—¿Alguna vez comió lentejas?

—No le entiendo –contestó Dedé desconcertada–. Sí… mi mamá las hace con chorizo colorado y pimentón.

—Y pensar que yo como lentejas todos los días. Secas, sin gusto, sin sal. Es triste vivir en una pensión… usted ni se imagina –dijo, poniéndose serio, después de un suspiro que conmovió a Dedé.

—¿Y sus padres?

—Viven lejos, en Mar del Plata. Casi nunca los veo.

—Qué triste –dijo Dedé, que había dejado por la mitad su buñuelo, impresionada por aquella historia.

—Es feo volver a la noche y no tener con quién hablar. Ir solo al cine, o a caminar. Usted, por lo menos, tiene una familia. Yo… sólo tengo mi bandoneón.

—A mí me hubiera gustado tocar el violín –dijo Dedé con más confianza, la mirada serena, menos tenso el rostro.

—A mí el piano…

—...pero mis padres no me dejaron. Dicen que no son cosas de mujeres.

—¿Usted estudia pintura?

—Sí –Dedé tomó su segunda taza de té en medio de un silencio total, cargado de presagios, de fantasías torpes, de palabras dichas sin sentido, sólo para llenar el tiempo y no despedirse sin una ilusión.

—Yo voy a dejar el cabaret muy pronto... Voy a estudiar música en serio. Quiero ser director, o compositor –Astor hablaba en un susurro, sólo para Dedé.

—Yo vi la vida de Chopin en una película... Qué triste.

—A mí me gustan los dibujos animados y los caramelos de goma. ¿Le gustan los caramelos de goma? Pruebe, son de frutilla –dijo Astor, y metió la mano en el bolsillo y le tendió un paquete.

—Me encantan las frutillas –dijo Dedé y tomó un caramelo.

—Un día de éstos la voy a visitar y le preparo frutillas con crema.

Dedé lo miró desconcertada.

—¿Y si voy a buscarla a la salida de la academia? –insistió Astor, al ver que las familias se estaban levantando de la mesa.

—No sé. Mis padres... no está bien.

—La semana que viene voy a buscarla... y después damos un paseo en tranvía –alcanzó a susurrarle Astor, antes que Dedé se reuniera con sus padres en la puerta, apremiada por ellos, que querían volver a su casa antes de que se hiciera de noche, porque la calle estaba muy peligrosa últimamente, y más aún con tres hijas mujeres.

Astor quedó parado en el medio de la salita, extenuado por el esfuerzo.

—¿Todo bien? –preguntó Hugo, palmeándole la espalda.

—Creo que sí; no sé. No sirvo para estas cosas.

—Estuviste bárbaro, muy educado. Un galán.

—¿Qué habrá pensado de mí?

—Que sos el hombre de su vida. ¿Y vos?

—Me gustó. Es linda. Le voy a regalar un anillo con una piedra azul y una pulsera de elefantitos que vi en un negocio cerca de la pensión. ¿Le gustará?

—Vos metele. Es una buena piba. Y tengo un presentimiento.

—Yo también.

Aquella noche, en la pensión, Astor no durmió. Insistió con el concierto, escribió una carta a sus padres diciéndoles que ya tenía novia, que

Con Osvaldo
Pugliese
(México, 1981)

Con Mercedes
Sosa, en
Buenos Aires

El bromista
incansable

En concierto
(México, 1983)

El Quinteto actual
(de izq. a der.):
Horacio
Malvicino, Héctor
Console, Astor
Piazzolla,
Fernando Suárez
Paz, Pablo Ziegler

se llamaba Dedé, y decidió verla esa misma semana, porque no podía esperar.

Astor y Dedé se pusieron de novios el 21 de septiembre de 1940. Los martes, día de visita, Astor llegaba a la casa de su novia con un llamativo traje a rayas, un frasco de crema de leche y una caja de frutillas. Pasaban a la salita, aprovechando especialmente la media hora en que Doña Lola iba a la cocina para escuchar la novela de Carmen Valdés. Entre esas visitas, los paseos al Botánico y al Rosedal de Palermo, las largas caminatas por el barrio y las sesiones de dibujos animados en el Cine Real, Astor podía enfrentar con más ánimo el cabaret y la soledad de la noche. Decidió terminar su concierto y llevárselo al maestro Arthur Rubinstein, que estaba de paso en Buenos Aires.

—Quiero saber cómo escribo, si esto sirve o no –le confiesa a Dedé una tarde, mostrándole las partituras de su concierto–. Él puede recomendarme algún maestro. Quiero estudiar, dejar el cabaret. Estoy harto.

Había estado mucho tiempo pensando en aquellas cosas, sólo que no se animaba a dar el primer paso. Dudaba, tenía miedo de fracasar. Pero las charlas con Líbero, las cartas de su padre, las palabras de aliento de Dedé, lo habían ayudado. Ya no aguantaba el cabaret y tenía miedo de quedarse para siempre en ese lugar. Una furia que guardaba dentro desde hacía varios años, aparecía ahora y lo golpeaba con ferocidad. Había perdido demasiado tiempo. Terminó el concierto en dos días. Casi no durmió. Llevaba las partituras al cabaret y, encerrado en el camarín, hacía las últimas correcciones mientras tocaba la orquesta de jazz y descansaba la típica.

—Te van a dar un premio, gil –le gritó uno de los músicos una noche, mientras Astor pasaba en limpio la última parte de su concierto–. Cuando debutes en el Colón, avisá... Genio.

Astor no contestó. No había llegado el tiempo de la venganza. Al día siguiente, casi sin dormir, partió hacia la casa de Rubinstein. Lo esperaba un largo viaje en colectivo. Tiempo para pensar, para serenarse, para imaginar al nono Pantaleón hablándole de las tormentas y de los naufragios, para recordar la enorme mano de su padre sobre la suya, ayudándolo a cruzar las calles de Manhattan.

Cuando tocó el timbre, ya había dejado de temblar. Era un departamento lujoso, ubicado en la calle Arroyo 892 y que pertenecía a Macoco Álzaga Unzué. Ahí paraba Rubinstein cuando venía a Buenos Aires. Empezó a toser. Eran los nervios. La tía Argentina le había dicho, un día en que él casi se murió de tos, que cuando ocurren esas cosas hay que levantar el brazo izquierdo muy alto y la tos pasa como por milagro. La tía

Argentina no se equivocaba nunca. "Ponete una hojita de ruda dentro del zapato izquierdo", le había aconsejado en una carta, agregando que era un remedio infalible contra la mala suerte. Astor cumplía al pie de la letra todas sus recomendaciones.

Cuando Rubinstein le abrió la puerta, ya había dejado de temblar y de toser. Lo tranquilizó la cara amable del maestro, la sonrisa y una servilleta manchada con salsa de tomate, que llevaba colgada del cuello.

—Perdone, señor. Si está comiendo me voy –dijo, nervioso, deseando escapar en ese mismo momento. Pero no podía mover las piernas.

—Estaba comiendo mis *spaghetti,* pero ya terminé. Pase, joven. Lo invitó a sentarse en un silloncito verde. Astor apretó con toda su fuerza las cabezas de dragones que adornaban los brazos del sillón. Así se sentía más seguro.

—¿Qué desea? –preguntó Rubinstein.

—Soy músico y le traigo un concierto que escribí. Quiero que usted lo vea y me dé su opinión.

Habló rápido y sin trabarse. Uno de los momentos más duros había pasado. Agradeció mentalmente a la tía Argentina y a la hojita de ruda que llevaba dentro del zapato.

—Está bien, hijo. Vamos a ver.

Rubinstein se sentó al piano, un Steinway maravilloso y, luego de mirar las partituras, empezó a tocar. Astor no podía creerlo. Una obra suya tocada por Rubinstein. Sonaba como de otro. Sintió ganas de llorar, pero logró contenerse. El sol del mediodía cayó sobre el teclado y fue deslizándose hasta sus rodillas. Todo fue más tibio. Astor se serenó. Observó que el maestro repetía algunos compases, paraba, estudiaba la partitura, volvía a tocar. Estuvo así un rato, hasta que finalmente habló:

—Primero: esto no es un concierto, es una sonata –dijo. Dobló las partituras y se las entregó a Astor–. Está bien, bastante pasable, pero tiene que estudiar. ¿Quiere estudiar?

—Claro –contestó apurado, un poco triste, porque hubiera deseado que fuera un maravilloso concierto, de un prodigioso músico.

—Lo voy a recomendar con Juan José Castro, un gran maestro. Rubinstein tomó allí mismo el teléfono y marcó un número. Astor disimulaba su ansiedad por escuchar cada palabra de la comunicación; otra vez los nervios lo estaban traicionando. Tuvo la suerte de que una de las ventanas estuviese abierta, pudo ver las copas de los árboles, olvidarse de que estaba ahí, temblando. No supo por qué (quizá por eso de que uno nunca puede ser totalmente feliz), pero pensó en la noche, en las burlas de los muchachos, en lo difícil que iba a ser todo cuando comenzara a estudiar. La voz del maestro lo sobresaltó.

—Ya está todo arreglado. Castro no tiene tiempo, pero el maestro Alberto Ginastera va a recibirlo como alumno. Tiene usted suerte, es de los mejores –le dijo, y después estrechó su mano–. Estudie, estudie cada día y durante toda su vida. Sólo así logrará expresar con música todo lo que siente.

Astor se despidió de él sin darse cuenta de lo que hacía. Luego recordaría que balbuceó algunas palabras de agradecimiento, avanzó torpemente entre sillas y mesitas y que después bajó por las escaleras, aunque la casa tenía ascensor. Todo había ocurrido en una atmósfera irreal, hasta que salió a la calle y sintió el sol sobre la cara. Caminó por la calle Arroyo en un estado de liviandad casi angélico. Había empezado a olvidar que era un hombre de la noche, aunque le esperaban días difíciles. Lo sabía.

Y así fue. Los días y las noches fueron adquiriendo características cada vez más contrapuestas, produciendo en Astor una sensación casi insoportable de desdoblamiento. A medida que avanzaba en sus clases con Ginastera, a medida que descubría en Bartok y en Stravinski las nuevas sonoridades y la armonía moderna, Astor empieza a sentir que algo se parte en dos dentro de él. Su destino de tanguero tironea, lo lastima, lo arrastra hacia la noche. El otro, el que sueña con una sonata, con un piano de cola y se avergüenza del bandoneón y del tango, crece y busca el día.

"Sufría como un loco cada mañana, antes de salir para lo de Ginastera. Apenas podía dormir tres horas, muchas veces después de haberme peleado con los músicos de la orquesta de Troilo y tenía muy poco tiempo para hacer los ejercicios. Me tomaba un café a las siete de la mañana y salía. Tenía que estar en lo del maestro a las ocho y el trayecto en colectivo hasta Barracas era de una hora. Dormía parado, sentado... me vencía el sueño. Cuando llegaba, el mero hecho de verlo me tranquilizaba. Era como entrar en una iglesia. No había ruido, todo era claridad en aquel comedor, olor a té recién hecho en una atmósfera de calma envidiable. Gigantesca. Tenía un tono sacerdotal para dar las clases. Hablábamos todo el tiempo de música. Me enseñó composición, orquestación, armonía, teoría. Influyó mucho en mi música, especialmente en mi manera de encarar la composición. Él me despertó el gusto por la lectura, por las exposiciones de pintura, por el cine y el teatro. Decía que un músico debe saber de todo, porque la música es un arte totalizador. Empecé a leer a Thomas Mann, a Baudelaire, Verlaine. Recuerdo lo mucho que me costó terminar *La Montaña Mágica*, de Mann. Todavía no sé cómo me las arreglé, con el poco tiempo que tenía. Dedé, mi primera mujer, era pintora, y a través de ella conocí el arte abstracto, el surrealismo, el impresionismo. Ginastera me estimulaba, me sacudía, me hacía ver mi camino. Mi enfoque de la realidad fue cambiando. Le tomé más bronca al cabaret, a los músicos que no estudiaban, a la noche. Por supuesto, ellos se dieron cuenta y empezó una lucha secreta. Ellos me rompían los ejercicios, los manchaban, los hacían desaparecer. Eso ocurría en el camarín del cabaret. Porque, como no tenía tiempo para nada, hacía los ejercicios ahí. Empezaron las burlas, los odios, los resentimientos. Y yo me volvía cada noche más violento. Además, en ese tiempo se junta todo. Me casé el 31 de octubre de 1942, al año siguiente nació Diana y en 1944 Daniel. Tenía que mantener una familia; no podía largar todo y dedicarme a estudiar. La responsabilidad me obligaba a seguir con Troilo, a dormir poco, a estudiar en el colectivo, a ir a los ensayos de la orquesta del Colón sólo los sábados, porque no tenía tiempo. Fue todo muy difícil. Lo único que me daba un poco de felicidad, aunque me traía problemas con Pichuco, era meterme en el camarín con Hugo y con Kicho Díaz, el contrabajo, y ponemos a tocar algo que yo hubiera experimentado en esos días. Hacíamos cosas extrañas, pero yo quería aplicar todo lo que había aprendido, quería ver cómo sonaban las ideas que tenía. Ellos siempre me acompañaban, y Goñi también. Eran grandes compañeros. De los otros, mejor no hablar, había de todo. Me consideraban una especie de diablo, un tipo que les quería hacer daño. Y no había nada de eso. Lo que les molestaba era que yo estudiara y avanzara y ellos no. Porque preferían morir en ese palco del cabaret y reírse de mis proyectos… de mis sueños."

Quizá no fuera bronca, quizá no fuera para odiarlo. Pero sus compañeros en la orquesta lo supieron desde el primer día, por eso de la intuición que tienen los tangueros. Lo supieron desde que llegó tan tranquilo, aquella tarde de 1939. Se paró adelante del palco, miró a Troilo, dijo su nombre, subió, tocó y ya se quedó en la orquesta. Fue suerte… u otra cosa, esa forma de mirar que tenía, tan sospechosa, esa alegría de pibe, esa manía de hablar de conciertos y de pianos de cola, de "su amigo" Gardel en Nueva York, de la necesidad de estudiar y vivir de día. Era raro, hasta el nombre: Astor y, encima, Pantaleón. Para ellos, era "como si no fuera de los nuestros, de Buenos Aires".

Aquella primera vez, cuando se enfermó el Toto Rodríguez, no le temblaron las manos cuando agarró la "jaula"; incluso se dio el lujo de sonreír mientras tocaba. Por eso lo supieron: ese pibe se trae algo entre manos. Lo olfatearon desde el primer día. Pero cuando las cosas empezaron a pasar, cuando el Gato empezó a hacer de las suyas, ya era tarde. El Gordo lo quería. Con recelo, pero cuánto lo quiso. Hasta jugando al billar se notaba. Cada carambola de Astor, el Gordo lo abrazaba y lo besaba. Cada desgracia en los dados, lo entristecía como a un chico y esa ternura intensa Troilo no se la regalaba a nadie, sólo al fuelle. Pero el pibe, "el yoni", como le decían, estaba en otra cosa. No era malo. Era distinto. A veces le daba al pase inglés, bromeaba un rato, se quedaba en la mesa hablando de tango y de burros, le agarraba la nostalgia. Pero eso era a veces, no más. Ellos sabían que de repente cambiaba y prefería estar solo, miraba a todos de costado y con bronca, se aburría, decía que todo era una mierda y se iba. Cosas que le habían metido en la cabeza, sueños raros. Y todo empezó a estropearse con aquel maestro, ese Ginastera, que hacía sinfonías. Ahí, todo empezó a cambiar en serio. Al principio Astor llegaba como un loco, y se ponía a hablar con ellos de sonatas, de suites, de fuga y contrapunto. Con ellos, que habían nacido y morirían en el tango. De lo demás, no entendían ni jota. A partir de ese momento, todo fue de mal en peor. Astor estaba violento, brusco, echaba a los demás la culpa de sus problemas. Se lo veía mal, como cansado de todo, como a punto de reventar. Les daba miedo. Había un augurio indescifrable en su mirada. Y así siguió. Estaba en la orquesta, pero tenía la cabeza en otra parte. Hasta que un día, igual que en el 39, sin miedo, tan tranquilo como aquella primera vez, se le paró enfrente al Gordo Troilo y le dijo: "Quiero hacer arreglos para su orquesta". Era un pibe, un tiernito que recién empezaba y ya quería llevarse el mundo por delante.

Hacer un arreglo era cosa seria y el Gordo se lo dijo, le dijo que no, que ni soñando. Entonces Astor se dio media vuelta y se fue, hablando solo, moviendo las manos como un loco, murmurando algo. Una venganza, quizá. Lo que ocurrió después fue, para los músicos, una traición, una ingratitud.

Aquella noche el Tibidabo apestaba. Las coperas bailaban entre ellas, contándose al oído historias de noches anteriores. Orlando Goñi milongueaba con su tristeza sobre el piano, interpretando *Comme il faut,* de Arolas.

Antes de entrar, Astor cruzó los dedos, como solía hacerlo de chico en los momentos difíciles, y se internó en el humo con decisión. Hasta ese día el Gordo le había negado la posibilidad de hacer arreglos para la orquesta, pero las cosas tenían que cambiar.

Hugo lo vio entrar y se le acercó con una sonrisa ancha.

—Vení, Gato –dijo y lo arrastró hasta una mesa–. Te llegó la oportunidad.

—¿Qué pasó?

—La audición *Ronda de Ases,* en Radio el Mundo, hace un concurso.

—¿Y a mí qué? –dijo Astor.

—La orquesta más aplaudida gana y el Gordo quiere presentar el candombe *Azabache* –lo agarró tiernamente de las solapas–. ¿Entendés?

—No.

—El Negro Galván no tiene tiempo para hacer el arreglo. Hacelo vos. Los matás a todos –Le tomó la cara con las manos y le dio un beso en cada mejilla–. Te llegó, Gato... Andá y hablá con el Gordo.

Astor no contestó. Fue derecho al camarín del Gordo, olvidándose de Hugo y de su alegría. No podía pensar en otra cosa más que en ese arreglo que le había caído del cielo. Entró tan decidido que chocó con un perchero y una silla, sin importarle demasiado quebrar el silencio que se requería cuando Troilo se concentraba en los dados.

—¿Qué querés, Gato? No me quemés, que la estoy echando buena –dijo Pichuco sin mirarlo, porque sabía que era Astor. Sólo él era capaz de entrar así a la hora del pase inglés.

—Yo puedo hacer el arreglo de *Azabache* para el concurso de mañana.

El Gordo lo miró, con los ojos en blanco.

—¿Estás loco? No podés. No tenés experiencia.

—Sí que puedo –Astor se le paró enfrente, interrumpiendo la partida de dados.

—Te digo que no –insistió Pichuco, nervioso. Estaba sudando–. Vos andás en otras cosas. Para el tango te falta.

—Le digo que puedo y le juego lo que quiera que ganamos.

—Con vos no se puede. Sos más terco que el carajo. Está bien, hacelo. Y ahora andate. Si me cambiás la suerte te mato.

Esa misma noche, Astor hizo el arreglo, llevado por la sofocante excitación que produce a veces el miedo. Fue como entrar en la boca del lobo. Lo desconocido lo hacía feliz. Durante varias horas, tomando café y comiendo manzanas verdes, experimentó todo lo nuevo que había aprendido con Ginastera. Quería meter sonoridades modernas, hacer algo diferente. "Pretendía convertir ese arreglo en *La Consagración de la Primavera,* de Stravinski. Introduje violines haciendo escalas ascendentes, algo de contrapunto. Era novedoso. Pero esa diferencia me iba a traer problemas... lo sabía." Al día siguiente se presentaron con *Azabache* en la audición Ronda de Ases. Fue la pieza más aplaudida. Ganó el primer lugar en el concurso. Después de recibir el premio Troilo llevó a Astor a un costado y, con un tono piadoso, juntando las manos y entornando los ojos, le dijo:

—Estuvo bien, Gato, pero basta. Me gustó, pero esos violines haciendo escalas arriba no van, los músicos no pueden, complica todo. Además la gente quiere bailar, no escuchar un concierto. El tango es para los pies –le dio unas palmaditas en la mejilla–. No te pasés, esos arreglos no los puede tocar nadie.

Astor sonrió. No por las palabras tiernas de aquel querubín tanguero que siempre hablaba como llorando, sino porque eso era lo que estaba buscando: hacer algo diferente, como él lo sentía, como él sentía ese tango de Buenos Aires que había empezado a entender.

El siguiente arreglo colmó la paciencia de los músicos y desconcertó a la muchachada que cada sábado bailaba en el Club Boca Juniors. Se llamaba *Inspiración.*

"Nadie bailó en el club aquella noche de carnaval. *Inspiración* tenía una introducción larga, de violoncello. Las parejitas se paralizaron. Algunos se acercaron al palco para escuchar, otros dieron media vuelta y se fueron. Con otro arreglo, *Chiqué,* ocurrió algo parecido. Recuerdo que lo hice en una confitería, mientras tomaba mi café con leche, esperando al copista. Tenía que estrenarse esa noche. En una hora estuvo listo. En los bailes nos silbaron, hasta nos tiraron con cosas. Al día siguiente me preguntaron: '¿Qué tal te fue?' Yo les contesté: 'Fantástico. Ahora soy importante, casi nos tiran con las mesas'. Yo quería escandalizar, divertirme, y lo conseguía. Además, fui logrando una rapidez asombrosa para hacer arreglos; cada día tenía una idea diferente. Estudiar con Ginastera me cambió la vida, enderezó el rumbo de mi destino como músico. Un día empecé a cansarme de Troilo y de sus retos. De las mil notas que escribía, él me borraba seiscientas. Además, en esa época todavía se tocaba por intuición y yo escribía todo. Obligaba a los músicos a leer, a estudiar y eso me los puso a todos en contra. Me odiaban. Troilo me lo advirtió una noche, mi última noche con él, en 1944."

—Esto no va, Gato, ya te lo dije. Vivimos de los bailes, comemos gracias a los bailes. Y a vos se te ocurre meter contrapunto en un tango. ¡Estás loco! –gritaba Pichuco, desesperado frente al silencio de Astor, que ya había tomado una decisión: no aguantaba más aquel mundo siempre igual, estúpido, monótono. No le importó la cólera del maestro. Sin decir una palabra, se metió en el camarín a terminar sus ejercicios para Ginastera.

—A mí me gustó. Es algo nuevo, diferente. Pero la gente no entiende –dijo Hugo palmeándole la espalda. La cara de Astor le dio miedo. Prefirió alejarse y observarlo desde un rincón.

—Me tienen harto. No quiero que corrija más mis cosas, no quiero que me cambie ni una sola nota. Así escribo yo. Y si quieren opinar, que estudien, que aprendan música en serio –se puso el sobretodo y agarró el bandoneón–. Voy a poner mi propia orquesta y ahí nadie me va a cambiar nada. Si te animás, venite conmigo. Yo me voy.

Y salió, llevándose por delante gente y mesas, dejando una estela de luz furiosa en aquella última noche del Tibidabo.

En 1944 Astor dejó la orquesta de Aníbal Troilo. Los músicos presintieron la traición. Lo supieron desde el primer día. Abandonar al Gordo así, de la noche a la mañana, a él, que lo había querido tanto. Los mozos del Palermo Palace, las chicas del Tibidabo, el diariero de Corrientes y Paraná, algunos amigos del 36 Billares, el mismo Troilo, no entendieron.

Dos años después, luego de un tormentoso duelo con el bandoneón, al que le echa las culpas de su destino, forma su propia orquesta y debuta en el Café Marzotto. Ubicado en la calle Corrientes, entre Cerrito y Libertad, el Marzotto era un café de tango para la familia porteña. Nadie faltaba aquella tarde de 1946, a las cinco menos cuarto, cuando Astor debuta con su primera orquesta. Su estilo ya era original. Los viejos tangueros anticiparon una herejía: ese muchacho iba a hacerle daño al tango. Muchas ideas raras y un modernismo sin sentimiento.

"La orquesta del 46 era muy moderna para su época. Por eso teníamos poco trabajo, no nos llamaban de la radio ni de los bailes, empezaba a quedarme solo frente a un montón de tangueros que veían en mi orquesta un peligro inexplicable. Pero no me importaba. Al contrario, lo buscaba. En esos tiempos, ya era un innovador. El tango es cuatro tiempos, o sea cuatro por cuatro. Yo usé el tres, una figuración que introduje en el cuatro por cuatro. Fui yo el que inició esto que ahora es usado con frecuencia. Además, los arregladores escribían en una forma meramente paralela. Yo metía contrapunto, movía voces, había fugas, formas armónicas nuevas. No teníamos aceptación en los bailes, pero sí empezamos a tener nuestra hinchada, nuestros piazzollistas. A pesar de todo, me sentía limitado dentro del tango y con el bandoneón. La noche, el cabaret, eran ahora una pesadilla cotidiana. No me quedaba tiempo para estudiar, y además yo quería hacer otro tipo de música. Empecé a rechazar el tango como música popular, hasta me avergonzaba ser tanguero..."

El "joven y audaz director", como ya lo mencionaban en algunos titulares de diarios y revistas, siente que ya no da más. Sigue estudiando con Ginastera, toma clases de piano con Raúl Spivak, asiste a los ensayos de la Orquesta Sinfónica del Colón, va los domingos a la iglesia para escuchar a un organista interpretando a Bach y roba partituras de Stravinski porque no tiene dinero para comprarlas. Compone poco, pero siente que se va alejando de su destino de tanguero.

"Con Ginastera empecé a escribir una sonata para piano que en la actualidad se toma como modelo en el Conservatorio de Música. Hoy, al escucharla, veo que no tiene nada que ver con el verdadero Piazzolla. Se parece a Hindemith, a Stravinski, pero no a mí. Cuando comencé con Spivak, me sentía el hombre más feliz del mundo. En realidad, yo quería ser concertista de piano, ése había sido mi sueño de toda la vida. Fue entonces cuando recibí el gran golpe, mi primera desilusión musical. No servía para pianista, mis dedos ya estaban hechos al bandoneón; estaban deformados, torcidos, especialmente los pulgares. Ni siquiera alcanzaba las octavas. Era la fatalidad. Tendría que seguir con el bandoneón a cuestas toda mi vida. Empezó a gustarme la composición, descubrí que era lo que más me gustaba, aparte de la dirección orquestal. Me pasaba horas y horas estudiando partituras de Bartok, Prokoffiev, Stravinski, pero nada de eso tenía que ver con el tango. A la noche, era otro: agobiado, nervioso, agresivo. Había un abismo entre las dos cosas y yo estaba ahí, en el borde, sin saber qué hacer. Por un lado, no podía dejar el tango, tenía que mantener a mi familia; por otro, quería ser un intelectual de la música. Es más, yo me creía un genio, un elegido. Había entrado en una etapa mística. Lo único que todavía no aparecía era la creación. Componía poco y muy espaciadamente."

En esos años, escribe dos tangos: *Se Armó* y *El Desbande,* y en 1948 compone Rapsodia Porteña. Los comentaristas atacan. Padecen, coléricos, un gran desengaño, una infame ofensa a sus corazones tangueros. Le cierran las puertas.

—Che, Gato, andan diciendo por ahí que sos un irrespetuoso, un loco, qué sé yo –le dijo un día Di Filippo, bandoneonista de la orquesta, amigo muy especial–. Yo sé que a vos no te importa, pero nos están haciendo la guerra.

—Yo hago música y eso es lo único que me importa. Si quieren guerra, la van a tener.

Di Filippo sonrió. Era, para Astor, uno de los mejores bandoneonistas. Además, con él podía hablar de música, mencionar a Bartok, comentar una ópera, disfrutar *Scherezade*.

—¿Y vos? ¿Qué esperás? Si te gusta tanto el oboe, ¿por qué no estudiás en serio? Largá el bandoneón, tiene poca vida. ¿O te querés morir tocando el fuelle?

A partir de ese día, su amigo empezó a disfrutar el oboe, impulsado por las palabras de Astor que sintió que salían desde muy adentro, empujadas por oscuros y viejos resentimientos: no eran otra cosa que la sensación de que, para avanzar, había que quedarse por un tiempo sin bandoneón y sin tango.

"Astor era exigente", confesaría años después el mismo Di Filippo, "pero nunca era imposible lo que pedía. Nos obligaba a estudiar, nos hacía leer las partituras una y otra vez. Además, escribía maravillosamente bien para todos los instrumentos. Sus orquestaciones eran perfectas. Cada uno de nosotros valía por sí mismo. Disfrutábamos tocando las partes que él nos ponía en el atril. El músico, con Astor, dejó de ser un peón y se transformó en un artista. A mí me llevó al Colón y me presentó con el maestro de oboe. Siempre se lo voy a agradecer. Su perfeccionismo, su nivel de exigencia hizo que muchos lo acusaran de déspota, de engreído, de injusto. Pero no se daban cuenta de que nos estaba dando cosas... A su manera, un poco difícil de entender, pero nos estaba enseñando. Un día, todavía lo recuerdo porque me impresionó, me confesó que odiaba el bandoneón. Lo dijo de tal manera que yo sospeché que iba a largar el fuelle en serio."

Alejado del centro de la ciudad, cerca de una iglesia y frente al Parque Chacabuco, el departamento en donde vivía Astor era pequeño y oscuro, pero estaba en una cuadra llena de árboles. Sentado junto a la ventana del comedor, para poder ver terrazas y cielo, el Gato come manzanas verdes y siente que el deseo le crece por dentro. Quiere saltar, trepar, probar el peligro de las cornisas y del vacío, irse al exterior. Pensaba una y otra vez en las palabras del nono Pantaleón: "Estuve largo tiempo en aquella isla griega, junto a la muchacha que tanto había amado. Pero todo cansa. La misma tierra aburre. Mirando el mar, no pude contenerme. Al alba, desdibujado entre los primeros resplandores del amanecer, que ciegan a los hombres, pude escapar sin que nadie me viera. 'Vamos, Pantaleón', me dije, y partí."

Estamos en el Buenos Aires de 1949, Astor ya no puede postergar su necesidad de irse de la noche, de la orquesta, del bandoneón, del tango. Busca algo, difuso pero magnético a la vez: ese otro destino con el que siempre ha soñado. Sigue estudiando Bartok y Stravinski. Escucha mucho jazz: Art Tatum, Stan Kenton, Glenn Miller, Oscar Peterson. Ese ritmo de armonías atrevidas y sorprendente manejo de los timbres, lo vuelve loco. Experimenta con saxos, trompetas y trombones. Escucha lo que escribe, lo siente falso. Su búsqueda se hace obsesiva, persigue un estilo, pero todo es confuso por momentos. Lo único que sabe es que quiere hacer una música que no tenga nada que ver con el tango. Una noche, en Tango Bar, mientras Astor descansa luego de haber interpretado su tango *Se Armó*, se le acerca un hombre que, después de felicitarlo en inglés, lo invita a su mesa: es Aaron Copland.

—Su tango es música, es música y buena. Nunca había escuchado algo así –le dice.

Lo mismo le había confesado, meses atrás, Igor Markevitch. El estilo de su orquesta del 46, sus composiciones, provocan polémicas. Es la antesala de una conmoción mayor que empezaría a darse en 1955. Astor la presiente. Por eso quiere irse, dedicarse de lleno a estudiar, alejarse de todo aquello que en ese momento lo limita, lo oprime, le impide avanzar.

Aquella tarde de 1949, mirando las terrazas, luego de un íntimo y doloroso duelo, antes de que las campanas de la Medalla Milagrosa dieran las seis, Astor decide abandonar el bandoneón. Todo era muy confuso. Si no decía nada a nadie, era porque no sabía qué le estaba pasando. Como en las épocas de cólera de la adolescencia, cuando le venían ganas de agarrarse a trompadas con el mundo o meterse en un sótano a dormir. Volvía la inquietud, el ahogo, dar vuelta la manzana entre las manos, mirar por la ventana y evitar pensar en el abismo. De un lado él, con sus ganas de dejar de ser tanguero; enfrente, el pibe aquel que tocaba el bandoneón desde los ocho años y que conocía a Gardel. Un prodigio el pibe, algo grande con el fuelle. Cara de porcelana, sonrisa tiesa y esa cosa negra que se le resbalaba por las piernas, que se le quería ir pero no, "vos tenés que ser algo grande, estudiá o te rompo el alma", y el chico soñando, subiendo a las azoteas, peleándose con todos, experimentando escupidas finitas que se esfumaban en el aire antes de tocar la vereda. Furioso el pibe cuando, justo en el momento en que empezaba a soñar con su armónica, papá llamaba y tenía que tocar el bandoneón para tranquilizarlo, para que recordara a Buenos Aires en paz y sin sobresaltos, para que se entristeciera lentamente, en aquella piecita de la calle Ocho. Por eso odiaba aquella música triste, monótona, llorona. Por eso quería abandonar el tango y el bandoneón, esos diez kilos de "jaula" que le pesaban más en el alma que sobre las piernas.

Las sábanas ondeaban con el viento. Más allá de aquella ventana, no había nada. Sólo sábanas y viento. Astor se levantó del sillón, cansado. Llevaba encima una pena grande, pero necesaria. Tenía que hablar con los muchachos de la orquesta esa misma noche, contarles acerca de su decisión, convencerlos de que no era una locura. O tal vez sí; no lo sabía. Necesitaba dejar el bandoneón, el tango, todo, por un tiempo. Estar solo, pensar, permanecer lejos de la noche.

Anunció su determinación serenamente: "Esto se acabó muchachos. No quiero seguir con la orquesta. Voy a dedicarme a escribir, a estudiar. Ya estoy cansado". Tenía veintisiete años. Algunos lo entendieron. Otros pensaron, e incluso llegaron a comentar, que el Gato no andaba bien, lo notaban pálido, violento, diciendo cosas que nadie comprendía y con sospechosos reflejos en la mirada.

Los cabarets de Corrientes, los billares, la gente de la noche, no lo vieron más. Sabían que vivía frente a un parque, cerca de una iglesia, que tenía manías, como oler la tierra húmeda de la mañana y los eucaliptos, escuchar al organista de la Medalla Milagrosa y comer manzanas verdes. Comentaban que estaba componiendo algo extraño, para órgano y con coros, llamado *Cristo y los Ángeles Cantores*. Según algunos, que lo veían de vez en cuando, aquellos sospechosos reflejos en su mirada eran cada día más intensos. Para Astor, las cosas eran muy diferentes. Había comenzado el tiempo de la búsqueda: emocionante, tensa, con vigilias temblorosas y sueños que lo perturbaban. Era, también, el tiempo de la resurrección de los olores; hacía mucho que no sentía tan nítidos los perfumes de la albahaca y el eucalipto. Era el tiempo de la respiración pausada, de los juegos distendidos con sus hijos, de tocar el armonio, escuchar la radio, dormir siesta, ir al cine y al Parque Japonés. El tiempo de las nuevas armonías, las sonoridades sorprendentes, las rutilantes ideas melódicas.

Sigue asistiendo a sus clases con Ginastera, hace un curso de dirección orquestal con el austríaco Herman Scherchen, con quien habían estudiado Pedro Ignacio Calderón y Simón Blech, compone música para películas y hace arreglos para las orquestas de Basso, Fresedo y Troilo. De eso vive. El bandoneón, protegido entre naftalinas por una tela de gamuza negra,

Con Milva, durante los conciertos
en Buenos Aires (1985)

Con Laura

En Punta del Este, después de un
buen día de pesca de tiburones

Con Gil Evans (Nueva York, 1986)

Con Maradona

descansa en el fondo de un ropero, junto a viejas partituras y a una antigua brújula heredada del nono Pantaleón. "Un día, cuando me di cuenta de que ya no volvería al mar, guardé mi brújula en el fondo de un baúl, bien al fondo, al lado de una estampa de la Virgen Dolorosa y de San Pantaleón, Médico y Mártir, para no verla más". Recordaba aquellas palabras de su abuelo. Él tampoco quería ver su bandoneón. Tenía otras ideas acerca de su destino.

En 1950 compuso *Para Lucirse.* Su estilo era audaz. Nadie quiso grabárselo. Sólo un amigo, Máximo Perroti, se atrevió. Ese tango lo conmovía particularmente.

—Me encanta. Tiene algo nuevo, diferente –le dijo un día a Hugo, hablándole de aquel tango que ya anticipaba un cambio en la música de Buenos Aires–. Tiene el ritmo que ando buscando. Creo que voy bien. Ahí sí que hay un estilo.

Sobre la base de *Para Lucirse,* comenzó a experimentar, a buscar, a encontrar eso que lo había obsesionado siempre: su estilo. En 1951 escribe *Prepárense,* después *Lo Que Vendrá* e inicia así una era de calamidades que perturbarían durante mucho tiempo el tradicional espíritu tanguero. Sus temas son rebeldes, imaginativos, audaces. Pero eso no le basta. No le interesa ser un músico popular. El tango y el bandoneón están lejos de su vida, necesita alejarlos, aunque cada noche, a las ocho, las campanas de la iglesia le traigan el recuerdo de otros olores, de miserias y tristezas, de paños verdes y carambolas, de Orlando Goñi muriéndose en la pieza de un hotel, solo y sin su piano, de zapatos de charol, de la sonrisa mansa de Líbero, en alguna pensión. Entonces, cierra los ojos, para librarse de lo que van trayendo las campanas. Abre el armonio y toca. Por la ventana abierta entra el aire de la noche. Está componiendo el primer movimiento de su *Sinfonía Buenos Aires.*

Termina de escribirla con emperrada decisión y la envía al concurso Fabien Sevitzky, en Indianápolis, Estados Unidos. Aquella obra es para él lo más importante que ha compuesto hasta el momento. Le ha llevado meses de encierro en un chalet de Mar del Plata, tardes enteras de desasosiego, días de arrebato, madrugadas en blanco, noches soñando con la gloria y el escándalo. Y el escándalo llega: gana el primer premio del concurso. El maestro Sevitzky dirigirá su obra en la Facultad de Derecho de Buenos Aires.

"A Pantaleón Piazzolla no lo asustan las tormentas. Nada que tenga que ver con el mar lo asusta. Las tormentas las presiente y hasta las desea. Las siente venir: en el viento, en el color del agua, en la piel". Al recibir la noticia, Astor sintió deseos de llorar. Trató de contenerse. Abrió los ojos, bien abiertos... pero para qué, si aquel truco no tenía sentido en ese momento. Estaba feliz. Lloró un rato, solo, pensando que eso de los sueños y los deseos intensos era una verdad en la que siempre había creído. Aquel primer premio fue el principio de la gran herejía. Astor ya era un ex tanguero, "un resentido y presuntuoso ex tanguero", decían las revistas, y todo porque él se atrevía a llevar dos bandoneones al escenario de una universidad. Desde sus programas radiales, los comentaristas de tango lo atacaron sin piedad. Lo doctores que dictaban cátedras en la Facultad de Derecho se sintieron humillados por aquel cabaretero que tenía la audacia de llevar la música popular a un escenario en donde sólo se había interpretado a los clásicos. Astor logró encolerizar a unos y a otros. Eso lo hacía feliz. El estreno en la honorable Facultad de Derecho iba a constituirse en uno de los mayores escándalos porteños.

Fue la noche de un jueves de 1953, Los impíos atravesaron la alfombra roja hacia el escenario del Aula Magna de la Facultad de Derecho. Dos bandoneones, lija, tamboriles.

Una murga, murmuraron los doctores. Desde sus patios iluminados por la luna, bajo parras de antigüedad incalculable, los tangueros se ensalivaron las patillas en un gesto nervioso y lloraron amargamente aquella traición del Gato. El tango se les iba, quién sabe hacia dónde. Y todo por culpa de Piazzolla. Hubo unos pocos que lo apoyaron, que acompañaron su lucha, que comprendieron el avance que eso significaba para la música popular argentina. Pero eran muy pocos.

Sobre el escenario, junto a ochenta maestros de la Sinfónica de Radio del Estado y bajo los resplandores de las arañas de cristal, los bandoneones lucieron como nunca sus incrustaciones de nácar. Venerables abogados, jueces de reconocido prestigio, pálidos y refinados señores de smoking, se crisparon frente a aquel grotesco espectáculo que olía a puerto y a lupanar. Astor lo sintió en el aire. "Que venga la tormenta", pensó y explicó al periodismo la esencia de su obra.

—Esto no tiene nada que ver con ese absurdo llamado tango sinfónico. Uso los bandoneones por primera vez en una obra de severas formas sinfónicas, para lograr el clima del tango. Y uso el bandoneón porque es su única voz. La "lija" la inventé uniendo dos puentes de violín, un arco chiquito y una caja armónica. Esto produce el sonido de una chicharra, un recurso clásico de las orquestas típicas. Para que los violinistas de la Sinfónica no se vean obligados a maltratar sus violines, les traje un instrumento que me hizo un *luthier* de Caballito.

—¿No cree que todo esto desvirtúa la esencia popular del tango? –preguntó un cronista.

—No está desvirtuada ni la sinfonía en sus formas más puras, ni el tango. ¿Usted escuchó alguna vez a Bela Bartok?

El cronista quedó mudo.

—Bartok compone tomando como base los temas folklóricos húngaros –continuó Astor, imperturbable–. Villa-Lobos se inspira en el folklore brasileño. ¿Qué ve usted de anormal en mi sinfonía?

—Bueno, es que... nunca se había hecho algo así.

—Yo lo hice –contestó Astor–. El tango del novecientos murió. ¿Sabía que estamos en 1953?

Hubo un murmullo de reprobación entre los presentes ante el desafío evidente del tono de Astor. Había empezado a atacar. A partir de ese momento, no le quedaría otra alternativa. Después de la conferencia se ubicó en la primera fila, frente al escenario. Estaba nervioso. Le molestaba el moñito en el cuello y el roce de la camisa almidonada sobre la piel. Sevitzky inició el primer movimiento de su *Sinfonía Buenos Aires.*

—Atrás hay ruidos –le comentó un amigo al oído, mientras Astor seguía con el pie el ritmo de su obra.

—¿Qué ruidos?

—Risas, creo. Y también están hablando en voz alta. Me parece que se arma.

Astor sonrió. En realidad, buscaba eso. Casi hacia el final del tercer movimiento, en medio del retumbar de los tamboriles y de un candombe que jamás había sido oído en la magna casa de estudios, los murmullos crecieron hasta confundirse con aplausos, gritos y corridas. La policía, cuidando las formas, calmaba a los revoltosos.

—¡El que aplaude esto es un bruto! –gritó alguien desde el fondo de la sala.

—¡Que se vaya al cabaret! –vociferó otro, al tiempo que recibía un violento paraguazo en la cabeza, asestado por el señor Montero, que más tarde sería director del Teatro Colón.

Empezaron las trompadas. Fanáticos y opositores iniciaban así una polémica de años, que se fue agudizando con el tiempo, hasta convertir la música de Astor en una controversia nacional. En medio de aquella apasionada batalla, el joven músico subió al escenario invitado por el maestro de Indianápolis. Le temblaban las piernas. Intentó pensar en cosas que lo distrajeran: la risa de su padre, una noche pescando en la costanera, estallido de cohetes en un reservado del Tibidabo. Desde allí arriba, todo se veía diferente. Lo emocionó aquella lucha en el fondo de la sala, entre reflectores y periodistas. Los más jóvenes aplaudían. Con el tiempo, se transformarían en su público más importante. Sevitzky lo abrazó.

—Estoy encantado –dijo–. En mis anteriores conciertos, nunca había visto tantos golpes. Esto es publicidad. Usted acaba de iniciar algo nuevo, no lo dude.

—Pero... esta reacción –comentó Astor.

—Lo mismo le pasó a Ravel con su *Bolero* y a Stravinski con *La Consagración de la Primavera.* Considérese un hombre afortunado.

Cuando Astor bajó del escenario, todo estaba en calma. Algunos empezaban a retirarse, otros intentaban saludarlo. Un viejo violinista se acercó.

—Disculpe, maestro. Quería felicitarlo por su maravillosa obra. Pero usted no tiene nada que ver con el Piazzolla que hace tango, ¿verdad?

—Soy yo –contestó Astor, más seguro que nunca.

El violinista lo miró, sin comprender. Astor se sintió confundido por un instante. Él y el otro, aquel que había crecido en la noche con un bandoneón sobre sus rodillas, se manifestaron como dos caras de una misma moneda. Nunca supo quién de los dos le había contestado al viejo violinista.

En 1954 la polémica continúa. Los comentaristas siguen atacando. Las radiodifusoras no difunden sus obras. Los sellos grabadores no se atreven a editarlas. Se trata de un hereje, de un *snob* irrespetuoso que hace música híbrida, con exabruptos de armonía disonante. Un músico de laboratorio que jamás llegará al corazón de su ciudad. La situación económica se agrava. Le han cerrado muchas puertas. Se defiende haciendo música para películas, aunque no le gusta. Compone poco. En 1951 había escrito *Contrabajeando;* en 1952, *Fugitiva,* con letra de Juan Carlos Lamadrid. Había compuesto, también, la música para la película *Stella Maris,* su *Rapsodia Porteña* y finalmente el gran escándalo de la *Sinfonía Buenos Aires.* Todo esto lo había agotado, sobre todo por el esfuerzo que significaba imponer algo que muy pocos comprendían. Se plantea la necesidad de seguir estudiando. Se considera absolutamente alejado del tanguero que había sido. Ataca:

—Sí, es cierto, soy un enemigo del tango; pero del tango como ellos lo entienden. Ellos siguen creyendo en el compadrito, yo no. Creen en el farolito, yo no. Si todo ha cambiado, también debe cambiar la música de Buenos Aires. Somos muchos los que queremos cambiar el tango, pero estos señores que me atacan no lo entienden ni lo van a entender jamás.

Yo voy a seguir adelante, a pesar de ellos –declara en una entrevista a la revista *Antena,* de Buenos Aires.

El pibe de la calle Ocho había tenido que salir a pelear para demostrar su hombría. La zurda preparada, los ojos entrecerrados y rabiosos. No le quedaba otra: o era un marica o metía trompadas. O lo dejaban tirado en un rincón, burlándose de sus rulos rubios, o le daban su lugar en la calle. Ahora, la historia volvía a repetirse: provocar o callarse. Defender su música o retroceder. Es un tiempo de desilusiones y de broncas. Para fortalecerse, Astor recuerda aquellos años duros de su padre, la mirada perdida sobre un plato de sopa que era puro caldo, pero también la maldición y el salto, el dolor transformado en energía. "Hay que seguir, carajo".

Pero, al mismo tiempo, siente cada vez con mayor intensidad el deseo de irse al exterior, al menos por un tiempo. A cualquier lado, pero irse, piensa, cansado ya de tanta guerra. La oportunidad llega en 1954. El gobierno francés le otorga una beca para estudiar música en París. Se embarca en el vapor "Coracero" acompañado por Dedé, también becada para estudiar pintura con André Lothe. Lleva con él sus obras más importantes y el bandoneón.

—Lo llevo por las dudas, no porque quiera. Sólo por si necesito dinero y surge algún trabajito –les explicó a sus padres la tarde de la despedida–. Si por mí fuera, lo dejaría para siempre. Y también esta ciudad –agregó antes de subir corriendo por la escalerilla del barco, sin mirar hacia atrás. Se fue pensando en el retorno y en la venganza. Tenía el presentimiento de que algo cambiaría en su vida, durante la estada en París. Atrás quedaba Buenos Aires, y eso le dolía. Siempre había pensado que aquella ciudad había sido inclemente con él.

Aquel pibe de las terrazas, que habitaba en su interior, no quiso despedirse. Conocía de barcos y de puertos. Por eso prefirió mirar para otro lado, como si nada, y seguir tocando algunos tangos que había aprendido con Gardel. "Pibe tonto", pensó Astor y se apoyó en la baranda del barco. Sintió el frío metálico contra las palmas de las manos. Viejo frío metálico que experimentaba otra vez, parecido a otros barcos y a otras despedidas, a los ojos bien abiertos para que las lágrimas permanecieran ahí, detenidas, hasta que la ciudad se hiciera pequeña, difusa, inexistente. Mirando el pedazo de río oscuro y aceitoso entre el muelle y el barco, Astor pensó que algún día volvería y que todo sería diferente.

El mar lo había cargado de deseos. Durante los primeros días en suelo francés, siguió saboreando aquel salitre que parecía no querer abandonarlo. Desde su habitación en el Hotel Fiat, 36 rue de Douai, veía amanecer en París. Creyó conocer desde antes esa ciudad, pero en realidad se parecía a la de sus sueños. Por ahí había estado, podía casi asegurarlo; parado en alguna cornisa, en el campanario de una de esas iglesias, atravesando el puente que veía desde la ventana. Presintió cosas buenas: tal vez un reencuentro. En la pieza había lo estrictamente necesario para sobrevivir: cama, calentador y una ventana. No hacía falta más. Héctor Grané, un músico argentino radicado en Francia, les había dejado la habitación mientras él salía de gira. A una cuadra vivía Honegger. Por unos amigos, Astor se entera de que Madame Nadia Boulanger, condiscípula de Ravel, maestra de Igor Markevitch, Aaron Copland y Leonard Bernstein, da clases de música, pero que cada aspirante debe someterse primero a un riguroso examen de admisión. No sabe todavía hablar francés, pero le cuentan que Madame habla inglés a la perfección. Una vez más, se atreve.

Pero esta decisión le cuesta noches sin dormir, largas caminatas por Montmartre, vergüenza de presentarse como bandoneonista de cabaret, como un hombre de tango. ¿Qué hacía él ahí, entre figuras tan importantes, entre músicos que seguramente menospreciarían su obra? La incertidumbre lo lleva a tomar una decisión: ocultaría a Madame Boulanger su pasado, su tango, su bandoneón. Desgraciadamente, y a pesar de su decisión, no puede sacarse de encima a Buenos Aires: pegajosa, húmeda, persistente, la ciudad sigue viva en su interior y revive en cada carta de sus hijos, en una bombilla de plata, en las encomiendas que mandan sus padres, con yerba, ají molido y dulce de batata. Y también en las orquestas típicas francesas, que interpretan su tango *Prepárense.*

—Está bien, me alegra. Me parece bárbaro que mis tangos sean conocidos acá. Eso me va a dar unos pesos –le contesta a un amigo que le cuenta acerca del éxito de su música en la capital francesa–. Pero yo no tengo nada que ver con eso. Vine acá para estudiar en serio y no quiero saber nada con el tango. Eso murió para mí.

Después de una ensalada y un vaso de vino, Astor ordenó las partituras de su *Sinfonietta,* estrenó una tricota verde y un saco de corderoy negro y partió hacia la casa de Madame Boulanger. Vivía en el 36 de la rue Ballu. Antes de entrar, dio una vuelta a la manzana para tranquilizarse. Era en el cuarto piso de una casa de departamentos muy antigua. Cuando llamó a la puerta, le abrió Madame misma. Vestía un traje sastre oscuro y una blusa clara. Llevaba el pelo recogido en la nuca y unos anteojos de marco fino, a través de los cuales se veían sus ojos brillantes, de mirada serena. La saludó en inglés. La sala olía a té. Hasta ese momento, Astor nunca había sido consciente de su timidez. Sintió calor, miedo a explicar quién era, dudas sobre sentarse o permanecer parado. Optó por clavar los ojos en un rincón de la sala. Había dos pianos de cola. En el otro rincón vio un órgano. En las paredes, fotos de André Gide, Stravinski, Paul Valéry. Empezó hablando ella. Astor se sintió más seguro. Conversaron sobre música y músicos; acerca de la sinceridad de un artista, de la seguridad frente a su obra, de la necesidad de no mentirse jamás cuando uno crea. Quién sabe por qué aquellos temas lo hicieron sentir algo incómodo.

—¿Trajo su obra? –preguntó de pronto Madame, sentándose al órgano.

Sin hablar, Astor le entregó su *Sinfonietta.* Mientras ella la interpretaba, él trató de controlar su nerviosismo paseando la mirada por la habitación. Se detuvo frente a un gato de ojos amarillos que se frotaba contra uno de los muebles, junto a la cortina de encaje. Su *Sinfonietta* sonaba sublime en aquel órgano. Se sintió lejos del tango, pero pensó en él. El gato jugueteaba con uno de los bordes de la cortina. Cuando Madame terminó de interpretar la obra, miró primero a su gato y después a Astor.

—No se preocupe, siempre deshace las cortinas. Pero jamás voy a cortarle las uñas. Es lo único que tiene para defenderse.

De pronto, en la cabeza de Astor confluyeron las innumerables noches en el Novelty, el Germinal y el Tibidabo, su inquietud, su rabia, sus enervantes sesiones de tango, la soledad. Como el gato, el sólo tenía sus uñas para defenderse. Desde el piso alfombrado, el gato lo miró con sus ojos amarillos y desapareció entre los muebles.

—Su obra está bien escrita, Piazzolla. Queda usted admitido. Pero quiero que piense en algo que voy a decirle... Piénselo y me contesta en la próxima clase –Astor la miró, con esfuerzo–. Su obra es perfecta musicalmente, pero le falta sentimiento –hizo una pausa y continuó–: Cómo podría decirle... No encuentro a Piazzolla en esta obra y eso me preocupa. ¿Dónde está usted?

Astor se sintió desconcertado. Trató de hablar, pero ella lo detuvo:

—No tiene necesidad de contestarme ahora. Piénselo.

Después de despedirse, o de creer que se había despedido, porque en realidad no supo bien lo que hacía, caminó por calles que nunca antes había visto, o que creyó no haber visto. Aquellas palabras de Madame Boulanger lo habían desorientado, lo llevaban a dudar de todo lo hecho hasta ese momento. "¿Dónde está Piazzolla?", se repitió una y otra vez. Y la noche (cosa que desde hacía tiempo no le ocurría) lo angustió. No había nadie a quien preguntarle hacia dónde ir.

Las palabras de Nadia Boulanger habían atravesado su corazón y descubierto, sin saberlo, su secreto: el tanguero oculto, el bandoneón escondido debajo de una mesa. Pero Astor se resistía a hablar de su pasado. Sentía vergüenza. ¿Qué tenía que ver él, un bandoneonista, con Leonard

Bernstein, con Robert Casadesus, Jean Françaix, o con sus compañeros en las clases de Análisis Musical? Durante ocho meses hizo a un lado las cosas que podían perturbarlo y se dedicó a estudiar. La Boulanger le exigía más que a ningún otro.

—Fuga y contrapunto, Piazzolla, a eso nos vamos a dedicar –le dijo un día. Y tres veces a la semana, de tres a siete de la tarde, Astor volcó en eso todos sus esfuerzos. Por momentos, sentía que no soportaba más, nunca se había sometido a una disciplina tan rígida. Cuarenta, y hasta cincuenta variaciones sobre un mismo tema; ése era uno de los ejercicios que tenía que hacer cada semana y que formaba parte del plan de estudios. Cansado, poco acostumbrado a ese ritmo de trabajo, Astor hace trampas.

—Ella no se va a dar cuenta. Es que ya no doy más. Hice cuarenta y me pidió cincuenta –le confesó una tarde a Dedé, abriendo la ventana de par en par y dejando que entrara el viento y removiera el humo acumulado para poder seguir adelante–. Hay cuatro que parecen diferentes, pero son lo mismo. Ni se va a dar cuenta.

Al día siguiente, sentada junto al piano, tomando un té con masas, Madame descubre la trampa.

—No lo haga más, no se engañe. Esto lo perjudica a usted... Recuerde siempre lo de la sinceridad. Creo que es algo que ya mencionamos en nuestra primera entrevista.

Sutilmente, Madame había vuelto a tocar el tema de la sinceridad. Eso le arruinó la noche. Para colmo, unos amigos franceses lo invitan a escuchar tangos a un lugar en las afueras de París. Se resiste, pero finalmente acepta. Ahí escucha su tango *Prepárense, Claveles Blancos* de Armando Pontier y *Responso* de Troilo, interpretados por un trío francés de piano, violín y bandoneón. El peligro de la nostalgia está cerca. Quiere salir de ese lugar, caminar, tomar aire.

Camino al hotel, recordó las palabras de la Boulanger acerca del sentimiento y la sinceridad, las preguntas que nunca había querido responderse. "Tango no. Ya no tengo nada que ver con eso", pensaba, porque en cada esquina le parecía verlo. Era una trampa, no podía ser él. Pero estaba ahí, flaquito y peinado a la gomina, con su bandoneoncito sobre las rodillas, la mano luchando con la botonera, feliz con su traje de gaucho. "Yo no soy un tipo sin sentimientos, eso sí que no", se dijo en voz alta mientras subía las escaleras del hotel. Y el olor del pibe ahí: almendras dulces, albahaca, tabaco, cabaret a las cinco de la mañana.

París se fue haciendo entrañable. Los domingos iba a la Iglesia de la Trinité, los sábados al Louvre, con Dedé, de noche a veces se veía con amigos, todas las tardes iba a sus clases con Madame. Pero la confusión crecía.

"Esta mujer me ha enseñado de todo, todo lo que se puede saber sobre música. Manejo a la perfección el contrapunto y la fuga, aprendí un montón de cosas. Pero ahora... ¿qué hago? Siento como si tuviera adentro un montón de conocimientos y no supiera qué hacer con ellos", le comenta a un amigo en una carta enviada a Buenos Aires. Se entera de que por allá algunos comentaristas prefieren no nombrarlo. Otros, sin embargo, anticipan con sarcasmo "las sorpresas que traerá de París", refiriéndose a sus estudios con una maestra francesa que nada tiene que ver con el tango. Les preocupa su retorno. Vuelven a murmurar, como habían hecho años atrás los músicos de Troilo, al verlo llegar tan tranquilo, tan raro el pibe, con ese augurio indescifrable en la mirada.

Con los ojos quietos, tristemente absortos en el gato que, esa tarde, se dedicó a observarlo desde todos los ángulos, como si presintiera lo que iba a ocurrir en pocos días, Astor intentó prestar atención a la penúltima clase con Madame, pero no pudo. Ella se dio cuenta. Comprendía, desde hacía meses, lo que le estaba pasando. Le sirvió un té con masas y dijo:

—A usted le pasa algo –no agregó nada más; quedó esperando que Astor hablara.

—Es que ya falta poco para que me vaya y me da pena. Me gusta mucho este país –había hablado nervioso. Sabía de dónde venía la tristeza que aquella tarde no lo dejaba pensar. Ya era un músico completo, que manejaba a la perfección todas las técnicas, había sido un excelente alumno, pero la pregunta de la primera clase y ese pasado tanguero que no podía sacarse de encima lo inquietaban cada día más.

—Hábleme de su pasado –dijo ella, adivinando. Había aprendido a interpretar sus gestos, los movimientos de sus manos, la mirada esquiva cuando alguna duda lo presionaba–. ¿Qué hacía usted en Buenos Aires? ¿Quién es en realidad Astor Piazzolla?

Astor se paró, caminó, buscó algún modo de eludir la respuesta. Si el gato había logrado desaparecer, quizás él también pudiera... Balbuceó algunas palabras para darse tiempo. Madame le sirvió otro té.

—Hable sin vergüenza. Le va a hacer bien.

Y el brillante alumno, el cerebral muchacho que no temía a nada, sintió miedo. No se atrevía. Por fin, luego de dar varias vueltas por la sala, habló con voz atribulada y con los ojos opacos por la confusión:

—Yo tocaba tango. No me gusta, pero tocaba tango –casi recostado en el sillón de terciopelo, evadió la mirada de la maestra y se retorció los dedos.

—Qué maravilla. He escuchado tangos y me gustan mucho –dijo ella. Se acercó y lo miró de frente–. ¿Y qué instrumento tocaba usted allá? Porque al piano no es muy bueno...

—El bandoneón –lo dijo rápido y después cerró los ojos. Sintió un gran alivio. Todo estaba dicho.

—Pues, ya que no trajo el bandoneón –dijo Madame Boulanger–, toque algo suyo en el piano. Quiero conocer su música, su tango –agregó, remarcando las últimas palabras.

Enfrentado a sus fantasmas (aquellos viejos rencores que nunca había entendido del todo, los tangueros, el Buenos Aires tantas veces maldecido en noches de cabaret y desencanto), Astor se sentó al piano y tocó su tango *Triunfal*. Madame le pidió que lo repitiera. Lo hizo dos veces. Observó que ella lo estaba mirando, que seguía el ritmo con la cabeza, que sonreía.

—Deténgase –dijo de repente y lo tomó de las manos. Por un instante, ninguno de los dos habló–. Su música me ha emocionado. Su tango es música nueva y sobre todo sincera. Su *Triunfal* es nada menos que auténtico. Éste es el Piazzolla que me interesa. No lo abandone nunca.

Astor se sentó, no porque lo abandonaran las fuerzas, sino porque aquella revelación había llegado a él como un golpe de claridad, demasiado intenso. Uno a uno fueron reapareciendo los olvidos, las cosas enterradas: el bandoneón, Buenos Aires, el tango. Miró a su maestra buscando más respuestas.

—Siga adelante –dijo ella–. Haga lo que hicieron Ravel, Bartok, Stravinski. ¿No son ellos, no es su música, esencialmente popular? Escuche a Chaves y a Villa-Lobos, a Manuel de Falla. Ellos transformaron la música de su pueblo en algo hermoso y, para eso, es necesario tener algo que usted ya tiene: la gracia de Dios –y, dichas estas palabras, le soltó la mano y lo besó en la frente–: Usted ya no me necesita.

"En realidad, yo ya sentía que no la necesitaba. Madame me había dado todo lo que me hacía falta, especialmente confianza en mí mismo. Yo había renegado del tango y me sentía un genio, un tipo que estaba por encima de todo. Ella me hizo pisar la tierra. Gracias a ella me di cuenta de todo lo que me faltaba saber, lo poco que era yo frente a figuras como Bernstein y Casadesus. Con sus preguntas, con sus charlas, con su exigencia, Nadia Boulanger me hizo entrar en crisis. Pero también me sacó adelante y me puso frente a Piazzolla. En ese instante dejé de sentir vergüenza por lo que había sido, valoré lo que era la música popular, mi experiencia. Yo tenía que

Durante un ensayo de orquesta

En el Teatro Colón

seguir haciendo tango. Escuchando ciertas cosas de Stravinski, noté una gran similitud entre eso y lo que yo estaba intentando hacer. Él estaba anticipando algo que iba a venir... y yo lo hice. Después de las palabras de Madame, viví mi mejor momento creativo. Estalló todo lo que estaba dentro de mí. Ya no hubo dudas."

A la semana siguiente, empujado quién sabe por qué viento, se encierra y compone. No recibe visitas, olvida sus paseos, los sábados en el Louvre y los domingos escuchando al organista de la Trinité la noche llega, sin que él se dé cuenta; amanece y no se entera. Escribe un tango por día. Ya sabe lo que quiere y cómo lo quiere. *Picasso, Bandó, Imperial, Marrón y Azul, Contrastes, Nonino...*

"Se sucedían unos a otros. Todos diferentes, pero ya tenían ese algo que yo había vislumbrado en *Para Lucirse.* Eran Piazzolla. Además, nunca antes había compuesto tantos temas en tan poco tiempo. Ni yo me daba cuenta de cómo me salían. Me costaban, al principio, pero cuando arrancaba ya no paraba. A veces eran rítmicos al principio y con una segunda parte melódica, en permanente juego de contrastes. A veces, como en *Río Sena,* hay dos partes melódicas con reminiscencias de tango romanza. Traté de usar todo lo aprendido: empleo de compases irregulares, temas fugados, armonía moderna, politonalismo. Era como un volcán que luego de mucho tiempo comienza a hacer erupción. Pero me faltaba algo: el bandoneón. Desde mi llegada a París no lo había tocado. Ahí estaba, guardado en su caja, en un rincón de la pieza."

En la pequeña habitación del hotel no hay nadie. El rumor del calentador es el único matiz de sonido en el silencio absoluto que rodea a Astor. La caja estaba debajo de la mesa. Astor la abrió y tomó, por una de las manijas de cuero, su querida y odiada "jaula". La llevó hasta la cama con cuidado y desabotonó uno a uno sus broches de metal. Después se dedicó a pasar los dedos sobre sus arabescos de nácar, su botonera, su envarillado. El fuelle iba librándose del tenue olor a prolongado encierro, igual que veinticuatro años antes, cuando un pibe argentino en Nueva York lo enfrentó con asombro y después de un instante de duda logró arrancarle un largo gemido que aprendería a comprender con el tiempo. La llama azul y rumorosa no se extinguía. Poco a poco el bandoneón fue adquiriendo la tibieza que le transmitían las caricias de Astor. Por fin lo alzó, lo colocó sobre sus rodillas y ubicó las manos en las botoneras, los ojos fuertemente cerrados. El primer acorde fue denso, pleno, rotundo. No era un reencuentro. El fuelle y Astor se comportaban como si nunca se hubieran abandonado.

A partir de ese momento Piazzolla empieza a grabar sus temas en París. Primero con los músicos de la Ópera, luego con una orquesta y Lalo Schiffrin y Martial Solal como pianistas, en una combinación instrumental de cuerda numerosa, piano y bandoneón solista, que venía obsesionando a Astor desde hacía tiempo.

—Hay que cambiar la estructura de la orquesta típica tradicional –le dice un día a Lalo Schiffrin, con quien compartía varias tardes a la semana en la pequeña habitación del 36 de la rue de Douai–. Por ahí tenemos que empezar.

Invitado por su amigo Luis Sierra, que se halla de paso por París, asiste a un club nocturno para escuchar el Octeto de Gerry Mulligan. Aquel conjunto lo deslumbra.

—Esto podemos hacerlo en Buenos Aires. Yo quiero hacerlo –le dice a Sierra, observando al saxofonista con quien se reencontraría veinte años después.

—Pero, ¿cómo? Sería una locura. Nadie va a entender nada.

—Necesito siete músicos... Los siete mejores solistas que haya en Buenos Aires –su gesticulación le quita el aire. Agarra lápiz y papel y empieza a bosquejar una probable formación–. Puede ser Baralis en violín, y Francini, Stampone en piano... Necesito un guitarrista, una guitarra eléctrica.

—¿Pero qué hago yo? –Sierra estaba desconcertado.

—Reunilos, hablales, contales todo esto. En un mes yo voy a estar allá. Ya no aguanto –se levantó, tomó a Sierra del brazo y salió. En la puerta se detuvo–: Octeto Buenos Aires. Así se va a llamar.

Los días previos a su viaje, Astor se siente acorralado por dos sentimientos: por un lado, la nostalgia de dejar París; por otro, la ansiedad por volver y formar su octeto. Se entera, por una carta de Luis Sierra, que hay siete músicos dispuestos a seguirlo y que algunos comentaristas radiales ya han empezado a atacar el proyecto. Intuye el escándalo.

En julio de 1955 se embarca hacia Buenos Aires. Recostado sobre la baranda del barco que lo lleva de vuelta a su ciudad, es feliz: se acerca el día esperado durante años. El principio de su verdadera vida. Sabía lo que quería. Todo iba adquiriendo sentido. Provocaría más escándalo quizá, pero eso es irremediable. Su mente se concentra en el ambicioso proyecto musical que le espera. Empieza a tararear los compases del tango Arrabal, de José Pascual. Ése va a ser su primer arreglo: un gran solo de piano, bien canyengue... los violines de Hugo y de Francini... la guitarra improvisa, efecto percutivo y cello. Astor sonríe. Los comentaristas dirán que eso es basura. Que Piazzolla está loco, que es un ególatra, que busca el escándalo para promocionarse. Camina por cubierta pensando en el primer ensayo.

Tres meses de ensayos, cinco horas por día. Piensa en la guitarra eléctrica. Tiene que ser un hombre de jazz… Tiene que encontrarlo. El mar lo ayuda a pensar; hay sonidos, acordes, efectos percutivos que llegan desde puntos inciertos de la oscuridad: sonidos de violoncellos entre el rumor de las olas. Un violín, filtrado entre la brisa. Bandoneón, viento, violín, relámpago. Está solo. Igual que en aquel escenario de la Facultad de Derecho, cuando algunos lo aplaudían y otros lo insultaban. Igual que en el camarín del cabaret, cuando se encerraba para hacer sus ejercicios para Ginastera. Igual que el día que conoció a Rubinstein, o la noche que debutó con Troilo. A partir de su regreso le esperaban días difíciles. La brisa sopló con más fuerza. Había oído hablar de aquel viento sospechoso que anticipaba el fin de la calma. Lo sabía: estaba en el ojo de la tormenta.

Astor en concierto

TODAS LAS VOCES

Me esperaba una lucha larga, difícil, sin tregua... Pero tenía el coraje suficiente para aguantar hasta mi último día.

Astor Piazzolla

Bajé del barco con una carga de dinamita en cada mano, por decirlo así. Había tenido mucho tiempo para pensar y juntar bronca. El Octeto Buenos Aires, tal como yo lo había armado en mi cabeza, iba a provocar un escándalo nacional. Eso quería yo: romper con todos los esquemas musicales que regían en la Argentina. En el 46 lo había hecho, pero con timidez. Existía en mis arreglos un pulso jazzístico especial, proveniente del jazz cool y del progresivo. Eran complejos, diferentes. No olvidemos que en esa época yo ya escuchaba a Stan Kenton y a Bill Evans. Pero, a pesar de que esos cambios eran leves comparados con los que vendrían después, Troilo no los soportaba. —Estos firuletes no van, Gato. La gente quiere bailar. El tango es para bailar –me decía y tachaba, borraba todo lo que yo metía. Por supuesto, fui juntando bronca. Además, tenía a todos en mi contra, salvo dos o tres que me seguían. Algunos ensuciaban con cualquier porquería los ejercicios que yo hacía para Ginastera, en el camarín. Pero cada día yo avanzaba un poquito más. Había muchos que no lo soportaban. Una noche, la orquesta tocó una introducción de violoncello que yo había compuesto para el tango Copas, amigas y besos. *Era larguísima y complicada. Tan extraña era, que las coperas del cabaret se pusieron a bailar en puntas de pie como si se tratara de* El Lago de los Cisnes. *No puedo negar que me enfureció esa actitud... Lo único que yo quería era experimentar, incorporar todo lo que Ginastera me iba enseñando: contrapunto, acentuaciones rítmicas diferentes,* pizzicato *de los violines. Claro, en parte lo entiendo: yo era el loco Piazzolla. Por eso cuando volví de París, después de un tiempo de no frecuentar el ambiente, periodistas y tangueros se preguntaban: —¿Qué nueva locura inventará ahora? ¿Qué se traerá entre manos? –Yo era un misterio. Y el Octeto mató. Éramos ocho "con el diablo adentro del cuerpo", como dijo un comentarista. "Ocho tipos vestidos de negro que sonríen cuando tocan, hablan entre ellos, de repente gritan algo y hasta por las miradas parece que estuvieran en otro mundo. Piazzolla ha llegado para esterilizar el tango, que es lo más sagrado que tenemos los porteños", decía una revista de esos años. Y sí, yo había llegado dispuesto a romper con todo. Y, aunque les pesara en ese momento, lo que yo hacía era tango.*

"Lo conocí en 1939, cuando entró con Troilo. Después estuve con él en la orquesta que formó en 1946, en el Octeto Buenos Aires, en el Noneto. A los diecisiete años era igual que ahora: bromista, camorrero; cabeza dura, inquieto... Había que seguirle la corriente o rajarse. Siempre fue igual... terrible. Él se hacía el fesa, y con esa carita que tenía hacía cada barbaridades que ni le cuento. Pero sus locuras no eran sólo los cohetes, las bromas, las bombitas de mal olor. Era así también con su música. Le aburría la orquesta típica, el *chan-chan*, como él decía. Quería cosas nuevas, quería estudiar, cambiar todo y nunca se lo veía dudar, ni siquiera cuando Troilo le hizo la prueba para entrar en la orquesta. Se reía... yo no sabía de qué, pero se reía. Subió, tocó y se quedó. Por eso los músicos desconfiaban de él. No porque fuera malo; era un bicho raro en ese ambiente y eso era peor que ser mal tipo. Fíjese: criado en Estados Unidos, hablaba mitad inglés, un cuarto de castellano y otro cuarto de lunfardo. Además, y para colmo, había tocado con Gardel, pero hablaba de Bach. Era un nene, pero nos ganaba a todos jugando al pase inglés. No me diga que no era para morirse. Imagínese a un pibe, vestido con smoking, interpretando a Gershwin en el bandoneón, en un cabaret... cosa de locos. Yo lo seguía, también Goñi y Kicho Díaz, el contrabajo. Muchos músicos lo queríamos y creíamos en él. Pero éramos los menos. Cuando se fue de Troilo yo ya lo sabía. Al Gordo no le gustaban los arreglos difíciles, los contrapuntos y esas cosas. Astor no iba a durar. Y se fue; no le quedaba otra. Yo me fui con él cuando formó su propia orquesta. Pero eso también era avanzado para la época. Él siempre estaba adelantado varios años. Y cuando fue lo del Octeto yo temblé... Pero era Astor, no podía ser de otra manera."

HUGO BARALIS, *violinista*

"—O dejás a Piazzolla, o te reventamos. –Amenazas de ese tipo recibía todos los días. Llamadas telefónicas, anónimos, tomatazos, tipos que me puteaban por la calle. Para peor, yo era la guitarra eléctrica: el objeto maldito dentro del tango. De todas maneras, la conspiración estaba en marcha. No era sólo nuestra música, era Astor. Él era el símbolo de la herejía. Él le había metido al tango contrapunto, fugas y 'todo tipo de irreverencias', como dijo una vez un comentarista radial. Claro, la mayor de esas irreverencias era la inclusión de la guitarra eléctrica. Una idea de Astor, una brillante idea, no sólo por el instrumento en sí, sino porque eso le abría a la música de Buenos Aires la posibilidad de utilizar nuevos instrumentos, timbres novedosos. Él ya había incorporado la viola y el cello.

Pero cuando llegó la guitarra fue como si a los tangueros se les hubiera aparecido el mismo diablo. Los tradicionales empezaron a vociferar por 'esos ruidos molestos, esa música que parece provenir de una tía aporreando un piano'. Eso dijeron... y cosas peores también. Yo me enloquecí con el Octeto. Era joven y creo que sentí que esa música me representaba. La juventud pensante de Argentina, llena de ideales y de bronca, encontró que esa música tenía vida, ritmo... que era joven. Yo conocí a Astor en un club de jazz, en donde por 1955 se reunían todos los amantes de las nuevas corrientes jazzísticas: el Bop Club. Ahí asistía un grupo de gente que seguía la línea bop, que había arrancado en Estados Unidos en 1947 con Charlie Parker y otros músicos que estaban en la avanzada del jazz. Astor iba todos los jueves y ahí nos encontrábamos. Un día me oyó improvisar:
—Eso es lo que quiero en mi octeto. Un tipo que sepa improvisar –me dijo y me llevó con él. Sabiendo de antemano hasta dónde daba yo con mi instrumento, escribió partes improvisadas para mí, sobre todo los finales. Encima de una gran instrumentación que tenía todo el conjunto, yo tenía libertad de ir improvisando. Todo esto enfureció a los tangueros... era la locura total. Durante varios meses trabajamos como negros para que el conjunto sonara como él pretendía. Y cuando digo como negros, es porque Astor nos exigía al máximo. Claro, como él acostumbraba levantarse temprano (otra de sus locuras), se le había ocurrido que teníamos que ensayar de siete de la mañana a doce del mediodía. Yo me quise morir, porque trabajaba de noche, hasta las cuatro, más o menos. De cuatro a seis tomaba un buen desayuno, me bañaba y me iba a ensayar. Nunca llegué a las siete, por supuesto, pero nos fuimos acostumbrando. Él a mis llegadas tarde, yo a su furia en esos momentos. Se le pasaba rápido. Astor es así... Hace treinta años que lo conozco y que toco con él. Pero al principio reconozco que fue terrible acostumbrarse a su estilo. Primero repartía las partituras, que eran sábanas y sábanas de papel todas escritas, complicadísimas y larguísimas. Él, por su cuenta, estudiaba de tres a cuatro horas por día, a veces más. Su obra exigía una total concentración, no se admitían distracciones, porque eso arruinaba el resultado final. Nos agarrábamos la cabeza. Ese estilo de él, contrapunteado, hacía las cosas mucho más difíciles. Era su fuerte, ahí radicaba su genio: el contrapunto. Además de su manera de armonizar, lo que yo llamo 'el sonido Piazzolla'. Todo esto fue el Octeto Buenos Aires: mucho estudio, largos ensayos, un sandwich de mortadela, llamadas anónimas y el suspenso de no saber si al día siguiente podían estar esperándonos para rompernos la cara."

HORACIO MALVICINO, *guitarra eléctrica*

"Y pensar que en el año 50 Astor odiaba el tango, sentía vergüenza de ser un hombre de tango, un bandoneonista... Estaba en una etapa de misticismo total, irreconocible, luchando contra todo lo que le recordara el cabaret, su orquesta, el bandoneón, el tango. En su casa tenía un armonio y con eso componía. Hasta en eso se notaba su lucha por elevarse, por salir de lo popular. Fui a visitarlo una tarde del año 1951. Yo pensé que necesitaba trabajar y que lo que le faltaban eran oportunidades de hacerlo. Le propuse formar un trío. —Ni me hables –contestó–. No quiero saber nada con el bandoneón. –Y ya no insistí más, porque lo conocía. Para Astor no existen términos medios, no se permite la duda. Sus decisiones son siempre irrevocables... definitivas. No era nada nuevo, para mí. Cuando tocaba con él en la orquesta del 46 (yo era su bandoneonista), observé que existían dos Astor: un tanguero, bromista, excelente jugador de billar, supersticioso, y otro más sereno, profundo, aburrido de la noche y del cabaret, deseoso de estudiar y de hacer otra música. Yo conocí a los dos. Cuando teníamos una tarde libre, o algún sábado sin bailes, nos íbamos juntos a los ensayos que hacía la Sinfónica del Colón en el Cine Gran Rex. Dos o tres veces vimos *Scheherezade,* óperas, solistas. Astor cambiaba en ese momento. Su cara, su forma de hablar, ese nerviosismo permanente. Era otro tipo: sereno... Un romántico, diría yo. Rejuvenecía escuchando música clásica. A veces me pedía que le cantara estrofas de alguna ópera italiana, porque él sabía que a mí me encantaban. Entonces yo me ponía a cantar, él encendía un cigarrillo y escuchaba. Era inútil... Astor no encajaba en aquel ambiente. Yo siempre decía que era como el hombre lobo: salía la luna y se transformaba. Durante el día, en otro ambiente, era distinto. Yo buscaba siempre su consejo. Un día le confesé que quería estudiar otro instrumento, alguno que se pareciera, en el sonido, al que utilizan los encantadores de serpientes. —Vos querés tocar el oboe –me dijo–. Te voy a llevar con un maestro. Tenés que dejar el bandoneón, tiene poca vida. –Y al otro día me llevó a inscribirme para las clases de oboe. Gracias a él, hoy toco el oboe tan bien como el bandoneón y durante muchos años de mi vida me sirvió para mantenerme económicamente. Astor es un hombre generoso. Lo que diga la gente me tiene sin cuidado. Yo recibí de él lo mejor... "

ROBERTO DI FILIPPO, *bandoneonista*

"A Piazzolla lo descubrí en 1946. Él ya era diferente en todo. En sus arreglos, en las variaciones que hacía con su bandoneón. Tenía una forma especial de tocar, y tanto yo como otros bandoneonistas estudiábamos en esos arreglos esas innovaciones para aprender a tocarlas. Los mejores arreglos de la orquesta de Aníbal Troilo eran de Piazzolla. Él le puso su sello a esa orquesta. Yo entré en la orquesta de Astor en 1946, cuando se va Di Filippo. Me costó; tenía miedo; tocar con Astor era una prueba de fuego. Cuando me llamaron por primera vez, no me presenté. Estaba asustado. La segunda vez pasó lo mismo. Yo veía el repertorio de la orquesta, con más de cien obras distintas, y me echaba atrás. Finalmente, por amor propio, dije que sí y entré. Eso no lo sabe Astor, pero la verdad es que, al principio, esas variaciones suyas que teníamos que hacer, me volvían loco. Había que estudiar en serio, las dificultades técnicas eran tremendas. Pero Astor ha sido para, mí no sólo un maestro sino también un amigo... y yo he sido para él una víctima. Sí, una pobre víctima de esas bromas macabras que lo hicieron famoso y que hoy recuerdo con alegría. En el 54 Astor largó todo: el bandoneón, el tango, Buenos Aires, y se fue a París. Estaba harto de la incomprensión del ambiente de acá. Él tenía sueños, sueños grandes que sin duda realizó. Cuando volvió de París, formó el Octeto Buenos Aires. Yo fui el segundo bandoneón del Octeto. Cuando empezaron los ensayos me quería morir, la música nueva de Astor era más difícil todavía. Pero, para mí, él era como un dios, y me sorprendió mucho enterarme de que casi fue autodidacta en el estudio del bandoneón. Porque él estudió música, composición, armonía y piano, pero bandoneón no. Es imposible entender cómo hace para trasladar sus estudios de piano al bandoneón y, más increíble aún, que haya logrado un sonido que ningún bandoneón logró nunca. Yo lo he visto tocar. No se lo pasaba estudiando como loco; él se juega entero en el escenario. Ahí deja la vida... a todo o nada. Además, Astor se va superando momento a momento: cada día toca mejor, con mayor flexibilidad, introduce permanentemente cosas nuevas, con ese vigor increíble que tiene. Su costado polémico es consecuencia de estar adelantado veinte años, de ser un visionario. Pero la guerra no se la hicieron los músicos sino los comentaristas. Astor tenía que defenderse, y lo hizo diciendo verdades, verdades que sólo él se atrevía a declarar y que nosotros nos callábamos. Para acabar con la polémica, hay que entender que Astor no es un ser agresivo; es un sentimental. Yo lo conozco; no hay un ser más digno que Astor, como músico y como persona."

LEOPOLDO FEDERICO, *bandoneonista*

Cinco meses de ensayos, un mes de trabajo y doscientos cuarenta días de inactividad. Eso fue el Octeto, además de una hermosa experiencia contra una avalancha de críticas, puertas cerradas, recitales gratis y sándwiches de mortadela. Hasta que me cansaron. Tenía dos opciones: o me iba o salía con una ametralladora a reventarlos a todos. Me tenían harto. Una mañana me levanté con una idea fija: irme del país, viajar a Estados Unidos, en donde la Columbia Pictures me había ofrecido componer música para películas. Fue lo mejor que pude haber hecho. Lo que yo quería era irme. Pensé que tal vez allá, en donde me había criado, en donde por primera vez había tocado mi bandoneón sobre un escenario, todo iba a ser la gloria. Se repetía la historia familiar: primero mi nono Pantaleón, después mi padre, ahora yo. Viajar, ir y venir, subir y bajar de barcos o aviones, hacer valijas, buscar una tierra en donde vivir mejor. Primero me fui solo, para alquilar un departamento y asegurar el asunto trabajo. Después viajó mi familia: Dedé y los chicos...

"Nos recibió con un menú que él mismo había preparado: pan con ajo al horno y un arroz con almejas delicioso. Lo que no sabíamos era que ese exquisito arroz sería el plato único durante varios días, ya que papá no tenía trabajo. El departamento de la calle Noventa y dos era amplio y viejo. Mamá pintó todos los muebles de blanco, pusimos cortinas... Hicimos todo lo posible para sentirnos bien y no decaer en ningún momento. Vivir en Nueva York era, para Diana y para mí, una aventura. Para papá, en cambio, empezaba a ser una pesadilla..."

DANIEL PIAZZOLLA, *músico, hijo de Astor*

Lo de la Columbia Pictures había fracasado. Tenía que buscar un trabajo de lo que fuera. Nueva York me pareció muy distinta a lo que había sido durante mi infancia...

"Un día llegó y nos dijo: —Mañana empiezo a trabajar en un Banco como traductor. –Nos miramos. No podíamos creerlo. No lo imaginábamos en un escritorio, obedeciendo las órdenes de un gerente. Yo lo noté raro. No estaba alegre ni triste. Yo diría que se lo notaba forzadamente contento. Se reía de cualquier cosa, estaba nervioso. Se burlaba de sí mismo: de su traje y corbata, del portafolio bajo el brazo, de los zapatos lustrados. Salió de casa a las ocho. A las nueve, ya estaba de vuelta. —No pude –nos dijo–. Yo no sirvo para esto –agregó, y tiró al diablo el portafolio y la corbata."

DANIEL PIAZZOLLA

"Había caminado unas cuadras, bajo el sol sofocante. Nunca odié tanto los veranos de Nueva York. Todo me molestaba: el cuellito almidonado, la pinta de empleado bancario, el portafolio vacío. Pensé que me estaba dando por vencido antes de tiempo y que eso no podía ser. Sudaba, me apretaban los zapatos. Ya me veía detrás de un escritorio traduciendo cartas para un gerente, para colmo norteamericano. No podía... no podía. Me paré en una esquina, no pensé en nada. Debía de tener cara de estúpido o de loco, porque todos me miraban. Di media vuelta y volví a casa. Tenía que hacer algo, inventar algo que tuviera que ver con mi música, trabajar de noche... No me importaba. Así, durante noches y noches sin pegar un ojo, fue naciendo el Jazz Tango. Nació por necesidad, por desesperación. Surgió entonces la oportunidad de acompañar a una cantante y formé mi propio conjunto, acompañado por el guitarrista Al Caiola y el bajo Chet Amsterdam. Era un engendro de bandoneón, guitarra eléctrica, vibrafón, piano y bajo. Lo llamo quinteto de bueno que soy. Tuvo un éxito tremendo, pero íntimamente lo considero mi gran pecado. No me gustaba lo que estaba haciendo. ¿Se imaginan El Choclo *y* Derecho Viejo *al estilo americano, con coro? Faltaba Doris Day bailando. Horroroso. Pero, a pesar de todo, muy en el fondo de aquella mezcolanza, estaba presente Piazzolla. Yo metía mi semillita. Aun en* Sophisticated Lady, *de Duke Ellington, estaba mi estilo, a pesar de los bongós que sonaban. Me sentía deprimido, triste, añoraba volver a mi país. La música que salía del bandoneón, mi aspecto cuando tenía que aparecer en el escenario con un pañuelito blanco, al estilo compadrito, y tocando* El Choclo... *eso no era yo. Ya no aguantaba. En ese momento tan espantoso, qué iba a imaginar yo que quince años más tarde, después de una larguísima lucha, Quincy Jones grabaría mi tema* Libertango *y yo escribiría una obra para Gary Burton. Ni se me cruzaban por la cabeza esos sueños. Yo estaba mal y punto. Lo único que quería era volver a Buenos Aires, escuchar a Pugliese, tomar café con mis amigos. Fueron años de pesadilla, a lo que se sumó una noticia que me derrumbó definitivamente: la muerte de Nonino, mi padre.*

"Estaba actuando en el Club Flamboyan de Puerto Rico. El espectáculo era deprimente: puerto brumoso, compadritos, y yo con un chambergo y pañuelo blanco. Esa noche llega Dedé, mi esposa, y me comunica la muerte de mi padre. Creo, porque esas cosas uno se las borra mágicamente, que no hice ni dije nada. Seguí actuando, imperturbable. No porque no me doliera... es que ya no daba más, era demasiado, algo de no creer. Cuando volví a Nueva York, en el trayecto del aeropuerto a casa

miraba los barrios por los que íbamos pasando, los subterráneos, la calle Cuarenta y dos la calle Once, el Central Park. Todos los recuerdos se me vinieron de golpe a la cabeza y en todos estaba mi padre. Cuando entré en mi departamento de la calle Noventa y dos, me senté en un sillón y me quedé un rato así, como en el aire..."

"Papá nos pidió que lo dejáramos solo durante unas horas. Nos metimos en la cocina. Primero hubo un silencio absoluto. Al rato, oímos que tocaba el bandoneón. Era una melodía muy triste, terriblemente triste. Estaba componiendo *Adiós Nonino*."

DANIEL PIAZZOLLA

A partir de ese momento nada fue igual para mí. No soportaba el Jazz Tango, la miserable vida nocturna, estar tan lejos de Buenos Aires y de mi madre. Además yo quería volver, enfrentar la lucha en mi propio país, hacer mi música, seguir siendo yo. Yo sentía que Dios me decía: —Basta, largá y andate –Tenía que irme. Pero no teníamos un peso para los pasajes. Por suerte, surgió la propuesta salvadora. Y digo salvadora porque nos permitió volver, aunque en realidad fue un contrato monstruoso. Una editorial francesa me ofreció una cantidad de dólares que cubría el importe de los cuatro pasajes. A cambio de eso, yo firmé un acuerdo diabólico. El contrato era por quince años. De todo lo que yo produjera en ese lapso, el 70% era para la editora y el resto miserable para mí. En esos quince años escribí como loco, pero me quedaba poco de ganancia. Por suerte caducó en 1973. Uno hace cosas horribles en los momentos en que está desesperado... Pero aprendí la lección. En 1960 llegamos al puerto de Buenos Aires. Empezaba una nueva lucha para mí. Muchos habían comenzado a olvidarme.

"...Acabo de ver un programa especial sobre vos difundido por televisión, acerca de las actuaciones del verano en Mar del Plata. Te aseguro que mejor cosa no podría ocurrirme, por las siguientes razones: a mi juicio el quinteto es el conjunto ideal para que cada uno exponga sus verdades en este difícil oficio de ejecutar; sin querer olvidar las diversas orquestas con que has grabado acá y en Europa. La otra alegría es que, además de lo bien que salió por televisión, se agrega que a tu bandoneón le sacás una sonoridad sin par (esto dicho con todo mi conocimiento), sobre todo tu vibrato, una tenue oscilación –producto de la película sonora, a lo mejor–, cosa que me enloquece. Así que a pesar de mi viejo pasa-cassettes, pude rescatar *Tristeza de un doble A* y *Adiós Nonino.* Nuevamente bravo y gracias por esta alegría. En cuanto a mí, te diré lo siguiente: la noche última que nos reunimos con tanta linda gente, me quedó una gran satisfacción y también una gran emoción por el momento vivido. Pero cuando se habló de hacer algo juntos vos y yo, desde ya te digo que ni lo pienses (por mí). Ocurre lo siguiente, y no quisiera que te enojes: mi estado emocional está bastante deteriorado, y hace poco tuve un nuevo amago del problema cardíaco y el doctor me dijo que no haga nada que me provoque mucha emoción. Además (y esto va dicho con la experiencia y oficio que poseo como tocador de instrumento), para tocar como vos lo hacés, ni yo ni nadie de los que se quiera nombrar se acerca a tu dominio. Pues, para mí, te has ido muy lejos. Estas palabras no tienen la menor intención de elogios, sino que es la pura verdad y dicha por mí."

Extracto de una carta enviada por
Di Filippo a Piazzolla en marzo de 1984.

En 1960 vuelvo a Buenos Aires. Ya casi no se escucha tango. Existe una ola de mal gusto que invade radios, televisión y los oídos de jovencitos que repiten, estupidizados, melodías horrendas. Yo siento que debo hacer algo nuevo, algo que me purifique de toda la porquería hecha en Estados Unidos, algo bien Piazzolla. Descubro en Argentina una juventud pensante que no quiere vivir en la estupidez. A esa juventud pretendo captar. Pienso... me da vueltas en la cabeza la idea deformar un conjunto chico, tal vez un quinteto, y actuar en algún lugar en donde sólo se escuche buena música. Durante mucho tiempo soñé con un lugar así... parecido a Bird Land, un pequeño recinto que yo había descubierto en Estados Unidos, en donde sólo se escuchaba música de calidad. Cuántas veces, actuando en el Chateau Madrid, podrido de aquellos shows que me deprimían, fantaseaba con el Bird Land... con un Bird Land en Buenos Aires. Y se hizo. El propietario de la boite Jamaica, en la calle San Martín, me ofrece trabajar ahí con mi Quinteto Nuevo Tango. Después pasé a 676, un sitio fuera de serie, hecho especialmente para mí, en donde tuve oportunidad de hacer mi música y de compartir noches maravillosas junto a Maysa Matarazzo, João Gilberto, Stan Getz, Sergio Mihanovich o Gary Burton. Ahí no iban los músicos de tango... Me refiero a los malos músicos de tango que habían vuelto al ataque, pidiendo mi destierro. Sí, mi destierro. Pero a mí eso me estimulaba, me hacía bien. En esa época empiezo a escribir como loco, incorporo en forma sistemática temas fugados, lo contrapuntístico, el corte canyengue, y bien milonga, al estilo Pugliese. A partir de ahí el Quinteto pasa a ser una constante en mi carrera... mi conjunto preferido, el grupo instrumental con el que me siento más cómodo.

"La primera vez que escuché la música de Astor fue en 676. Más que interesarme, me fascinó. Astor es, para mí, el único creador que ha habido acá en los últimos cien años. Es el más auténtico, el más innovador, el más completo. Su música contiene los elementos rítmicos y armónicos del jazz, por eso se interesan en él músicos de jazz. Es un hombre que compone y orquesta maravillosamente bien, además de haberle encontrado a su instrumento posibilidades ilimitadas. Tocar el bandoneón es como cabalgar en un dinosaurio, y a pesar de todo él ha descubierto ese sonido peculiar que lo diferencia de todo el mundo y que ha impuesto al bandoneón en salas de concierto, en iglesias, en los grandes escenarios del mundo. Yo, que soy pianista además de compositor, no podría tocar con Astor porque no soy un gran pianista y porque para tocar con Astor hay que aprender a expresar su música y eso lleva tiempo y un gran alarde técnico. Astor no es un tanguero. Nunca lo fue y creo que la razón de eso reside en el hecho de que vivió su adolescencia completa en Estados Unidos. Su mente siempre fue abierta, jamás dependiente como la de algunos hombres de tango o de folklore. Él jamás aceptó límites. En síntesis, no pertenecía al mundo del tango, no era parte de él, no podía comprenderlo ni aceptarlo, como tampoco los tangueros lo comprendieron y aceptaron, salvo excepciones. Piazzolla es admirable por su lucha, al margen de que guste o no guste. Es un creador que no se hizo famoso a los veinte años y cuyas peleas y polémicas son memorables. Recién a los cuarenta puede decirse que empezó a disfrutar de su esfuerzo. Muchos fueron intolerantes con él, sobre todo los músicos del ambiente de tango que supongo se resisten a perder cosas y Astor lo hizo... Barrió con todo, enterró ciertos valores pero desenterró otros. Hizo un culto a lo vivo, no a lo muerto. Por eso la juventud está con él. Astor es la imagen de lo que cambia incesantemente, de lo que jamás se detiene. Él ya está en el siglo XXI."

CARLOS FRANZETTI, *músico*

Una vez un periodista dijo que mis quejas, mis chillidos y mi paranoia ocurrían indefectiblemente cada cuatro años, cuando me pudría de todo, maldecía al tango, el vals, los cantores, La Cumparsita, *y me lanzaba a algo totalmente nuevo. Es cierto. Cada cuatro o cinco años, me aburro de todo lo que hice y busco cosas nuevas: paso de un quinteto a un octeto, de un octeto a un noneto... de la música instrumental a los temas cantados... qué sé yo, soy un misterio para mí mismo. En el 64 formo el Nuevo Octeto, integrado por bandoneón, violín, cello, contrabajo, flauta, guitarra eléctrica y piano. Me conecto con escritores como Ernesto Sábato y hago la introducción a* Sobre Héroes y Tumbas. *Hago un disco sobre textos de Borges, compongo música para* Hombre de la Esquina Rosada *y ahí ya meto de todo: desde tango-tango hasta música dodecafónica. Empiezo a enloquecerme con la idea de hacer una ópera para Buenos Aires... la obsesión no me abandona, hasta la sueño. En realidad, este sueño había nacido en 1958, viendo en Broadway la obra* West Side Story, *de Leonard Bernstein. Pero ahí quedó, dando vueltas en mi cabeza, hasta que conocí a Horacio Ferrer y le conté esta idea medio loca que tenía...*

"Mi unión con Astor Piazzolla ha sido una bella fatalidad. El tango tiene capillas, y a mis diez años yo era devoto de Troilo, en cuya orquesta el nombre de Piazzolla parecía un rumor poderoso y resplandeciente. Lo audaz y bello de sus orquestaciones me mantenían el día entero pegado al parlante de la radio, sustrayéndome de mis estudios de arquitectura en Montevideo. El tango de Astor y de Pichuco me embrujaba más que las apasionantes obras de Frank Lloyd Wright o Gaudí. Eso ocurrió entre 1947 y 1953, entre mis catorce y mis veinte años, cuando él ya había formado su orquesta y estrenaba sus grandes tangos vanguardistas *Para lucirse, Contratiempo, Triunfal,* que para la juventud eran himnos que nos dejaban en estado de lipotimia. Poco tiempo después, supimos que había disuelto la orquesta y partía a Francia. Con mis amigos de la Facultad de Arquitectura y otros adolescentes demencialmente metidos en el tango nuevo, fundamos El Club de la Guardia Nueva, una peña protestona y pendenciera, dedicada a asestarle, a quien nos quisiera escuchar, las novedades de Astor, de Salgán, de Expósito, de Francini, de Troilo. Un amigo que entonces estaba en París me escribió, dándome la dirección de Piazzolla en un hotel de Montmartre. Le envié una potente carta de fanático y Astor me contestó. Cuando aprestaba su retorno a Buenos Aires me carteó nuevamente para que, cuando su barco pasara por Montevideo, fuera yo a conocerlo al puerto. La noche que su barco llegó, llovía como si fuera la última vez. Bajó él con Dedé, su mujer, y me propuso ir a comer una milanesa con cebollas fritas. Le contesté que me permitía convidarlo a un restaurante singular. Aceptó y lo llevé al sótano de la Guardia Nueva, donde trescientos muchachos lo recibimos ante su asombro como a una suerte de mesías milonguero. Nos regaló discos que había grabado en Francia y tocó el bandoneón para nosotros en una jornada imborrable para todos. Y parece que le caí en gracia, con mi mezcla de muchacho cortés, caradura y apasionado. Al despedirnos dijo que me esperaría en Buenos Aires, donde vivía, o en Mar del Plata, donde vivían sus padres, Nonino y Nonina. Y allí fui en el verano del 56, luego de mi primera debacle de amores. Conocí a su familia, nos pasamos horas en los espigones del puerto conversando mientras él tiraba sus líneas de pescador. Allí quedó consolidada la amistad. En el 58 o 59, él se fue a vivir a Nueva York y nuestra correspondencia fue continua. Antes de irse, con la Guardia Nueva habíamos organizado un resonante y controversial concierto del estupendo Octeto Buenos Aires que Astor encabezaba, y luego de volver, otro, en los salones del semanario *Marcha,* los dos en Montevideo. A esta altura él ya me había dicho que escribiera las cosas que decía –también Aníbal Troilo me había sugerido eso–, cosa que yo hacía pero con el pudor del secreto, muy disconforme todavía con lo escrito. Dos hechos precipitaron entre 1965 y 1967 nuestra definitiva colaboración artística: el primero fue la publicación de los veintitantos poemas que yo había escrito en un librito con el título de *Romancero Canyengue.* Un poema 'Una' estaba admirativa y agradecidamente dedicado a Astor Piazzolla, y le mandé el libro. Me contestó: 'Vos hacés con los versos lo que yo hago con la música'. Por esa misma época, él estuvo con el astrólogo Horangel, quien le dijo que alguien que iba a cambiar su vida, le 'golpearía' la puerta de su casa. Y llegué yo a Buenos Aires, y el timbre del departamento de Piazzolla estaba descompuesto. Golpeé la puerta para entrar y él dio por sentado que yo era el tipo presagiado por los astros. Ya al piano, y recién vuelto de Brasil, me contó que había visto en el Zum Zum de Río de Janeiro un espectáculo en el que Vinicius, Dorival Caymi, Baden Powell y el Cuarteto Em-cy alternaban canto, música instrumental y coral y poesía. '¿Por qué no intentás bocetar algo semejante, pero a nuestra manera, con mi música y con tus versos, como los de *Romancero Canyengue*?' Conseguí una máquina de escribir, me fui a la piojera de la calle Florida donde residía, y al día siguiente le llevaba las primeras cuartillas. Al despedirnos fue concreto, como siempre; estábamos en la azotea del edificio contemplando la luminosa hermosura de Buenos Aires: 'Ahora, no te descalentés, como otras veces, y terminame eso, que va bien'. Volví a Montevideo. El *lock-out* patronal había terminado y me reintegré al diario "El País", donde trabajaba. Me encargaron una serie de notas acerca de cuánto costaba casarse a una pareja joven. Para ponerle un poquito de gracia a la tediosa enumeración de precios de escobas, ajuares y vajilla, llamé a los protagonistas María y José. Y, ya inevitablemente entreverados los artículos con el proyecto de espectáculo, hice una adaptación y mandé a Piazzolla los nueve cuadros de la primera parte. Le gustaron tanto que se embarcó hacia Montevideo en un Fitito legendario. En enero del 68 nos instalamos en el balneario Parque del Plata, en un chalet que tenían mis padres, y allí Astor compuso muchísimos números de la operita, ya llamada *María de Buenos Aires.* Menchi Sabat dibujó el rostro de María y estrenamos en Buenos Aires el 8 de mayo de 1968, en la Sala Planeta de la calle Suipacha. Astor había compuesto buena parte de la música en mi bandoneón, porque yo también estudié bandoneón, aunque lo dejé después por aquello de que la vida no alcanza para hacer una sola cosa medianamente bien. Ésa es otra maravillosa obsesión que me enseñó Astor. En clima de trabajo, una idea pesca a la otra, y en esa atmósfera, incluso entre ideas desechadas relumbra quizá la bella idea. A su lado aprendí muchas cosas, entre otras a colaborar: 'Vos y yo, en el piano, nos acoplamos como un matrimonio perfecto', me decía. Y también: 'Lo importante es que logremos un estilo entre los dos'. En suma: para mí, llegar a Buenos Aires, con una obra ambiciosa, y de la mano de Astor Piazzolla, ha sido una cortesía del destino. Hubo momentos amargos. *María de Buenos Aires* la pagamos nosotros, y la obra capotó luego de cuatro meses de ver más gente en el escenario que en la platea. De todos modos él me insistía: 'Trabajando con intensidad, con rigor y sin ceder en la calidad, vamos a lograr un gran éxito'. Y la coincidencia fantástica entre lo que nosotros intentábamos y algo que el público tal vez esperaba sin saber qué era, se dio cuando compusimos *Chiquilín de Bachín* y *Balada para mi muerte.* Y la culminación fue la noche del Luna Park en que estrenamos *Balada para un loco.* No me olvidaré jamás que mientras lo ensayábamos los dos nos emocionamos genuinamente con nuestro nuevo tango, y presentimos su formidable destino. Astor es muy auténtico en esa obcecada búsqueda de lo desconocido, que es la locura bellísima de todo artista de raza. Seguramente en su niñez, se dio cuenta de la obra que tenía por delante y presintió, dramáticamente, que tal vez la vida no le alcanzaría para hacerla. Por eso, se plantó un par de orejeras, con las que ha atravesado todos estos años, rastreando ensimismado en sus propias profundidades y en las de su tiempo, para consumarlas en una creación impresionante. A costa, tantas veces, de afectos o recuerdos. Pero, de tanto en tanto, se toma un respiro, se quita esas orejeras, y muestra sus sentimientos preciosos; como cuando dice: 'Si no fuera por mi padre, yo nunca hubiera podido hacer lo que he hecho'."

HORACIO FERRER, *Poeta*

Teníamos que empezar inmediatamente. Alejarnos de todo el mundo, aislarnos para que nadie nos interrumpiera. No queríamos teléfono, ni ruidos, ni diarios. Nos encerramos en un chalet que quedaba en medio de un bosque, en Uruguay. Nadie sabía dónde se había metido Piazzolla. Trabajamos sin parar, día y noche. Fue excitante, agotador... Hubo momentos de duda, de emoción, de cansancio. Comíamos, dormíamos y al piano. María *fue naciendo despacio, bajo una estricta disciplina de trabajo. Nos impusimos esa disciplina para no perder ni un minuto. Horacio escribía un tema, lo leíamos, yo hacía la música y ahí empezábamos a tachar, rehacer, corregir, tirar. Nos volvíamos locos en alguna frase, trabajábamos horas y horas sobre el mismo tema... A veces no sabíamos si era de día o de noche. Yo aprendí algo: a ser paciente, autocrítico, a manejar la reflexión junto con la emoción. Viví día a día lo que significaba la música como oficio, como cosa matemática que exigía un método, orden, armonía, reflexión profunda. Nació ahí un Piazzolla más cerebral, junto a un Piazzolla irremediablemente sentimental. Fue estupendo. Me fortaleció trabajar de esa manera, tener que poner en práctica todo lo que sabía y hacerlo equilibradamente. Había en la operita fugas, contrapunto, coros, valses, recitadores, cantantes. Tenía que pensar en un montón de cosas al mismo tiempo y eso fue útil para mí. Llegué al punto más alto adonde podía llegar en esa etapa de mi vida musical...*

"*María de Buenos Aires* no encontró productor que se atreviera a financiarla. Se nos cerraron todas las puertas. Fue puesta en escena a pulmón. Papá vendió su coche, Horacio algunas de las pocas cosas que tenía, yo me ocupé del sonido, de la publicidad, de repartir volantes barrio por barrio y calle por calle. De nuestro bolsillo salió el dinero para pagar músicos, carpintero, escenógrafo. Finalmente, luego de meses de ensayos y casi en la ruina, debutamos en la Sala Planeta con un teatro lleno de gente, periodistas, personalidades del mundo artístico, curiosos que querían saber de qué nueva locura se trataba. Nos entusiasmó actuar frente a tanto público... Pero teníamos que esperar y no ilusionarnos. Al segundo día, fue igual. 'Va bien', pensamos. Pero a las dos semanas, ya actuábamos frente a una platea casi vacía... Comercialmente habíamos fracasado. La crítica fue de lo mejor, las opiniones de otros músicos excelentes. Pero la realidad es que comenzamos comiendo bife con ensalada y terminamos pidiendo tallarines sin pesto ni tuco. Estábamos en la ruina..."

DANIEL PIAZZOLLA

Entramos en el Instituto de Salud Mental con dudas. En un gran salón estaban reunidos casi un centenar de pacientes que nos miraban absortos. Empezamos a tocar, ellos empezaron a mirarse, algunos se paraban y movían el cuerpo, otros seguían el ritmo con la cabeza. Sonreían, iban repitiendo frases como: "Volá, vení,... Loco, loco", hasta que se hizo un coro de voces cantando la balada con nosotros. Fue maravilloso. Cuando terminamos, muchos nos abrazaban, otros se acercaban a agradecernos... "Agradecernos qué", pensaba yo si aquella gente parecía más cuerda que muchos de nosotros. De repente se me acercó un hombre de ojos claros que empezó a recitarme un hermoso poema sobre la luna. No sólo recitaba, hablaba y decía cosas de una belleza tremenda. Un médico me informó que se trataba del poeta Jacobo Fijman. "Yo podría irme", me dijo, "pero para qué, si afuera todo es peor". Salí impresionado... intenté muchas veces ponerle música a alguno de sus poemas, pero siempre me resultó difícil.

Siempre supe que el tiempo libre para pensar y el no poder subirme a un escenario, podían llegar a volverme loco. Ese momento llegó en 1973. Estuve varios meses sin trabajar. No me volví loco, es cierto, pero casi me muero. Yo pensaba que las enfermedades y la muerte no tenían nada que ver conmigo, que yo era Superman. Pero cuando empezó a dolerme el pecho, el brazo, el hombro... Fue tan insoportable que ni siquiera lo recuerdo. Sólo sé que desperté en la sala de terapia intensiva de un sanatorio, lleno de cables y sondas, dolorido, agotado, con mucho miedo. Había sufrido un infarto. Lo más terrible fue que a partir de ese momento durante un tiempo larguísimo tuve que resignarme a estar quieto, a no emocionarme, no fumar, no tomar, no leer los diarios, ni siquiera escuchar música. Mi vida era nada...

"Cuando lo sacaron del sanatorio en silla de ruedas, yo me la vi venir. De repente se levantó, tiró al diablo la silla y se fue caminando. Fueron días difíciles para él. Se la pasaba en silencio, conteniéndose. Pero en su cabeza algo andaba dando vueltas. Un día me dijo que cuando saliera de esa horrorosa quietud, haría algo totalmente nuevo, un conjunto diferente... y me dijo también que estaba cansado y que quería irse a vivir a otro país, tal vez Italia."

DANIEL PIAZZOLLA

Y me fui. Quería cambiar de aire, revivir. En 1974 me separé de Amelita Baltar, la cantante protagonista de María de Buenos Aires, *con quien había vivido casi siete años. Estaba nuevamente solo, necesitaba irme. Además, quería desquitarme de todos aquellos interminables meses de reposo. Me instalé en Milán y me dediqué a mi salud, a fortalecerme Para seguir componiendo y tocando, a pasear, nadar, comer poco. A veces me iba a Suiza, invitado por Ginastera a una villa que tenía allí. Pasé con él hermosos días. Había cambiado. Ya no era ese tipo sacerdotal que yo había conocido. Le gustaba comer bien, vestía de lo mejor y disfrutaba de la vida. Me alegró verlo tan cambiado. Esa nueva vida, a pesar de algunos momentos depresivos debido más que nada a la soledad, que nunca pude soportar, me llenó de energía. Empecé a componer como un loco...*

"No me cabe duda de que es un innovador. El músico que en los sesenta supo interpretar nuestras neurosis, los grandes cambios, la ciudad que se debatía entre angustias, la eclosión del peronismo, los grandes movimientos de aquellas épocas. Cada vez que lo escucho vuelvo a estar ahí... en aquellos años de grandes revelaciones. Él es ese tiempo y aquella ciudad. La sociedad no lo aceptó porque no soporta a los que pretenden cambiar las cosas. Los rechaza, les pone obstáculos, los aísla, les cobra caro la osadía. Astor no fue aceptado entonces y creo que aquí y ahora siguen sin aceptarlo, siguen discutiendo lo que hizo hace veinte años."

NACHA GUEVARA, *cantante y actriz*

"Considero bizantino discutir sobre el derecho que tenga o no Astor Piazzolla de llamar tango a sus composiciones. A mi juicio, algunas lo son y otras no. Pero eso poco importa. Lo que importa es que ha provocado una revolución en eso que con un sentido amplio puede llamarse música de Buenos Aires, que aun en sus casos más extremos es coesencial con el bandoneón, atributo indispensable y suficiente de la música porteña. Planteado así el problema, no hay posibilidad de discusión: Astor Piazzolla es el descendiente (aunque hosco y a menudo parricida) de aquella singularísima canción que alguna vez fue la cabal expresión del hombre de Corrientes y Esmeralda, del hombre que estaba solo y esperaba acodado en la mesita de mármol de alguna lechería o meditativo y melancólico en el estaño de un boliche cualquiera. Podemos estar seguros de que en la futura historia de nuestro arte ciudadano este hombre será un hito fundamental, que ha de separar dos épocas: el antes y el después de Piazzolla."

ERNESTO SÁBATO, *escritor*

"Es difícil hablar de él y de su música... se lo siente o no se lo siente. Para mí es un genio, es la guía melódica más importante de la Argentina. Quizá parezca un músico difícil, pero tiene la fuerza de muy pocos. ¿Quiere que le diga una cosa? Yo creo que Dios lo mandó al mundo para desasnar orejas de burro. Fue Dios, fue cosa de Dios."

ROBERTO GOYENECHE, *cantor*

Julio de 1975

Ya estoy totalmente loco. Escribí algunas partes para sintetizador, pero me resulta difícil porque no conozco bien el instrumento. Cuando llegues lo estudiaremos juntos. La segunda parte es totalmente revirada. Me enloquece. Me falta sólo escribir ocho temas instrumentales y listo el pollo. Ya terminé los cuatro arreglos de canto: La Muralla China, Los Pájaros Perdidos, Olhos de Resaca *y* As Ilhas. *Hoy se va Geraldo Carneiro. Me encanta cómo escribe, es un tipo estupendo: tiene ritmo, sabe hacer las cosas, me encanta trabajar con él. Seguiré hasta que mi salud aguante. Cómo quisiera tener veinte años...*

"Encontré a Astor Piazzolla por primera vez en un Festival en Brasil, en 1972. Escuchaba y admiraba su música, pero nunca lo había visto en vivo, y su manera de tocar me impresionó. Nuestra primera colaboración tuvo lugar el año siguiente: Piazzolla puso música a una canción que yo le había dedicado y que se llamaba *El tango de mañana.* Después, nos vimos mucho. Vivíamos en la misma cuadra en París. Escribimos juntos canciones que luego grabamos en Londres. En 1977, para mi espectáculo en el

Teatro Olympia, me pidieron que eligiera a un artista que empezara el show: elegí a Piazzolla. Hicimos varios programas de televisión, fuimos al Festival de Venecia... mezclando siempre trabajo, amistad y placer. En mi último disco hay una canción que se llama *Mi cuerpo,* que tiene música de Piazzolla. Astor es un gran bandoneonista. Trabaja mucho, conoce perfectamente la técnica y no necesita cultivarla en interminables ensayos porque la cultiva mentalmente. Es un artista muy prolífico que hizo un gran aporte a la música contemporánea. Hizo asociaciones con el jazz, con su audacia musical sacó el tango de lo tradicional y de esa aparente simplicidad que le adjudican algunos. Hizo del tango una música vanguardista, conservando sus raíces tradicionales. Qué más decir de Astor Piazzolla: lo quiero mucho como amigo; lo admiro como músico."

GEORGES MOUSTAKI, *cantante*

Había dejado de fumar, tomaba poco, comía lo necesario y ya me sentía fuerte. Lo único que me seguía molestando era la soledad. No existe nada en soledad. No se puede pensar, ni crear, ni disfrutar un plato de comida. Yo necesitaba una mujer a mi lado. Una mujer que estuviera conmigo las veinticuatro horas. Tal vez sea injusto en este aspecto, pero soy bastante conservador, egoísta. Por eso, en 1976, cuando ya no aguantaba más, decidí volver a Buenos Aires y buscar esa paz que necesitaba tanto.

"Fue el 11 de marzo de 1976. Era su cumpleaños y había venido al canal a que le hicieran una entrevista en el programa que yo conducía. Era un programa de seis horas, con muchísimas tandas publicitarias. Aprovechando una pausa, me acerqué a él y nos pusimos a charlar. Me parecía imposible estar frente a Astor Piazzolla. Lo había admirado toda la vida. Conversábamos de a ratos, entre permanentes interrupciones, a causa del ritmo de ese programa."

LAURA ESCALADA

Me asombró que una locutora de televisión supiera tanto de Schumann, de Bach, de Gershwin. Cuando me dijo que era cantante lírica, casi me caigo de espaldas. No entendía qué hacía ahí... era un misterio. Me interesó. Esa misma noche la invité a presenciar mi actuación y vino con todos sus compañeros de trabajo. Después nos fuimos a cenar a El Tropezón.

"Hablamos de Brahms comiendo osobuco. Sí, aunque parezca mentira, esas dos cosas nos acercaron. Astor adoraba a Brahms y disfrutaba el osobuco tanto como yo. Seguimos viéndonos cada tanto, hasta que finalmente una noche, luego de una charla que duró más de seis horas, decidimos vivir juntos. De eso hace ya once años. Once años que comenzaron para mí los viajes constantes, la vida de gitanos, de hacer y deshacer valijas. Al principio pasamos grandes necesidades, porque el trabajo escaseaba. Hasta que el quinteto empezó a repuntar y ahí comenzó un ascenso vertiginoso, nuestra vida ya no tuvo un minuto de descanso. Astor se impuso en casi todo el mundo. Empezaron las giras y con las giras la locura. Hay días en que lo único que hacemos es subir y bajar de aviones, tomar trenes, después taxis y de ahí al teatro. Primero dos o tres horas de ensayos, un baño y al escenario. Yo sé que está cansado, porque lo conozco, pero a la hora de tocar es otro, se transforma. Cuando viajo con él, me encargo de ordenarle las entrevistas, de tener lista su ropa, de pasar por un tamiz las noticias que pueden perturbarlo, porque en el momento de tocar necesita una serenidad total. ¿Cómo es él en el momento de actuar? En los minutos previos no se puede decir que esté nervioso. Está concentrado, controladamente excitado, preocupado por el sonido, las luces y sobre todo por el público. El público es lo que más le preocupa, porque en lo que respecta a él y a sus músicos, tiene una seguridad plena. Sabe lo que hace y cree en ello..."

LAURA ESCALADA

"Mi primera visita a la Argentina fue en 1965 y tocamos en un club cuyo nombre no recuerdo. Ahí conocí a Piazzolla, que en ese entonces tenía su quinteto y compartía actuaciones con Stan Getz y su orquesta. A partir de Piazzolla empezó a gustarme el tango y en 1986 grabamos juntos su *Tango Suite,* en vivo, durante el Festival de Montreux. Fue estupendo por la alta temperatura tanguera lograda, lo que me hace deducir que mi instrumento, el vibrafón, se adapta maravillosamente al tango. Siempre tendré ganas de volver a tocar con Piazzolla...

GARY BURTON, *músico*

Justamente en ese club, llamado 676, descubrí a Gary Burton. Era el año 1965. Mientras lo escuchaba, sentí que iba perdiendo fuerzas. Yo estaba apoyado contra una pared y poco a poco me fui deslizando, como si la emoción me empujara hacia abajo. No sé qué pasó, pero cuando terminó de tocar Burton yo estaba en el suelo, sentado, maravillado con ese hombre. Al escribir mi obra para él, cosa que me resultó difícil, recordé aquellos momentos y eso no sólo me estimuló sino que sentí, al mismo tiempo, una tremenda responsabilidad. Con Gary inicié una nueva etapa... y descubrí un Piazzolla que ni yo mismo conocía.

"Cuando cualquier gran músico de jazz escucha a Piazzolla, descubre un estilo que no se parece a nada. Es lo que yo llamo el sonido Piazzolla. Por eso les atrae, les fascina Astor. El Festival de Montreux fue una experiencia que nos cambió la vida y una prueba de fuego. Tocar después de Miles Davis es arriesgarse muchísimo. La verdad, teníamos miedo. Si uno sale antes de Miles, tiene posibilidad de salvarse, pero salir después es una locura; si uno falla cae en una profundidad desesperante, queda en el olvido. Esa noche Miles salió a escena, tocó dos horas y reventó al público. Esperamos el momento de salir con unos nervios espantosos. Salimos... tocamos durante diez minutos en medio de un silencio absoluto; seguramente cada uno de nosotros pensaba lo peor. No sabíamos si ese silencio se debía a un fracaso total o a un éxito rotundo. Después de esos diez minutos horribles, la gente empezó a pararse. Algunos aplaudían, otros gritaban y muchos lloraban. Es una característica de la música de Astor: provoca el llanto, la gente lagrimea... No sé por qué, pero ahí sale ese otro Piazzolla que emociona hasta el dolor, el que hace llorar con un llanto especial, que se disfruta, que es goce. Yo he llorado con su música. Irremediablemente. Por momentos tiene un discurso rítmico feroz, que te arrastra. Pero, de repente, es como si él necesitara parar tanta locura y entonces te clava el puñal, te toca el alma... y perdiste. Yo soy, quizás, el músico que más años lleva junto a él. Con muchas idas y venidas, sí, pero he estado en casi todos sus conjuntos durante estos treinta años. Astor nunca fue el mismo y hoy creo que estamos ante un nuevo Piazzolla, que ha cambiado no sólo su forma de componer, sino también su manera de tocar el bandoneón. Y esto ocurrió después de su obra para Gary Burton, porque ni él mismo sabía lo que había hecho, se asombró de sí mismo. Cuando lo ensayamos por primera vez, yo noté novedades. Primero, que tocaba el bandoneón de una manera diferente. Los músicos nos dimos cuenta de eso, nos miramos, lo miramos. Era su lenguaje de siempre, pero había algo diferente: a veces el bandoneón sonaba como un saxo o como un oboe, algo extraño, difícil de explicar, pero muy moderno, una sonoridad nueva. En los últimos conciertos, cuando entraba tocando *Tris-*

tezas de un Doble A, lo hacía diferente. 'Este tipo descubrió algo nuevo', pensé. Y en lo que hace a sus composiciones también. Armoniza de una manera diferente, menos tonal, más Bartok, más Prokofiev, qué sé yo... Hay algo de dodecafonismo y técnicas muy actuales, como esos ruidos aleatorios que él ha inventado y que no son caprichosos. Astor va creando el clima para que uno golpee el instrumento y cada golpecito tiene que ver con la totalidad. Lo del golpecito empezó con el Octeto, porque él necesitaba un efecto percutivo y lo lograba golpeando el costado del bandoneón con los dedos. Más adelante yo, con el quinteto, logré un tipo de sonido que se sacaba apagando la cuerda con un dedo de la mano izquierda, y tocando sobre esa cuerda con una púa. Se conseguía así el sonido de un bongó. A él le encantó y lo incorporó, no como nota, sino como valor musical. Y así como fue integrando estos nuevos elementos, él sigue en la búsqueda y el nuevo quinteto es tal vez su mejor conjunto, un verdadero equipo en donde cada integrante juega desarrollando al máximo su virtuosismo. Yo lo afirmo: ha nacido un nuevo Astor y no podría decir qué pasará mañana... porque justamente una de sus virtudes y de sus genialidades consiste en ser impredecible."

HORACIO MALVICINO

A Gil Evans lo admiro desde el 58. Recuerdo que estando en Estados Unidos, fui un día a casa de Dizzy Gillespie. "Te voy a hacer escuchar el disco de jazz más importante de estos últimos años". me dijo. Y era Miles Davis con todos los arreglos de Gil Evans. El disco se llamaba Miles Ahead. *Hace poco lo vi. Siempre me emociona reencontrarme con aquellos a quienes admiré toda la vida, y nunca sé qué decirles. Lo mismo me pasó con Stravinski en 1958. Fui invitado a una recepción que se le hacía en el Waldorf Astoria. De repente lo vi venir hacia mí, del brazo de un amigo común que se había empeñado en presentármelo. Yo no podía creerlo, pero ahí estaba: bajo, delgado, con un vaso de whisky en la mano. ¿Qué podía yo preguntarle a quien había sido mi gran maestro a la distancia, el músico cuyas partituras yo consultaba buscando inspiración, el innovador cuya obra tardé en comprender, hasta que llegué a amarla? Qué podía preguntarle. Estaba muy nervioso. Cuando estuvo frente a mí, sólo pude balbucear: "Usted es mi maestro, aunque no lo sepa. Muchas gracias". Después huí... me temblaban las piernas.*

"Astor Piazzolla ha sabido encontrar un lenguaje universal que tiene color de tango. Pero su manejo de los contornos melódicos, densidades armónicas, pulsos rítmicos y timbres orquestales revelan una musicalidad sólida y transcendente. Y cuando más se encierra dentro de límites, patios, muros y tranqueras, su actividad creadora vuela libremente más allá de las fronteras, hacia el infinito."

LALO SCHIFFRIN, *músico, arreglador, director de orquesta*

Los públicos siempre son un misterio y eso es lo que más me excita. El público argentino es crítico, polémico, contradictorio en lo que hace a mi música. y eso me gusta; porque yo siempre busqué la guerra. El europeo es exigente, aunque silencioso. Y el público brasileño tal vez sea el más apasionado, el que más grita y se exalta. Siempre me ha gustado trabajar con músicos brasileños. Son creativos, apasionados, locos como a mí me gustan, no compiten entre ellos, se aman, disfrutan lo que hacen. Con Chico Buarque ocurrió algo muy gracioso hace como diecisiete años. Yo había grabado un tema y se lo envié a Brasil. Chico y yo ya éramos amigos. Hace poco, y pasados ya esos largos diecisiete años, me llama por teléfono y me dice: "Tengo ganas de hacer ese tema que me enviaste hace unos años". Me sorprendió, realmente: "Chico, ni siquiera me acuerdo de lo que escribí", le dije. Y él contestó: "No te preocupes, yo te hago la letra". Lo dejé hacer, porque conozco de sobra el talento de Chico. Al mes tenía que ir a Río a grabar un programa de televisión con él. Cuando llego se acerca y me silba todo mi tema, de punta a punta. "Qué lindo, no me acordaba", dije yo. "Pero la letra que hiciste, ¿dónde está?" Él se rió: "Todavía no la hice, pero te juro que me voy tres días a mi casa de la montaña y la escribo". Claro, en su casa de la montaña, con cancha de fútbol y amigos que van y vienen y un tiempo hermoso, se dedicó a cualquier cosa menos a escribir la letra. Cuando bajó, a los tres días, para grabar el programa en Río, se me quedó mirando y dijo: "Disculpa, me olvidé". Por supuesto, ahí murió el tema. Seguro que lo tiene guardado y algún día, tal vez dentro de otros diecisiete años, le escriba finalmente la letra.

"La originalidad de Piazzolla y su obstinada diferencia, han creado brechas insalvables con los demás músicos argentinos. Astor es un hombre dotado, un perfeccionista obsesivo que ha ejercido su vocación con enorme dedicación y disciplina, y que ha reconocido los sonidos inmanentes de esta ciudad de Buenos Aires, transformándolos en música impar. Los reticentes siempre le han exigido algo más y siempre han obtenido, como respuesta, afirmaciones rotundas, refinadas y bellas. A algunos creadores les aflige una recurrencia molesta: vivir entre mediocres exitosos, que arruinan casi todo, menos las evidencias (en este caso) ampliamente difundidas. A Piazzolla se insiste en condenarlo como iconoclasta del tango, como si este género necesitase de críticas absurdas y no de orfebres como Astor. Estos clichés son tan pobres y obvios que sólo exaltan la genialidad de Piazzolla."

HERMENEGILDO SABAT, *dibujante*

"Me enamoré de la música de Piazzolla cuando oí por primera vez *Balada para mi muerte*... Pero siempre me exigí y exigí mucho. Quería que cada arreglo musical me quedara tan perfecto como un vestido.

MILVA, *cantante*

Nadia Boulanger es una fuera de serie, así de simple. Incluso llegó a corregirme, a señalarme lo que no le gustaba. "Ponga guitarra aquí, saque el bandoneón, cambie esto". Llegué a respetarla y aprendí de ella, porque yo también me equivoco. Fue una experiencia extraordinaria. Es un ser humano increíble.

"Astor Piazzolla siempre se ha distinguido por ser un verdadero estudioso, musicalmente hablando, reconocido tanto por el público como por los profesionales. Desde el año 60 aporta a la música popular sus valiosos conocimientos en una nueva factura orquestal que influyó mucho en los medios tangueros. Sus composiciones están en el repertorio de todo buen intérprete y todo buen cantante de tango. Es un ejemplo que sea tan estudioso y tenga tal capacidad de trabajo, dotado como está de ese gran talento. Repito; es ejemplar para todos aquellos que sientan el fervor a la vocación artística."

OSVALDO PUGLIESE, *músico, director de orquesta*

Escucho tangos desde los ocho años y no puedo negar que hubo grandes hombres de tango que influyeron en mi música. Yo rescato todo lo que hizo Villoldo, que en principio no era tango sino milonga en dos por cuatro. Arolas, que también tocaba el tango amilongado. Maffia y Pedro Lau-

renz fueron los compositores que más admiré, como también Julio De Caro, Francisco De Caro, Bardi, Cobián. Un hombre que marcó a fuego mi estilo fue Alfredo Gobbi, que influyó muchísimo en mi forma de armonizar. Era un músico intuitivo, pero más organizado.

A partir de Gobbi nacen otros grandes como Elvino Vardaro, aquel gran violinista que descubrí cuando tenía diecisiete años y que me llevó prácticamente hacia el tango. Al principio lo imitaba en todo, porque su tango era vanguardia, era algo diferente.

Pugliese es otro músico que influyó notablemente en mi obra, sobre todo su parte rítmica, de increíble linaje milonguero.

Y Troilo... sobre todo como ejecutante de bandoneón. Yo vivía observándolo, aunque poco a poco nuestros estilos se fueron diferenciando. Orlando Goñi fue, más que pianista, mi ángel inspirador. Yo copiaba su forma de tocar y trataba de trasladarla al bandoneón. Me pasaba horas copiando en un cuadernito todas las innovaciones que él introducía en su ejecución.

Todos estos hombres y muchos más, que tal vez olvide en este momento, están en mi música y los respeto porque tienen un estilo. El momento más crucial para un creador es encontrar su estilo... Sin estilo no hay música. Es lo que ocurre ahora: no hay cambio, no hay audacia, reina la mediocridad, el miedo, la tibieza creativa.

"Astor Piazzolla representa la síntesis del creador musical. Aquel que por su ambiente y formación está enraizado en su pueblo y al mismo tiempo siente la necesidad de una preparación técnica universalista. Sin lugar a dudas es esto lo que produce el enfoque tan particular de Piazzolla en el tango instrumental y cantado; es evidente que el conocimiento de diversos autores y técnicas le ha permitido penetrar en el lenguaje musical y su sensibilidad ha colocado todo ello al servicio de una expresión que puede calificarse de porteña. He dirigido muchísimas veces su *Serie de Tangos*, obra sinfónica que a mi juicio representa uno de los momentos más felices y logrados de su producción, así como su concierto para bandoneón y orquesta, y entiendo que a estas obras hay que referirse para una correcta y ubicada apreciación de su obra creadora."

JUAN CARLOS ZORZI, *director de orquesta y compositor*

Ginastera fue el maestro que me enseñó casi todo lo que sé. Él hizo hincapié en la orquestación, que hoy es mi fuerte; sus clases eran esen-

cialmente de composición. Me mandaba al Colón a observar los instrumentos. Decía que yo debía conocer cada uno de ellos a la perfección, porque si no era imposible orquestar. Yo me iba al Colón todas las semanas, a veces con Di Filippo, que ya era un gran bandoneonista, a veces solo. A mi juicio, Ginastera fue un gran compositor, no un gran maestro. No hay que olvidar que fui su primer alumno y que él no era enérgico conmigo. Yo hubiera necesitado alguien que me rompiera dos o tres dedos con una regla, como hacía Scaramuzza con sus alumnos. Necesitaba que me exigieran al máximo. Y en 1954 llega mi salvación: Nadie Boulanger. Ella era exigente, sabía, maravillosa... No sólo me enseñó de todo, especialmente contrapunto, sino que además me ayudó como persona, me ayudó a encontrarme a mí mismo, a ser Astor Piazzolla.

La volví a ver hace algunos años, antes de su muerte. Estaba casi ciega, pero oía muy bien. La vi en el Fontainebleau escuchando a unos alumnos que daban examen. Me acerqué, la tomé de las manos y le dije: "No sé si me recuerda, yo fui alumno suyo en 1954". Pensó un instante y me contestó: "Cómo no voy a recordarlo, si usted es ahora famoso, mi querido Astor Piazzolla".

"Muy pocas veces pude establecer con un creador o intérprete una comunicación tan profunda y a la vez tan fácil como con Piazzolla. Con él se puede establecer un diálogo sin tapujos cualquiera sea el tema propuesto, por una cuestión elemental: es una personalidad abierta a cualquier discusión, se coincida o no con sus posiciones, firmes y sólidas. Nunca va a rehuir un tema, por arduo que parezca. He oído infinidad de testimonios sobre él de artistas extranjeros, y no sólo músicos. En el ambiente cinematográfico la proyección de Astor es igualmente significativa. Cineastas de los más variados países y diferentes formaciones culturales, cuando surge la referencia a algo argentino, no vacilan en la inmediata mención de Piazzolla. Una tarde asistía a una proyección de un film francés, con dos notables actores franceses, Bertrand Blier y Jacques Dufilho. Los títulos de presentación eran acompañados por una banda de sonido totalmente piazzolleana. El cartel que anunciaba al compositor, sin embargo, denunciaba a un Jean Duval o Dupont. Hasta tal punto influye Astor entre los músicos para filmes. Contra lo que pueda opinar de modo simplista una parte de la opinión pública, el arte de Piazzolla está muy lejos de repetirse. En sus formulaciones sonoras hay una impresionante riqueza y variedad. Es fácil confundir estilo con repetición, en especial en un medio ambiente tan mediocre como el argentino donde es tan común que seudocríticos musicales no sepan música, por ejemplo. Aunque también, esa misma mediocridad tan ligada a la envidia impotente, hace que se desprecie el arte de Piazzolla en favor de rotundas medianías y rutinarios creadores de tercer orden. La música de Piazzolla es al mismo tiempo porteña y universal, convence a todos, sin distinción de géneros ni de nacionalidades o, mejor dicho, de regionalismos relativos. Bastaría oír y estudiar el fenómeno del por qué lo adoptaron, en los últimos años, artistas tan disímiles como los hermanos Assad, guitarristas brasileños, para quienes escribió el *Tango Suite* para dos guitarras, o el eminente vibrafonista norteamericano Gary Burton, con quien compartió el éxito en Montreux a partir de la música compuesta por Astor para Burton y el Quinteto de Piazzolla. Sin perder en lo más mínimo su individualidad creadora, su acento eminentemente argentino, Astor logra la inmediata comprensión de los mejores músicos de cualquier extracción sonora y de cualquier lugar del mundo."

ARMANDO RAPALLO, *crítico cinematográfico y musical*

"Él no se imagina seguramente cuánto me han ayudado sus palabras de aliento y su generosidad en todos estos años. A mí, mujer, correntina, madre de cinco hijos, folklorista. Me acerqué a Astor por primera vez allá, en mi provincia. Mis amigos insistían en que debía tocar delante de él, pedirle su opinión. Muerta de miedo me presenté y toqué mis cosas, las de mi tierra. Hizo un gesto extraño, casi diría de silenciosa satisfacción... Un gesto muy común en él, que se expresa más que nada en un brillo especial de sus ojos. 'Me gusta. Tiene usted excelente afinación, fuerza y coraje en la voz, que es lo más importante en un artista. Venga a verme cuando viaje a Buenos Aires', dijo. Fue generoso. Esas palabras suyas las escucho cada vez que canto. Cuando fui a Buenos Aires, con mucha timidez lo visité. Me pidió que estudiara algunos temas suyos, como *Los pájaros perdidos, Balada para mi muerte*, *Chiquilín de Bachín*... Y que tal vez algún día me llamaba para cantar con él. Me fui feliz y dispuesta a estudiar. Esa misma noche suena el teléfono de mi casa. Atiendo. 'Tómese un whisky en mi nombre', dijo Astor. 'Debuta mañana conmigo'. Yo casi me muero. No tuvimos tiempo de ensayar, y él me preguntó si me animaba a cantar igual. Le dije que sí me atrevía. Y canté. Yo cantaba y de repente miraba a Astor, buscando su aprobación. Él me sonreía. Es un hombre de una gran generosidad. Hay algo que me dijo y luego se cumplió: 'Ármese de coraje, porque va a tener que luchar mucho para imponer lo suyo. Haga su música, la de su tierra, sea usted misma. Le va a costar, pero le sobran voz y coraje'. Cuando atravesaba momentos difíciles, de dudas, de desaliento, recordaba sus palabras y le metía. Sin miedo, con confianza, con esa confianza que él me había dado."

TERESA PARODI, *cantante y compositora*

Cuando termino de escribir algo, no sé si es bueno, superior a lo anterior, si se repite o si no sirve para nada. Recién cuando lo ensayo con mi s músicos, cuando me escucho, puedo dar la última palabra. A veces me pregunto: "¿Yo hice esto? ¿Cómo me salió?" Siento como si alguien lo hubiera hecho por mí. La creación es misterio, mucho trabajo, un gran esfuerzo. Pero mucho de misterio. Aunque hay algo que yo no concibo. Jamás puedo escribir si estoy mal, enfermo, deprimido o con hambre. No soy un creador atormentado, soy un tipo feliz. Y cuando escribo necesito una tranquilidad extrema, que nadie me venga con problemas. Para trabajar utilizo todas mis energías, y necesito que nada, nada se me ponga en el camino.

"Es un ser egoísta cuando crea, pero tiene que ser así porque de otra manera no podría hacer lo que hace. Hay que vivir para él, o dejarlo. Hay que girar en su órbita o alejarse. Y yo lo acepto así, me he acostumbrado a que mi vida gire alrededor de la suya. Pero fuera de esto, es un ser de una gran bondad y generosidad. Extremadamente sentimental y al mismo tiempo cerebral. Es dos personas en una. Su agresividad, cuando lo molestan, es peligrosa. Yo lo observo; ni siquiera me meto. Lo he visto pelear y me da miedo. Pero al rato olvida todo, es como si otro hubiera estado actuando por él. Esa dualidad está en su música... Lo melancólico y lo vital; lo tierno y lo violento. Es un hombre que se emociona escuchando música o cuando ve a un chico con hambre; pero al mismo tiempo se defiende, se cuida de no sufrir demasiado. Es vulnerable. Como todo creador, es frágil y lo sabe. Astor es tan difícil de comprender como su música, Quizá su defecto más grande sea su ansiedad... aunque también es su virtud más importante, porque esa ansiedad, aun cuando vuelva locos a todos, lo moviliza, lo activa, lo hace Piazzolla."

LAURA ESCALADA

Estos últimos años han sido maravillosos. En el 85 fue el éxito de El exilio de Gardel. *Creo que nunca disfruté tanto escribiendo música para una película, porque ahí la música es un personaje, no es sólo el telón de fondo de una escena amorosa. Después vinieron premios como el que me dieron por el mejor disco extranjero del año, en Francia. Y después fui distinguido con el título de Ciudadano Ilustre de Buenos Aires, también el César francés Por mi partitura para el film de Solanas y pequeñas satisfacciones que me hacen sentir que mi lucha debe seguir. Siento la necesidad de cambiar, de cambiar constantemente. Este nuevo contacto mío con músicos de jazz, me ha renovado. Pienso hacer algo con Pat Metheny, también con algunos otros. Me interesan los músicos de avanzada dentro de la llamada música pop. Mi música ha ido tomando un nuevo rumbo... y no sé qué pasará mañana. Me interesa la idea de un sintetizador aplicado al bandoneón. Poder tocar el bandoneón y que de repente suene como un saxo o un oboe, que con mi bandoneón pueda lograr todos esos efectos... es como ser todopoderoso casi, como no tener barreras... Para la creación no existen barreras. ¿No es hermoso? Un bandoneón con sintetizador.*

"No tengo el privilegio de conocer en profundidad a Piazzolla, nos hemos visto sólo un par de veces personalmente, y a pesar de eso fluyen entre ambos extraordinarias ondas de admiración y respeto. Sin duda me resulta muy simpático, tan vital y fogoso como su música, aunque no es difícil advertir en el fondo un cierto dejo melancólico, muy argentino. Es para mí un enorme placer poder bailar su música, sobre todo en el exterior, porque siento que de esa manera represento cabalmente a mi país, y que el público aplaude no solamente el virtuosismo de una excelente coreografía o mi interpretación, sino también la calidad de una música que ha excedido fronteras.

JULIO BOCCA, *bailarín*

Ahora que tengo sesenta y seis años, he retomado una vieja obsesión: investigar quién y cómo era en realidad mi nono Pantaleón, visitar Trani, donde nació, ver ese mar que él habrá amado tanto, recorrer la catedral donde se casó con mi abuela, preguntar a los vecinos más viejos. Quiero saber por qué soy como soy, por qué esa atracción que siento por el mar, la pesca, los barcos, las tormentas. A veces, cuando salgo de pesca, lo siento a mi lado. En el barco, en donde se habla muy poco, porque los marineros son hombres callados, siento ese deseo que seguramente él habrá sentido alguna vez: seguir navegando, no detenerme. No hay nada como el mar, yo ya soy parte de todo eso: del olor que viene de la Isla de Lobos, del movimiento de las olas, del viento, de todo. En medio de ese silencio, pienso. A veces pienso una obra completa. Hasta que siento cerca un tiburón. Entonces es ese tiburón lo que más me interesa: vencerlo, ganarle. Es una lucha hermosa y en ese momento me doy cuenta de que, si todavía puedo derrotar a una bestia de ésas, es porque aún hay Piazzolla para rato.

"Es un fenómeno. Es Beethoven. Es Dios, qué quiere que le diga. Tengo cincuenta y dos años y sigo a Piazzolla desde los doce. Aquel mediodía lo recuerdo como si fuera hoy: estaba comiendo y de repente escucho un bandoneón que me vuelve loco. Yo siempre había querido estudiar el fuelle, pero cuando oí a ese monstruo ya no quise saber nada. Dejé la comida por la mitad, me levanté y fui derecho adonde estaba el aparato de radio. Mi padre me dio una cachetada, porque es de mala educación levantarse de la mesa antes que los mayores. Pero a mí no me dolió. Tenía una idea fija, aunque era un purrete: conocer a ese hombre. En ese entonces yo vivía en Comodoro Rivadavia. Y Buenos Aires, la calle Corrientes, el mundo del tango, eran cosas tan lejanas y soñadas como inaccesibles. Por esas vueltas dichosas del destino, a los quince años mi familia se vino a la Capital. Yo, por supuesto, seguía con mi obsesión. Un día veo una foto de Piazzolla en una revista. Ahí estaba, sentado junto a una mesa, en su casa, al lado del teléfono. Inmediatamente agarré la guía y me puse a llamar a todos los Piazzolla que encontré. Hasta que di con unas tías de Astor y me dieron su número. Bueno... ni le cuento. Estuve una semana pensando qué iba a decirle, qué me contestaría. Lo máximo fue cuando escuché la voz de él. Me quedé mudo. Y cuando me dijo: 'Lo espero mañana, venga a mi casa', ahí casi me muero. Yo, hasta la forma de vestir le copiaba: la tricota negra, el pelo cortito... qué facha. Ese día, Astor me abrió la puerta y me saludó como si me conociera de toda la vida. Era un miércoles de 1955, me acuerdo hasta de la hora, con los minutos y todo: las cuatro y cincuenta y cinco. Me hizo escuchar un arreglo que estaba haciendo del tango *Arrabal,* para el Octeto. Para mí eso era demasiado avanzado... yo seguía pegado a su orquesta del 46. Recuerdo que hasta le fruncí la nariz: 'No entiendo', dije, y él se rió. A los dos meses ya me había enamorado del Octeto. Con el tiempo, cuando yo lo veía seguido y le hablaba con más confianza, empecé a juntar todo lo que tuviera que ver con él y con su música. Tengo hasta un boleto de tranvía, su primer bandoneón, el menú que se ofreció el día de su boda, uno de los sombreros que usaba para ir a pescar, todas las fotos desde que era pibe. Cuando alguien necesita algo de Astor, cualquier cosa, Víctor la tiene. Le puedo silbar todos sus tangos, desde el primero hasta el último; me los sé todos de memoria. Para mí es un genio, es como un tren... Cuando uno cree que lo alcanzó él ya está en otra estación. Es Dios, no le miento. Para mí, es Dios."

VÍCTOR OLIVEROS, *admirador, recopilador del archivo más completo sobre Piazzolla*

CORRESPONDENCIA

A Dedé, su primera esposa
A sus hijos
A sus amigos

A veces me siento muy solo, me consuela tener cerca a los que realmente me quieren.
Astor, 1974

A SU ESPOSA

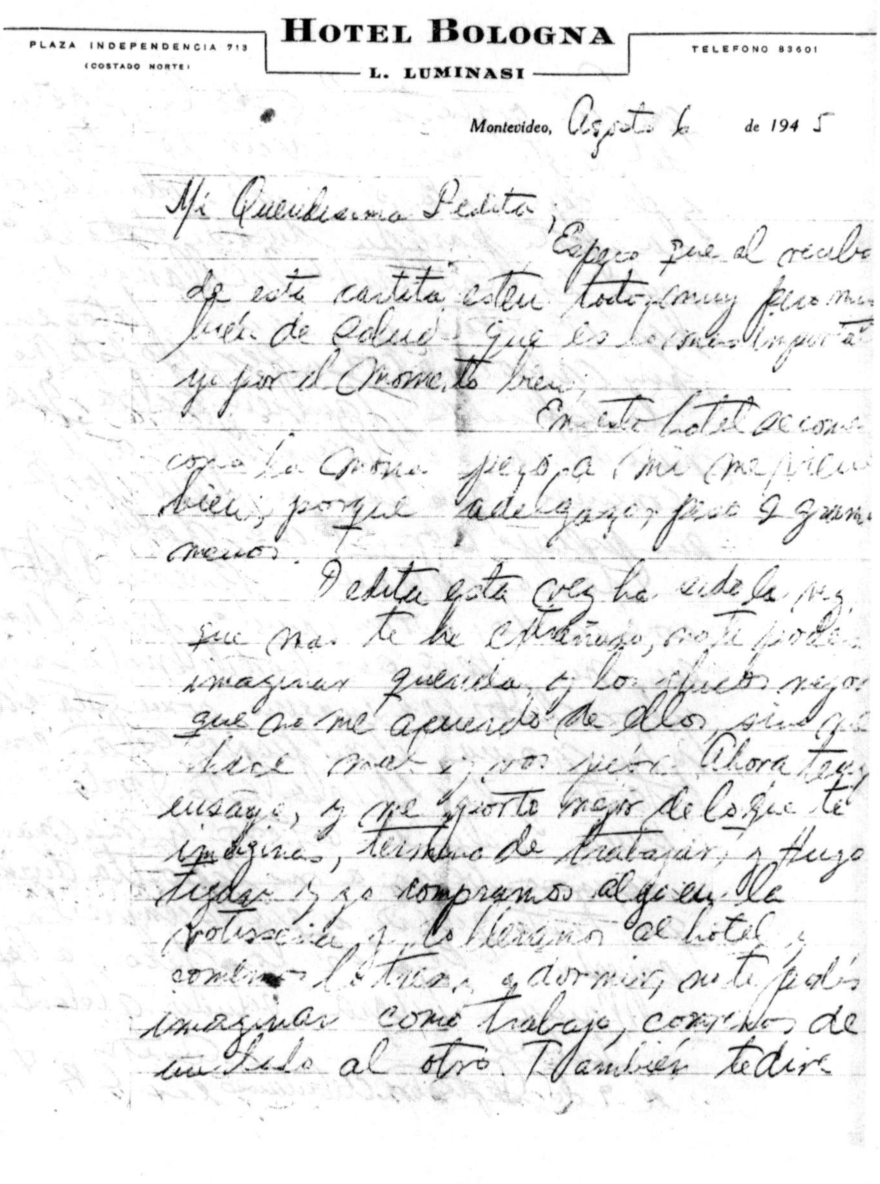

HOTEL BOLOGNA

PLAZA INDEPENDENCIA 713 (COSTADO NORTE) — L. LUMINASI — TELEFONO 83601

Montevideo, Agosto 6 de 1945

Mi Queridísima Pedita,

Espero que al recibo de esta cartita estén todos muy pero muy bien de salud que es lo más importante yo por el momento bien.

En este hotel se come como la mona pero a mí me viene bien, porque adelgazo, peso 2 gramos menos.

Pedita esta vez ha sido la vez que más te he extrañado, no te podés imaginar querida, y los sueños mejor que no me acuerdo de ellos, sino que hace mal y nos pierde. Ahora tengo ensayo, y me porto mejor de lo que te imaginás, termino de trabajar, y Hugo Tizdar y yo compramos algo en la rotisería, y lo llevamos al hotel y comemos los tres, y a dormir, no te podés imaginar cómo trabajo, corriendo de un lado al otro. También te diré

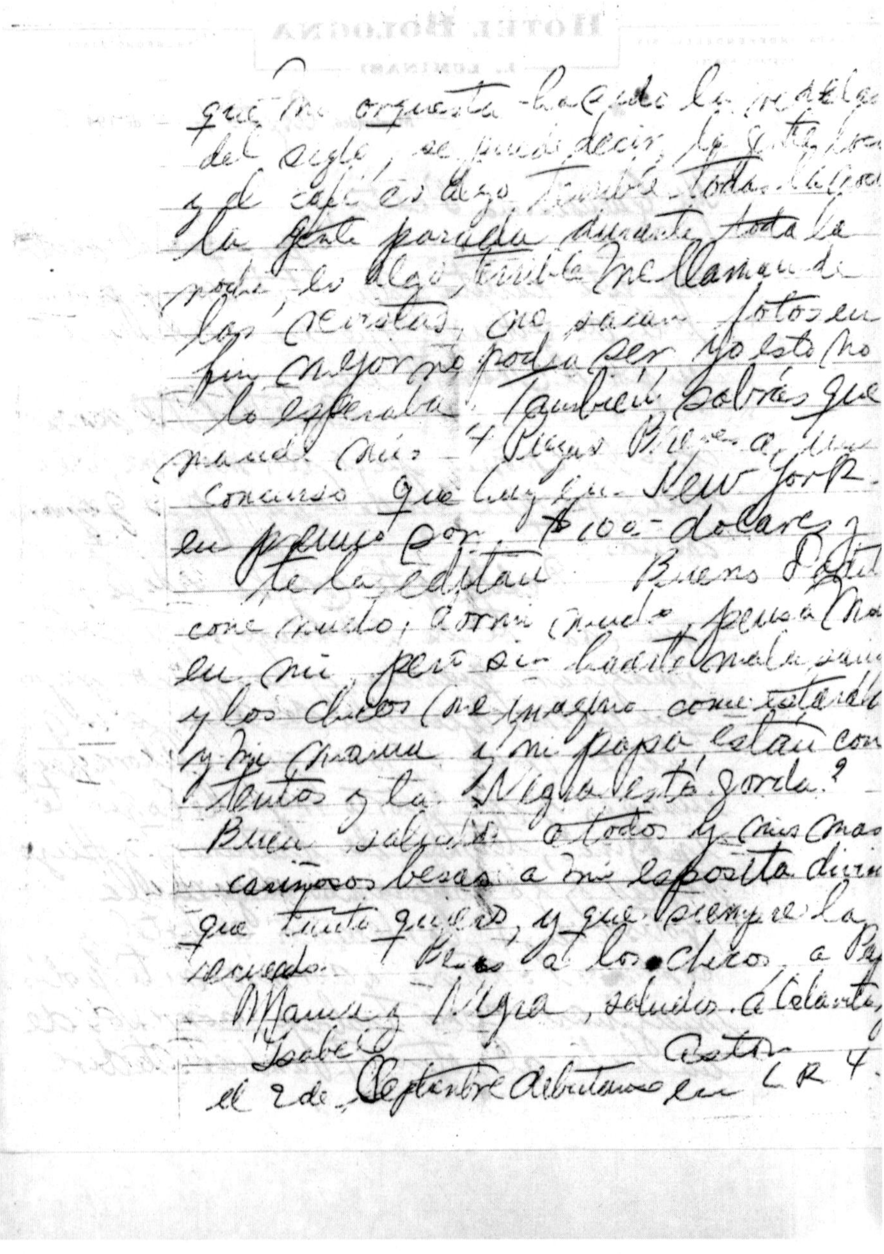

que mi orquesta hace de lo mejor
del siglo, se puede decir la orquesta
y de café es algo terrible toda la
la gente parada durante toda la
noche, es algo terrible me llaman de
las revistas, me sacan fotos en
fin mejor no podía ser yo esto no
lo esperaba. También sabrás que
mandé mis 4 piezas Buenos Aires a un
concurso que hay en New York.
en premio con $100 dólares y
te la editan. Bueno papito
come mucho, [illegible] mucho, pensá mucho
en mí pero sin hacerte mala sangre
y los chicos me imagino como estarán
y mi mamá y mi papá están con
tentos y la Negra está gorda?
Bueno saludos a todos y mis más
cariñosos besos a mi esposita divina
que tanto quiero, y que siempre la
recuerdo. Besos a los chicos, a Papá
Mamá y Negra, saludos a [illegible],
Isabel. Astor
el 2 de Septiembre debutamos en L R 4.

HOTEL BOLOGNA

LAZA INDEPENDENCIA 713 (COSTADO NORTE) — L. LUMINASI — TELEFONO 83601

Montevideo, Agosto 19 de 1948

Mi querida Dedecita:

Aquí estoy en Montevideo mal, mal, mal. (no de salud) Resulta que a último momento se enfermó Stampone con infección intestinal y no pudo venir y yo estoy tocando el piano, a mí me pasan todas, ¡ponete!, pero en fin creo el Sábado estoy acá.

Vos linda como estás bien, los chicos bien? hicieron lindo viaje querida te diré que en el viaje [illegible], no hago nada más que hablar de vos. Te diré que estuve enfermo con fiebre, es de la garganta, pero voy mejor me estoy curando a fuerza de té, mil pastillas, y ayer Hugo me hizo topicar de Colubiazol. Espero mejorar, linda no me hago el gracioso, me duele en serio. Mis viejos como están, espero bien decíles que te enseñen a manejar el coche para el verano así te lo pido. Ojitos, te necesito mucho, nunca me dejes, que Astito sin su petisa

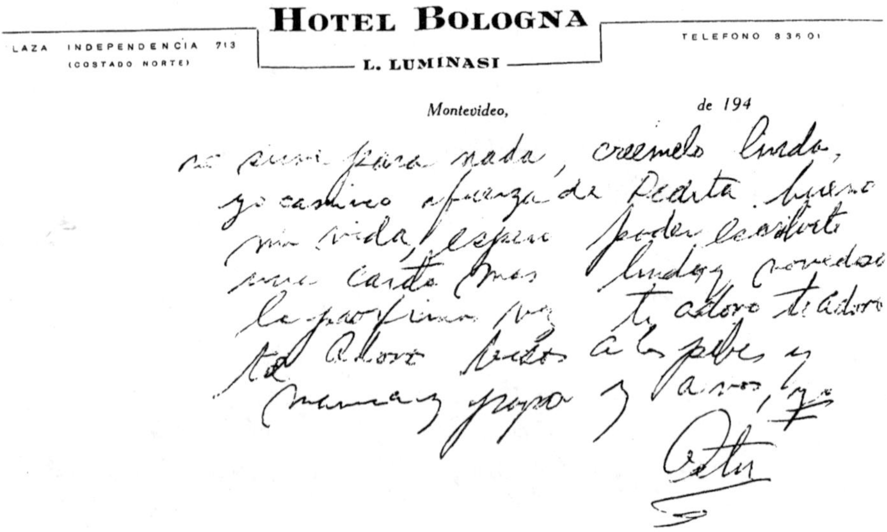

HOTEL BOLOGNA

PLAZA INDEPENDENCIA 713 (COSTADO NORTE) — L. LUMINASI — TELEFONO 83501

Montevideo, de 194

no sirve para nada, creemelo lindo,
yo camino a fuerza de Pedrita bueno
mi vida, espero poder escribirte
una carta mas linda y novedosa
la proxima vez te adoro te adoro
te adoro besos a la pebe y
mama y papa y a vos, yo
Astor

HOTEL BOLOGNA

PLAZA INDEPENDENCIA 713 (COSTADO NORTE) — L. LUMINASI — TELEFONO 83601

Montevideo, Agosto 23 de 1945

Mi adorada Dedita:

Mi angelito adorado,
yo te he escrito casi todos los días,
lo que pasa es que se deben haber
perdido las cartas, vos sabés
que yo no dejo de quererte ni un
instante, pienso siempre en vos,
pero como faltan 8 días estoy muy
feliz. Llego el 1º de Setiembre a
las 3 de la tarde; Dedita como
están los chicos, espero bien, recibí las
fotos están divinos, y vos más
divina, como sos la madre tenés
derecho de ser divina. Dedita,
yo estoy roto de tocar no puede ser
trabajo muchísimo; Mandame a
decir si escuchaste el saludo y la
Berceuse en L.R.A. Bueno sin
más novedades, saludos a todos
y Besos a Cocoplís y vos
millones de besos de Astor
(te quiero)

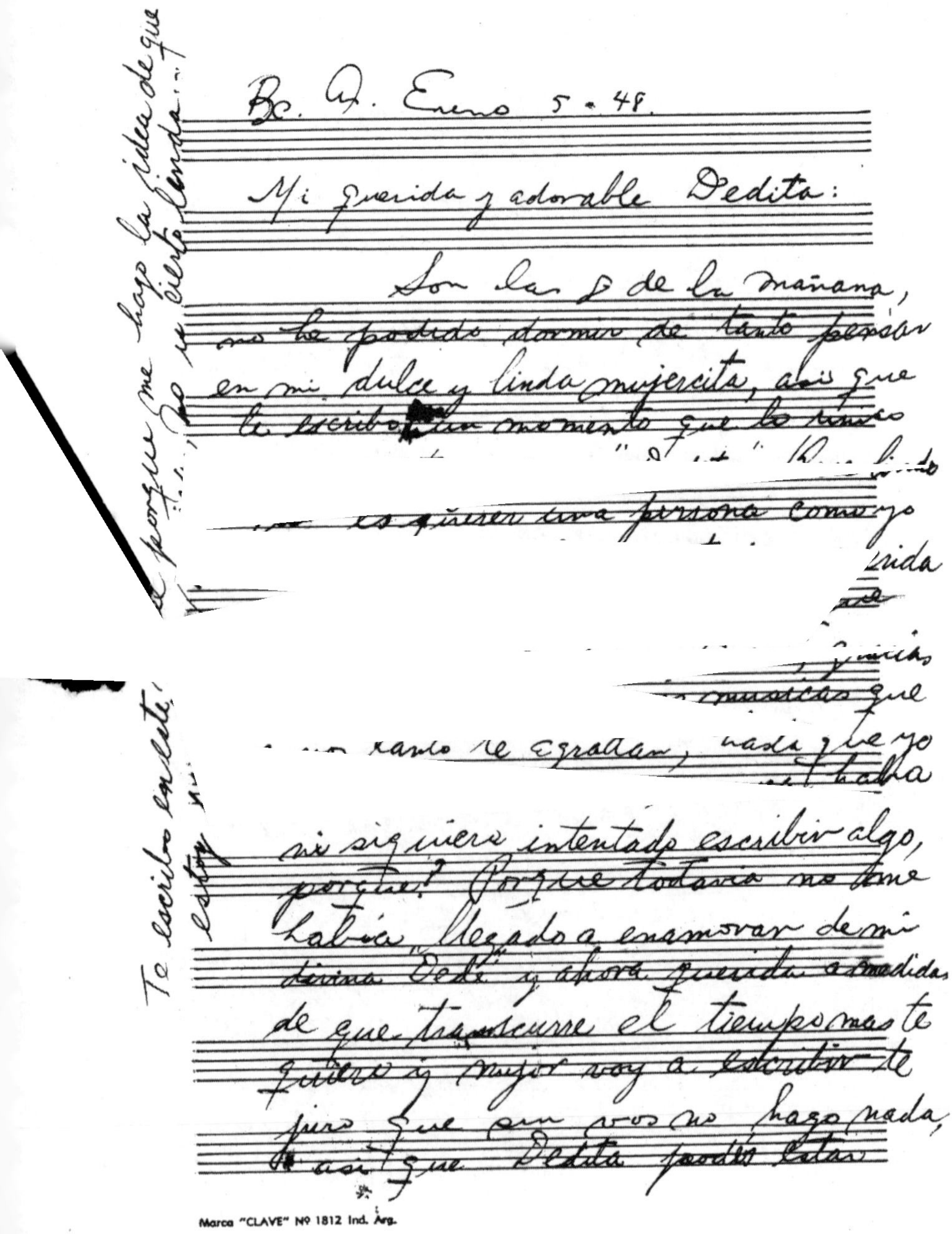

Bs. As. Enero 5 - 48.

Mi querida y adorable Dedita:

Son las 5 de la mañana, no he podido dormir de tanto pensar en mi dulce y linda mujercita, así que te escribo en un momento que lo único

... "Dedita" ¡Qué lindo

... es querer una persona como yo

... erida

... músicas que

... tanto te agradan, nada que yo

... había

ni siquiera intentado escribir algo, ¿porqué? Porque todavía no me había llegado a enamorar de mi divina "Dedé" y ahora querida a medida de que transcurre el tiempo más te quiero y mejor voy a escribir te juro que sin vos no hago nada, así que Dedita podés estar

porque me hago la idea de que ... es cierto linda ...

Te escribo en este ... estoy ...

Marca "CLAVE" Nº 1812 Ind. Arg.

bién tranquila que siempre estás a
mi lado, todo lo que Astor haga
lo hace pensando en su Dedita,
Querida estoy tan enamorado que
me pasaría las horas escribiéndote,
lástima, que no tengo esa
facilidad de palabras dulces que
a vos tanto te gustan, vos
tendrías que haberte casado con un
poeta; pero yo querida los
versos los hago con mi música
siempre escrita para mi
princesita de ojitos celestes, tan
hermosos que nada se puede parecer
a ellos. Bueno rica dejando a lado el
romanticismo como están mis hijitos
espero bien y mamá y papá?
Yo "bién", ya empecé a escribir, aprovecho
ahora así más adelante me voy
a M.D.P. a ver a "jitos" y salir con
ella y recoger la hojita de nuestro
arbol para que ella lo guarde.
Besitos a los chicos, mamá y papá
y a vos querida te entrego mi alma
para que hagas con ella cuanto quieras

Soy todo tuyo Edito, Te quiero 1.000 veces te quiero te adoro, te idolatro mi vida mi todo
Astor

DIANA PIAZZOLLA

A SUS HIJOS

A Daniel, desde Milán

1974-1976

Roma, abril de 1974

...Escribo como un pazzo. *Imaginate que he tenido que hacer diez temas instrumentales y dos cantados. Se me habían acabado las ideas pero ya está todo listo. Aunque te parezca mentira, lo que más trabajo me costó son los títulos, pero ya los tengo:* Meditango, Libertango, Tristango *y* Violentango *y seis más que haré en estos días. El Noneto fue un éxito acá. Todos están asombrados con mi música.*

Mayo de 1974

Mañana salgo para Milán y comienza mi nueva odisea: grabar con tres conjuntos nuevos. Estoy agotado, porque todos los temas los escribí en quince días, pero lo que más me preocupa es que no son mis músicos.

Mayo de 1974

Hoy, gracias a Dios, he podido matar un poco el tiempo componiendo. Escribí la música para tres poemas de Borges. BÁRBAROS. Recién los termino, pero empecé esta mañana. Son dos milongas (ya las copié) y un tango que me falta copiar. Estoy preparando una serie de temas para Buenos Aires, a la que empiezo a querer desde afuera. Esa podrida ciudad que nos atrapa porque tenemos algo adentro. Aunque estoy solo y eso no me hace nada bien, tengo cuerda para rato. Esperemos que no se rompa. Cuando no aguante más, me las tomo. Yo soy así y así he de morir.

Mayo de 1974

Hoy hace seis años que estrenamos María de Buenos Aires. *Qué linda época, a pesar de la crisis que nos produjo, pero* María *se hizo. Noticia bomba: el 30 de mayo me entregan en Milán el Premio de los Críticos*

Musicales al mejor arreglador y a la Mejor Música Original por mi Tangata. *Eso me hace muy feliz.*
Junio de 1974

Recibí tantos aplausos en la entrega del premio que no lo podía creer. A pesar de eso, hoy llueve en Milán y no me hace bien.

Agosto de 1974

Me llamaron urgente desde Milán. Gerry Mulligan se enloqueció con mi música y quiere que hagamos algo juntos. Haré con él varios conciertos. Tocaremos en Italia, Suiza, Alemania. Todavía estoy vivo a pesar del trajín. Imaginate que el primer concierto será en un castillo cerca de Venecia, para cinco mil personas. Mañana mismo empiezo a escribir para él. No sé qué me saldrá de la cabeza, pero tengo unas ganas locas de hacerlo.

Agosto de 1974

Estoy componiendo como loco para Mulligan. Ayer terminé un tema que se llama Twenty years ago. *Esto es un homenaje a cuando lo escuché en París por primera vez, en 1954 y de ahí surgió la idea del Octeto. Hoy empiezo el otro tema y pienso llamarlo* Twenty years after.

Marzo de 1975

Por ahora me dedico a sembrar. Tal vez dentro de un año recoja el fruto de esto. Fui a Alemania a terminar El Pueblo Joven, *que quedó bárbaro. Dura casi una hora. Hice un programa con Moustaki en París y grabé con un famoso cantante francés llamado Guy Marchand. Cantó* Libertango *y* Undertango. *Imaginate, un loco cantando* Libertango *tal cual lo escribí, salvo por una introducción de percusión y órgano por el gran Arvanitas (pianista de Michel Legrand). Volví a Roma, como loco agarré el auto y me fui a Ginebra a grabar. El primero llega Geraldo Carneiro y pensamos hacer algo importante. El 13 de abril participo en el Festival de Mallorca con* Los Pájaros Perdidos, *una BOMBA. Te diré que a esta altura, por momentos me siento cansado, quiero volver, estar con mi familia, con mamá. Me duele lo que está pasando en mi país. Espero que estos sean mis últimos años fuera de Argentina. Quiero volver. Necesito PAZ. La música es muy linda, pero también quiero tranquilidad* y felicidad. *Fueron muchos años de luchar sin parar. Mis cincuenta y cuatro años se me hacen pesados. Ya no gozo tanto con los viajes, subir y bajar de aviones, los hoteles, etc. Quiero pescar, cazar, tomar sol. A lo mejor tu padre es loco. Hago esta vida dos meses y después se me ocurre irme a Finlandia. Sólo sé que esto siento ahora. En el 76 quiero estar allá con vos, ir al kilómetro 197 y hacer trizas las perdices.*

Mayo de 1975

Haré la música para una película de Jeanne Moreau. Tuve el placer de almorzar con ella. Está loca con mi música. Dice que es de una gran sensualidad. Cuando ella me dijo que estaba loca por mi música, yo le dije que estaba loco por ella. Tiene cincuenta años o más, pero un swing que da calambre. En noviembre grabó la música. Antes debo hacer cuatro temas para los actores. La Soledad, La Muerte, El Amor y La Evasión. *Ella quiere dirigir el film oyendo cada tema, para que cada actor se meta dentro del tema. Qué linda idea, ¿no?*

Junio de 1975

Sufro mucho porque no como ni tomo. Debo cuidarme para la gira de septiembre, tengo que estar lo mejor posible. Creo que este nuevo conjunto electrónico que formaremos va a matar. Tenemos que armar el gran revuelo. Que los músicos vistan pilcha buena, un sport bacán, en negro si fuera posible. Los atriles los compraremos en Nueva York. También compramos un órgano Hammond con pedaleras, parlante y Leslie. Qué bomba será este conjunto. Ya lo estoy gozando. Decile a Malvicino que traiga dos guitarras: la eléctrica y la acústica. Roitner seguro querrá una batería nueva y Cevasco un bajo New Model y Trelles podrá comprarse una garganta eléctrica. Estudiate bien tus partes para sintetizador, escribilas. Bueno, ya se me acabaron las ganas de escribir. Pronto estaremos juntos y nos divertiremos en grande.

A Diana

Mar del Plata Enero 16/76.
Mi querida Diana: Empiezo por decirte
que artisticamente siempre me va bien,
y voy mejor... quita PERO. Esta tem-
porada en M.D.P. es desastrosa. La gente no
tiene dinero y por lo tanto no gasta. Es la
consecuencia del estado del país. Aparte
de los 50 palos que me afanó Sr María
perdí toda la temporada de verano. O sea,
soy un yeta. Ya no doy mas, me quiero
rajar cuanto antes, pero quiero tanto a toda
mi gente que me cuesta deshacerme de todo
esto. De todos modos estaré en Mayo en París
Y te escribí hace rato a
Perú, pero los Incas han afanado la carta
Aquí hubo huelga de correo y pudo haberse extra
viado. De todos modos vuelvo a escribirte, se
lo que es estar solos en un país nuevo. Es
realmente horrendo. La vida es así y uno se lo
tiene que morfar. Tu madre piensa mucho
en vos / tu tía también. Lo que te han
mandado cositas y espero los aproveches. También
estoy enterado de que te querés tomar el raje
a Madrid. WOW. Estarás cerca del BRUJO.
Cuidado!!! ya lo tienen marcado y parece ser que
lo traerán y lo pondrían en Plaza de Mayo y
que el pueblo le tire piedras hasta el fin.

Te contaba muchas cosas lindas en la otra carta. No quisiera repetirme por las dudas. Hay una sola cosa, ser feliz al lado de alguien. Yo estoy solo y no, no me resigno. Ando a la pesca y esas cosas vienen solas. La soledad te come de a poquito. Las mañanas sin comentarios más que mi piano y yo. Debo tomar café solo y terminaré por ser cobfato y hablar solo. Te envidio. No dejes otra pareja por NADA del mundo. Los chicos crecerán cuando menos te lo imaginas y sí te quieren vendrán a tu lado. Pero el marido es otra cosa. Perdoná que me meta en lo que no me importa. Yo pasé por lo mismo y no perdí ni a Diana, o Dani. Siempre están a mi lado y también con su madre. Mamá es una mujer extraordinaria. Ojalá pudiera estar a su lado, lamentablemente no es así.

Los Inca Pelotas del Perú temblarán con el duo Osvaldo y Diana. No aflojen y a picárselas si viene mal. Yo les doy el fluido desde nuestro país. Aquí no pasa nada. Traten de que pase algo por allá. Te mando un gran beso y cariños para Osvaldo. Tu padre que tiene muchísimos problemas y casi 55 pirulos. Yo le meto pa' delante, nunca tuve miedo. Chau

Astor

A SUS AMIGOS

New York Marzo 24-59

Querido Victor y familia:Me perdonará no haberle escrito antes,pero aqui soy uno contra todos los de Bs.As. que me escriben,además he estado muy ocupado con la terminación de mi dichoso disco.Le quiero agradecer su tan amable telegrama del 11de Marzo.Ud. es un amigo verdadero e inolvidable.Creo que pronto estaremos juntos haciendo planillas,llamando a los musicos y ensayando tupido.

Le diré que ya he terminado mi L.P. en New York.Para mi ha sido **EL MEJOR** disoo que hice.Primero por lo calidad sonora y segundo por la interpretación tan maravillosa que le dan los musicos americanos.Si Ud. le menciona los musicos a su hermano creo que los conocerá.Bajo:Chet Amsterdam(toca con Johnny Richards).Vibrafón:Eddie Costa(lo mejor en plaza). Guitarra:primer dia Barry Gailbreth y el segundo dia Al Caiola(dos fenomenos).Bongó:Willie Rodriguez(toca con Johnny Richards) y un guiro y conga que tocan muy bien y no recuerdo los nombres.De piano vino un argentino que nunca tocó tangos y se llama Carlos Rausch.El estuvo con los Principes del violín.Todos sin excepción estuvieron como nunca me le hubiera imaginado. Ud. a lo mejor no le gusta el disco debido a su gran influencia jazzística,pero le aseguro que es la unica manera de que el tango pueda gustar en USA.Esta es la manera de hacer entrar nuestra musica,de lo contrario NO PASA NADA.También le diré que siempre esta el estilo Piazzolla,en donde lo busque.Si voy a Bs. As. quisiera tocar con este conjunto,los otros casi no me interesan. Le advierto que tengo unos deseos enormes de tocar con mi ex-octeto,con Vardaro-Gosis-Bragato,pero ahora esta es mi brecha importante para seguir adelante en todo el mundo.El tango es una musica que si no se cambia totalmente,quedará en Bs. As. y poco a poco es irá extinguiendo.Ud. lo debe saber muy bién que así está pasando.Esto podría ser la salvación de nuestra musica, que sea un goal en USA y de allí se ramifica a todo el mundo.Yo tengo muchas esperanzas en este nuevo ritmo, y la compañía piensa largarme a todo vapor.Mi disco saldrá a la venta a principio de Julio en USA ,no se si podrán sacarlo antes en Bs.As.,en eso está Parula trabajando.

Espero que los suyos se encuentren bien de salud y Ud. también.Nosotros todos bién y nos reunimos para mandarle nuestro mas sincero abrazo.Cariños a los suyos y hasta pronto.Un abrazo de su sincero y eterno amigo

Astor

New York City Febrero 1-60

Querido Victor,fiel amigo,aguantador de Piazzolla:Recién acabo de recibir otra carta tuya y te aseguro que no se ha perdido ninguna hasta ahora,lo que pasó es que he tenido mucho trabajo y no pude contestar.

He recibido el recorte de la revista con la foto de mi papá,Muchas gracias.Veo por tus cartas que teh hacés mucha mala sangre con los nuevos conjuntos aparecidos en Bs.As.Dejalos Victor,ahora vuelvo yo y los hago pomada a todos.Por lo menos les haré tener un poco de verguenza.Tengo en vista un viaje al Japón por dos meses,Abril y Mayo.De allí a Bs.As. para hacerle la musica a dos peliculas de Ayala y posiblemente Julio y Agosto en radio y TV.Que te parece?Lo unico que lamento es no poder seguir teniendote a vos como secretario privado.Ahora con el aumento de la vida me cobrarías por lo menos 100 mil pesos para hacerme los programas y llevarme el bando.Ahora tengo el equipo electrico que pesa mas que Francini.De todos modos,si firmo con la radio y la TV me tendrás que preparar el repertprio que está en casa de Bragato.

Aqui en ew York tenemos un exito de locos.El tango ha entrado por la puerta grande y nadie lo parará de ser un gran exito algún dia.Mi esfuerzo ha sido muy grande y creo que la recompensa ha llegado.Veremos quienes serán los que me sigan.Siempre deseo que sean de calidad,pues de lo contrario este esfuerzo se derrumabará.

Decile a Ernie que no se desanime,que siga cinchando por los nuevos valores,ellos serán las promesas de mañana.Que deje los viejos dormir en paz,ahora hay que apoyar a gente capaz y joven.Logicamente el tango está por el suelo,pero creo que mi vuelta a Bs.As. le darrá mas fuerza y podremos volver a lo que era.Habrán salido "Los muchachos de antes" pero yo formaré los muchachos de "ahora" y los haremos añicos a todos.Que te parece el título Victor"Los muchachos de Ahora",no me parece mal.Creo que contaré con los mismos musicos y amigos como Bragato,Vardaro Gosis,Sobral y Victor el Banquero.Con Uds. haré de nuevo resurgir el tango,de lo contrario me dedico a los negocios.

Cariños para los tuyos y para vos el abrazo de tu amigo que te quiere

Ato

Cariños de
Dedé, Diana y Daniel

Paris Abril 16-64

Querido Miguelito:Estas lineas son para vos y que espero hagas saber a los hermanos "culo de plomo" que he escrito varias cartas para saber cosas y NADA. Lindos representantes de mierda tengo.No he sabido absolutamente nada de las cosas que quedaron pendientes en Bs.As.Respecto a la cinta,no se nada.Respecto a si cobraron Radio Municipal,nada.Respecto a muchas otras cosas,nada.He recibido el disco y encima me fajaron casi 100 Francos Nuevos=3mil pesos por el envio.Les anticipo que en el L.P. del octeto(MONOAURAL) los temas Sidral y Requiem para un malandra existe un lloriqueo terrible.Escúchenlo con atención. Tampoco me han dicho si te pagaron a vos los 8 mil mangos de mi seguro.Tampoco si han declarado "Yo soy Graciela Oscura" en Sadaic.Tampoco si mi hija se ha hecho socia de Sadaic.En serio que estoy cabrero.

Aqui las cosas marchan lentamente pero tengo muchas proposiciones para hacer un buen trabajo.En esta semana resuelvo muchas cosas,como ser:Grabar para la radio de Alemania en Stuttgart de 10 a 20 composiciones mias y con una orquesta de no menos de 30 musicos.Estas mismas piezas serían pasadas también como musica de fondo de la TV Alemana.Como derecho autoral es fabuloso lo que se paga enEuropa.Mañana almuerzo con el director de discos Vogue para arreglar un L.P.Hay interés en Milan para que haga otro L.P.Estuve 3 dias ausente cuando fui para Milan y de allí a Munich.Estoy viajando como de costumbre. No quisiera adelantarme a otras cosas debido a que muchas dirán que soy un charlatán.Yo espero los acontecimientos y después largo la bomba.

Hablando de bomba quiero que le trasmitas a los hermanitos plomo que Francia desde Enero del 63 no mando mas ni un centimo a Sadaic.Es decir, la Sacem(sociedad de autores de Francia)anda con una mufa increíble con Adamini, Korn y Fuster.El trio soretón.Estos tres malandras(a quién he dedicado mi Requiem) son maleducados al maximo y nos han hecho quedar como el tejeo con nuestra sociedad,Yo he hecho una investigación por mi cuenta y he averiguado lo siguiente. Editions Universelles por Preperense cobra por ejemplo ,100 pesos y yo estoy cobrando 40 pesos en Argentina.Universelles que tiene un 25% cobra 100 y yo que debería cobrar el 75% estoy cobrando menos de la mitad.Esto es increíble y un robo intolerable por parte de nuestra querida Sadaic.Además me han hecho ver muchas otras cosas que son realmente inadmisibles.CONCLUSION.......Hablale a Capuano para que haga los tramites para borrarme de Sadaic.El tiene un poder mio,que lo use.Yo no quiero saber nada con Sadaic.Estoy seguro que la Sacem me dará mas satisfacciones.Si ocurre lo contrario me borraré de la Sacem y listo el pollo.Por ahora estoy dispuesto a borrarme de Sadaic y nada mas.

Querido Miguelito,espero que te portes bièn y que estas lineas sean en serio un reto a Bulon Tuerca.Si es que ha habido un problema de correos desde ya les pido perdón.De todas maneras a esta distancia uno está desesperado por recibir noticias.

Nada mas por ahora.Te mando un gran abrazo y ya que estoy se lo podés pasar a cada uno de los Robertitos.Sigue en pie el asunto de los discos Argentinos que son impasables por las radio Europeas.Phillips es una verdadera calamidad,y les aseguro que Phillips es la compañia mas importante del mundo.CBS COLUMBIA en Paris es la compañia menos importante.Aqui no pasa nada con CBS.Me da la impresión que De Rougemont está un poco podridito.

Cariños a De Rosas(el mejor cantor del mundo) y a los mejores

empresario del mundo"Empresa Montecarlo.....si no te agarran trabajo...deben ir a buscarlo."Estoy en la onda!!!!

Espero que después de estas lineas amargas ESCRIBAN.

~~XXXXXXXXXXXXXXX~~

Abril 11/71.

Querido Michael: Ayer, Viernes Santo, los Swingle Singers ensayaron "Milonga del Angel". Faltabas vos solamente. Era para llorar, de todos modos a mi se me cayeron unas cuantas. Al mismo tiempo Horacio les hizo una nota que saldrá alrededor del 20 de Abril, día del debut de ellos en B. As. Lo piensan hacer de bis en los conciertos. De todos modos vayan unos cuantos y griten "Milonga del Angel" para que lo hagan. Realmente te vas a enloquecer.

Anoche terminé de escribir la Overtura de "El Pueblo Joven". Todo esto lo estamos preparando para la T.V. de Alemania y grabarlo en R.C.A. de Alemania. Ahora Giacometti tiene que pedir permiso a C.B.S. por Amelita. Te morís cuando oigas la música. Además, la grabaría con 60 músicos. Esta sí que es la verdadera falopa. Te cuento que de hacerse el Oratorio en Alemania sería en colores y en Eurovisión. Lo verían 200 millones de tipos. WOW!!! Ya firmé contrato con los alemanes para filmar una película de 45 min. en colores para la T.V. y todo el film sobre el Troesma. También intervendrían Amelita y el quinteto.

Amelita debuta el 14 en el programa más importante de Francia. T.V. Magazine. Cantará el solo. Como es el único canal la verán en toda la Francia. Estoy gordo como un chancho y he decidido largar el chupi y el morfi (24 hs)

Pedile la dirección de Daniel a Dede.

Roma Abril 12/74

Querido Miguel: Recién me pongo a escribir una canción y Amelita me lee la noticia que la madre le mandó sobre tu papá. Te imaginas que no se como decirte que a mí me hizo mierda. Me imagino como estarás vos y Cristina. Si yo pudiera hacer algo, pero no es así, estas cosas son muy jodidas y el que se jode mas es el que vive. Yo te acompaño desde aquí con mi corazón, que lo debo tener bastante bien después de todos estos quilombos en Europa.

Mas adelante te contaré todo. Por ahora debo seguir escribiendo, el tiempo es poco y el laburo es mucho. Gracias a Dios.

Un beso para los dos de parte de nosotros dos. Realmente los queremos mucho y nos duele esta tremenda noticia sobre tu papá. Yo le tenía un gran afecto, primero porque era tu viejo, segundo porque era muy derecho.

Cariños a Nena

Tu amigo que te quiere

Astor y Amelita

Que tu "hijo" sea mas lindo que vos.

A. PIAZZOLLA
VIA DEI CORONARI 222 (INT.5) Roma Tel 563404

Roma Junio 17-75

Querido Quito:Gracias por tu carta,realmente me hace falta sentirme al lado de un amigo,aunque sea por carta.
Te darás cuenta como debo estar después de separarme de Amelita.Son 7 años y eso no es joda.7 años de una inmensa felicidad que dificil pueda repetirse.No creo que me queda tiempo aunque sea para intentarlo,ya tengo muchos años encima y poco tiempo para enamorarme de nuevo.Ademas,este fue un final fulminante,quizás yo lo he buscado.Amelita tiene tiempo,es joven y una gran tipa.No puedo decir nada sobre ella,al menos hasta ahora.Nola creo jugarme sucio o haberme jugado sucio.Los chismes son muchos y prefiero ni acordarme.Solamente le deseo que encuentre lo que quiere.Que será?Yo no la entenderé jamás.Lo unico que me ayuda a seguir en Europa es mi lapiz y mi bandoneón.Extraño cada vez mas,mas aun ahora que estoy solo.Es jodido Quito,pero los ciclos se cumplen y uno debe sacar fuerzas debajo de la tierra para tirar para adelante.A otra cosa.

Veo que tus problemas se agudizan con el nuevo ministro de economía.Que espanto de cambios ha sufrido mi pais.Parece mentira que se haya llegado a esta tremenda situación.A mi me conviene porque laburo en el exterior y aunque tarde me he ido de Sadaic para ser socio de la sociedad italiana.Veremos si algún dia pueda tener lo que quiero....PAZ Y FELICIDAD.....que cara son estas dos palabras.

Escribo mucho,mas que nunca.Muchísimas cosas con el poeta brasilero Carmeiro. Terminamos toda una serie de temas como para un LP.Nuevas cosas que dan un nuevo Piazzolla.Un Piazzolla desconcertado,un Piazzolla que quiere cada vez mas lo suyo,su pais,sus amigos,lo unico que me interesa realmente,los hijos,la familia y mis pocos y divinos amigos.Será duro volver a verlos sin la negra a mi lado.Sus puteadas que suenan dia y noche en mis oidos,todo lo que ella tenía que de alguna manera me rejuvenecía......mejor callar.

Creo que estaré en Baires para Octubre.La tournée comienza en Setiembre,el 15 mas o menos.Primero grabo el LP en Milán(viene Agri)y de allí me largo a New York.Será durisima la gira,especialmente para poner a prueba mi salud. de todas maneras me estoy entrenando como Vilas.Morfo poco y no tomo alcohol. Debo estar delgadito para poder morfarte todo en tu casa cuando llegue. Te aconsejo escribirme a máquina la proxima vez,tenés una letra de mierda. Casi llamo un grafólogo para aclararme tus lineas.Tenelo en cuenta Quito. La proxima,la maquina.

Hablando de Pichuco,estoy por empezar a escribir una"Suite Troileana o Troiliana" que se compone de los 4 amores del gordo,Zita,Whisky,Bandoneon,Escolazo. No es mala la idea,espero que me salga algo.

Gracias por los recortes de Aznavour.Gracias por tus lineas y apoyo espiritual,me hace falta mucho.Un beso a los tuyos,especialmente a Nelly a quien le tengo un gran cariño,y a vos no te doy un beso porque sos mas feo que la mierda.

Un abrazo grandote

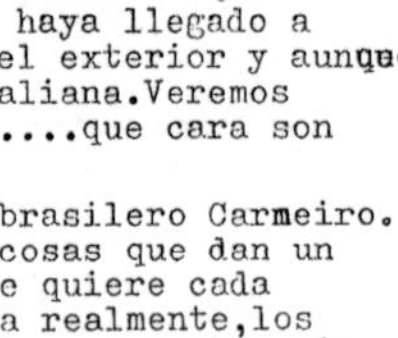

Roma Julio 16-75

Queridos Quito y Nelly:Que te pasa gordo,seguís haciendo cagadas,ahora me
escribís a máquina...pero con papel manteca.Estás en la contra?No se leee
un carajo,menos la de Nelly.De todo modos no se aflijan,entendí todo.

Gracias por las lindas cosas que me dicen.Realmente me hacen falta gente como
Uds.Me hace un montón de bien,mas ahora que me muerdo las uñas por falta
de cariño.De todos modos mi asunto personal con Amelita está terminado y no.
Diós dirá que pasará cuando vuelva.Todavía tengo esperanzas.Ella no podia
seguir aqui sin hacer nada y sin Mariano.Eso lo entendí perfectamente.
La unica joda es que yo me debo quedar solo,en Baires hubiera sido distinto.
Claro,esto no es Baires,aqui mis cosas marchan que da calambre y no puedo
permitirme el lujo de volver.Debo quedarme aqui y aprovechar al maximo este
golpe de oro.Habla con Daniel y te contará todo lo que esta ocurriendo.
Por favor decime como se escribe,TROILIANA O TROILEANA?,la palabra es
ESCOLAZO O ESCOLASO?Me estoy olvidando mi castellano.

Ando bastante bien de salud.Pensá que hago dos cosas por dia,escribir y tomar
sol.35 y 36 grados en Roma.El sol y la natación la practico de 12 a 4.Las
otras horas escribo.Estoy muy bién salvo ciertas cosas personales que son
matadoras.Menos mal que llega Daniel y la gira comienza pronto.Se me hará
un nudo en la garganta,tomaré mi librium para no meterme en el mate la
figura de Amelita cuando haga Balda para mi muerte.Es jodido ser como yo.
Hay tipos que no les hace nada,se buscan otra mina y chau.Yo soy una mierda,
mi sentimentalismo tanguero,esa es la palabra,me hace sufrir como un loco.
De todos modos serán los primeros dias,los otros serán peores.

Quito,se me está dando la buena,creo que de esta me lleno o de piojos o de
dollars.Mas que seguro serán los U$S.Andan mis cosas como nunca.No sola-
mente musical pero económica.Debo esperar 6 meses para ver el resultado.Estoy
asustado por las cifras que llegarán.Poco nunca será,tiemblo solo porque toda
esa guita la revoleré en Baires.Me pienso comprar algo fuera de Baires,algo
para tranquilizar este cuerpo con 8 mil revoluciones p/minuto.
Me rajo de Roma definitivamente.Haré la gira y pienso tomar Paris 4 meses
al año y el resto Baires.Con Uds. mis amigos y los otros pocos que quedan,los
mismos buenos tipos de siempre,gente sana,gente de verdad como Uds.Menos
mal que los encontré tarde pero seguro.La verdad es que es muy lindo saber
que alguien desde muy lejos lo quiere y piesan siempre en lo que hace.
Me dan mucho optimismo,ganas de hacer cosas,esperanzas.Que mas puedo esperar
a esta altura del almanaque.Ya se que te joden las palabras que yo hablo
de mis años,pero eso se debe solamente a estar solo y no tener a gente como
Uds. cerca.Da un poco de miedo la distancia.Imaginate,tengo mis hijos,mi vieja
mi......y Uds.Con quien mierda hablo de las mismas cosas que con Uds?Aqui
hay un solo tipo que es admirador de mi musica.Salgo con el,pero me rompe
las talopes.Uds. y todos los demás,Victor,Juan,Gorin,Miguelito,son otra
cosa.Ojalá los hubiera conocido antes.

Nada mas,solamente decirles que los quiero mucho y espero ansioso el Torrontes
y demás yerbas preparadas por Nelly y sus secuaces.Saludos para todos los
que Uds. y yo sabemos.Un besote a los pibes y el hincha guindas del rrope.

Para Uds. todo el cariño de este Pantaleon que pronto se quedará allá.No me
muevo mas de Baires,pase lo que pase.Solamente hacer mis grabaciones y cine
en Paris pocos meses del año,luego el retorno(no el de Pocho,bien muerto está,
y yo el boludo,lo votó)a mi Buenos Aires querido.

Te abrazo con todo el cuore

Astor

ASTOR PIAZZOLLA

XXXXXXXXXXXXXXXXXXXXXXXXXXX
XXXXXXXXXXXXXXXXXXXXXX
13 rue St.Louis en l'ile

Enero 12-77....PARIS

Querido Quito and family:Es realmente lindo encabezar una carta desde Paris y no de Gerli.Aqui en Nuestro cuchitril estamos locos de la vida, morfamos DE TODO,no falta nada de nada y uno se la rebusca para conseguir lo que sea.Imaginate que en Navidad cociné yo.De entrada caviar,salmón ahumado,luego preparé un faisán(si en serio)relleno con ciruelas,panceta, almendras etc...con ricas echalotes(cebolla mezclada con ajo)y papitas para ser un poco mas cursi.Por supuesto que teníamos EL VINO,EL CHAMPAGNE, EL WHISKY,y otros eles,y con la Laura nos agarramos flor de pepe,por supuesto de felicidad.Asi da gusto vivir,especialmente cuando uno vive al lado de alguien que te quiere de verdad.Esa es Laura,oro en polvo,y si fuera por mi no me separo jamás,espero que ella no se canse de mi.Además nuestra Windy que ahora pesa 1 kilo 200,y es un balazo.Loca como sus patrones.

Me dió gran alegría saber que tus cosas marchan como te lo mercés,gordo lindo y chinchudo.De lo contrario no serías amigo mio.Lo que mas alegría me da es saber que largaste el banco.YES...ahora serás un ser humano de verdad-.El 77 será nuestro,te lo juro.

Gracias por el artículo de Merellano.Es muy lindo y sos el unico que me manda unas lineas y algun recorte.Los demás son unos hijos de ....incluyendo a mi hijo,que gracias a su"inteligente" mujer,logrará que un dia de estos haga una matanza.Te habrás dado cuenta que la noche en que estuvimos en tu casa hubo mala leche de parte de Lalla.Te puedo asegurar que ella está en la lista negra y cuando menos la vea mejor.Me duele tod o por Daniel.El la eligió,que se joda.Yo pasé una noche de mierda en tu casa. Victor no se merece que le hablen de esa manera.Te imaginás que en este caso defiendo a un amigo y no a mi familia.Que mierda es la familia.En la primera de cambio te dan una patada en el orto y chau.Recibí un gran dolor,pero fue LA lección.Esto me da mas razón de ser como soy.Cuando yo crepe me encontrarán con 5 mangos en el pantalón.La guita la haré recagar antes que dársela a un feto como Lalla.Lo lamento por Daniel y los chicos. Vos habrás visto toda como fué y fue de verdad.Sigo con mufa pero gracias a Laura todo pasará.Lamento decirte que aqui pierdo toda noción de familia y eso me hace inmensamente feliz.

Te ruego llamar a Talin y decile que estoy realmente ofendido por no haber recibido ni una sola linea y los recortes que tanto espero.Daniel debe saber que estoy que vuelo de bronca por lo mismo.Ellos saben que ya tenemos los pasajes y el se fué a Mar del Plata.Si no viene a B.Aires perderán la oportunidad.La cancillería los están buscando para los pasajes.No se mas que hacer.Talin tendría que ocuparse un poco de este asunto.Ya se que no te simpatiza,pero solamente te ruego llamarlo por telefono y decirle estas cosas.Gracias.Esto esrealemtne urgente.Daniel ni me dejó su dirección de Mar del Plata,solamente Nonina que es Av.Colón 2737 (la casa de mi tio Manetti) y no tengo el telefono.

Estoy escribiendo mi nuevo LP.Tengo 4 titulos y debo terminar otros 4 antes del 20.Grabo el 31 en Milán.Mañana iré a ver el montaje del film de Delón. Debo comenzar a escribir después de Milán.Como verás no duermo.Estoy felicísimo de poder escribir como ahora.Creo que me merezco sentirme bién,después de estar 7 años al lado de la contra.Me costó un infarto...pero el hacer daño es un boomerang,y tarde o temprano vuelve y te golpea.

Nada mas Quito.Que pases un verano con mucho laburo y felicidad.Te lo deseo en serio.Cariños a Nelly y tus hijos.Tu amigo

Astor

ASTOR PIAZZOLLA
XXXXXXXXXXXXXXXXXXXXXXXXXX
XXXXXXXXXXXXXXXXXXXX

Paris.Febrero 22-77

Querido XxFachendón:Dios me castigó por decirte Fachendón,me equivoqué.
Aqui estoy de vuelta de Milán donde grabé mi nuevo LP y además toda la musica del film Armaguedón.Los Franceses quedaron locos con la musica. Sobre todo con el fuelle.Creo que mi bandoneon está embrujado.Me hacen sacar en ciertos momentos el fondo y dejan solo el bandoneon.Pazzos.
De todos modos esto significa que ya me quieren dar la otra pelicula del pendejo Delon.

El LP salió como un tiro.La que gozó toda la grabación fue Laura.Imaginate que toda mi nueva colección de temas nacieron con ella.Y no veía la hora de llegar a Milán a grabar.El disco se llamará TANGABILE 7.Los temas son absolutamente locos.Libertango parece de 1850 y este es realmente hoy.Es otro experimento del pazzo Piazzolla.Es muy moderno,lleno de musica musica. Fugas,contrapunto y otras irreverencias.Chacarera a lo loco dedicada a nuestra perrita Windy.El tema es pazzo como ella.Nadie descubrirá el fenomeno del tema donde hago un ritmo de 4x4 y enchufo ritmo de 3x4 o sea chacarera.Ni yo se lo que hice y como salió.Te aseguro que costó grabar este tema como si fuera la Consagración.Pero salió,aunque no muy folklo-ristico.Faltaba la Pacha-Mama.El tema Persecuta es la invasión de los mar-cianos.Un quilombo atroz.Pia-Sol-La-Sol el swing loco.Cité Tangó es otro con LA POLENTA.Y los demás realmente novedosos y sigo siendo yo.Nada de Rock,y ahora se enojarán los muchachos del ruido.Este es un disco de MUSICA.

Me volví de Milám sin tener tiempo de mezclar.Se quedó el tano Pagani a cargo de eso.Tendré la cinta en una semana y si puedo te la mando.

Me alegro que el flaco estudie el sax.No olvides que la musica no es un pasatiempo,es una carrera,igual a la medicina o la ingeniería.Vos estu-diaste y lo sabés.Si el flaco quiere estudiar que lo haga,pero en serio. De lo contrario que se dedicque a comprar discos.
Me alegro mucho que tengas un hijo musico.Y será bueno.Porque de un gordo fachendón debe salir un Stan Getz o un Phil Woods....sinó se tendrá que conformar con Lipesker.Nunca olvides que los grandes musicos ganan mucha guita.Los mediocres se los come el león.Yo siempre gané y la hice mierda.

GRACIAS A DIOS.

La otra cinta del Rex es una cagada.Tu cinta parece grabada en Londres.

Ya estoy esperando la llegada de los musicos.Espero que todo vaya bién. No olvides que me falta Ciriglіano y otros.Aqui estará Beytelman que toca muy bién.Pero...Hay que ensayar y no se forma un conjunto en 7 dias. Ya te contaré todo.Mientras tanto laburo y espero grandes novedades. Espero que tus cosas marchen como siempre.Te lo merecés gordo lindo. Decile a Nelly que no soy comilón,es simplemente una frase de afecto. También Nelly es una canosa divina.
Nada mas y les mando un baccio a todos,lo mismo de parte de Laura.

Y NO LE DIGAS GRAN COMPAÑERA,a ver si creen que es Peronista.

05/72

Astor Piazzolla

ingeniero del bandoneon

13 rue St.Louis en l'ile

Paris 75004

Querido Quito:Ante todo te diré que extrañaba mucho tus lineas y pensaba que estarías con mufa.Por lo visto andan todos bién y sin problemas,además para arriba como te lo merecés.La guita es un factor que siempre se hace desear,a mi me pasa lo mismo.Tarde o temprano llega,lo que es realmente jodido es la salud y eso es sagrado.Yo por suerte ando 0 Kms.Laura me ayuda mucho,eso es sumamente importante,antes no lo tenía.Por suerte andamos barbaros los dos.
Ya terminaron todas nuestras presentaciones en Europa y una de las cosas mas lindas que han ocurrido ultimamente es no verles mas las caras a estos delincuentes.Otro calificativo no les cabe.Aparte de ser unos"pendejos"son unos mal educados e incompetentes.Logicamente me lo guardo para mi y para vos.Por supuesto Daniel no corre con ellos,es mucho mas maduro e inteligeente,y esto no va por ser mi hijo.Será chochera o lo que quieras,pero está a kms. de distancia de todos.Salvo el pianista Beytelman,quien se salva por ser un buen musico.Vos ya sabés que soy chinchudo,pero eso no significa que soy un hijo de puta o un ladrón.Daniel te contará y cuando vaya Laura sabrás mas concretamente lo que son.Como musicos 6,realmente no son Malvicino an d Co.Les falta cemento,quilombo o como quieras llamarlo.Nosotros amamos mas la musica y no somos extranjerizantes.Aparte la cuestión política que ya me tiene harto.No quiero oir hablar de comunismo ni izquierdismo.Me tiene harto estos irresponsables "pendejos" que no saben donde están parados.Yo los mandaría a Rusia a todos y que morfen pescado y griten viva Marx,VIVA LOS HERMANOS MARX.Que joder..A todos a la camara de gas.Sabés lo ultimo que m e dijo el baterista?No me quedo en Europa porque yo no estoy en condiciones de pagar derecho de piso,tocando con cualquiera.Y tiene 25 años.Que te parece? Si ahora no quiere pagar derecho de piso lo que será mas adelante.Esa es la mentalidad de todosoestos recién salidos del huevo.Decile a tu hijo que Piazzolla apoya su idea de hacerse musico,pero.....tiene que amar la musica como se ama a la madre,a la mujer o a un hijo.La musica está antes de todo,la guita es un factor que sirve para vivir,pero no para hacer feliz a un musico.El musico de verdad es absolutamente feliz cuando hace buena musica.Que no lo olvide.Que estudie en serio,como si fuera la carrera de un ingeniero.Si en algún momento siente que la musica le resulta pesada,que largue.Jamás musico a la fuerza.Además el que es musico y político cagó fuego.Para ser político debe uno tener tiempo.Para ser musico igual.Los dos juntos nunca dan resultado.A ver si se creen que Chopin escribió el estudio revolucionario porqu e era un politizado.NO...era un hombre que amaba Polonia y nada mas.Yo me siento igual con Argentina.
El jueves salimos para Mallorca donde tocaré en el festival y además seré jurado.Una semana en Mallorca y luego sigo con mi coche y la perrita Windy y Laura por supuesto,para Sevilla,Granada y todo el sur de España.Ninguno de los dos conocemos y aprovecharemos para darnos unos regios baños y te aseguro que estas vacaciones me hacen mucha falta.Estaremos hasta julio.Escribime para que llegue la carta a fines de Junio.Luego Laura irá el 6 de Julio a B.A. por 20 dias.Vuelve a Paris y en Diciembre volveré a B.A. en barco y creo para siempre pues estoy podrido de todo.Te aseguro Quito que no soporto mas toda esta juventud podrida de Europa.No por falopa o lo que se le parezca, sino por lo politizado que está todo.Esto se va a la izquierda total que es una manera de irse a la mierda.Perón dijo una sola cosa buena y esa palabra fue INBERBES.Tenía razón,aqui son iguales.Tienen 15 años y ya quieren tira r bombas.Además son igual que los nuestros,laburar poco y ganar mucho.Yo no la voy.Seré antiguo.Mejor.
Quito y Nelly:Estaremos nuevamente juntos a fin de año y esta vez vendré a Europa solamente a grabar.Quiero vivir en Argentina.Europa está saturada y podrida.Argentina puede mejorar y haré un esfuerzito para apoyar.
Un beso a todos y que Pablo estudie y que siga escribiendo cartas a los D.Jockeys-Nelly preparame calamares y Claudia largá la zurda que no camina.Chau

Y NO SOY NAZI. OJO!!! Astor.

Paris Agosto 26-77

LA LIBERACIÓN,ayer,gran dia para los franceses y la gente que ama ser libre.
Viendo todas estas cosas del 40-44 uno se da cuenta que Argentina es un pais fabuloso.Mientras aqui morían asesinados nosotros teníamos una epoca del oro.Si,el tango era asi,el 40 fue sin ninguna duda LA EPOCA,em todos los sentidos.No existía el berretismo.Una papa era una papa y el jamón se podía comer.Los aceites eran de oliva y te podías dar el gusto de tener una lata en tu casa,por supuesto de 5 litros.Uno jamás mira hacia atrás,pero hoy las cosas son asi,todo pasado fue mejor.Menos mal que no me gusta tocar como antes,pero si me gustaría volver a comer y chupar como antes.El Pocho nos enchufó lo nacional.Cuando los trenes eran Ingleses tenían calefacción.Ahora son nuestros y te cagás de frio.Lo mismo con los whiskys,yo tomaba siempre y no era caro,Ye Monks,ahora lo toma Cadorna,viva el Old Smuggler y la ulcera.Hasta la cara de los Argentinos era distinta.A que viene todo este absurdo discurso?Lo que vos decís Quito Hablo asi porque se me canta.Yo soy asi,debido a esa manera de ser me caliento y casi siempre meto la pata,pero cuando uno es un creador,lo mejor es hacer lo que se siente en ese mismo instante,pueden salir bodrios,pero pueden salir genialidades.Ahora se me antoja hacer Maria de Bs.As y lo voy a hacer.Lo unico que no quiero hacer es meter la guita.Gracias a mi manera tana de hacer las cosas fue hecha Maria.De lo contrario lo pienso y no lo escribo.Todo esto viene a raiz de mi discusión con Gorin.No fue precisamente una discusión,fue simplemente una cosa muy normal.A nadie le gusta que le digan los defectos de su propio hijo.Si la nena es mas linda guardátelo para vos.Capito?Cuando uno está en reunión con amigos,caso tu casa,entonces hablamos y discutimos.Yo acepto o no,pero la cosa es diferente.Para sintetizar,Gorin merecería ser cristiano,lo quiero mucho y estas tonterías pasan,asi espero.

Yo haciendo fiaca.Este verano Parisiene que hace 100 años no hace el frio de este verano,9 grados.Salimos mucho con Laura y aguantamos felices las cagadas de los rropes.Una cosa es que te cague un perro,pero dos es una inundación.Mis rropes son divinos y ayudan a pasar horas tan lindas.

No he escrito nada y simplemente pienso que haré en el futuro.Tengo in mente muchas cosas,pero emepzadas nada.Ya te informaré sobre este pequeño impasse.

Quiero pedirte un gran favor,sobre todo entre vos y yo.Aqui se habla de que yo dije algo indebido(politicamente)en el programa de Fontana.Averigua que dije y si es verdad que era indebido.Vos sabés como soy yo,por sinero cero meto unas patas increíbles.

Nada mas Quito.Laura vino muy mufada de Baires.Aqui se siente mucho mas feliz,nadie la jode,nadie la llama por teléfono para decirle que Piazzolla es un HDP.La verdad es que nunca pensé que yo sería un tipo tan jodido. Esta negra maldita de A.B. me ha quemado por todos lados.Menos mal que no dijo que era puto.Por suerte me saqué la lotería con Laura.Es la diferencia de vivir con una mujer y no con una cosa.Logicamente eso me costó casi mi vida.El tano debe ser fuerte,no hay con que darle.

Besos a los 4 y Dios quiera nos veremos para navidad.

El que no piensa lo que hace

Paris Nov.15-77

Querido Quito:Sos de fierro.Te escriben y contestás en el acto.Yo soy
sigual apesar del laburo que tengo.Bah,si se puede llamar laburo meter
notas sobre un pentagrama.Al fin y al cabo son 12 los sonidos y con eso
se pueden hacer cada cagadas impresionantes.

En esta carta no podré chimentarte mucho debido a que ya he escrito mu-
chas cartas explicando mi nuevo LP.Daniel y Talin son los que tienen los
datos de los 7 temas nuevos.A mi juicio están muy lindos.El mes que viene
ya me tendrán podrido.Que suerte tengo que ya me olvidé dle Piazzolla 77.
En serio.Están muy lindos los temas,especialmente el que se llama Mundial
78.Los otros son Golazo-Gambeta-Penal-Marcación-Wing-Corner.Siete temas
bombas para el Mundial.Menotti eytuvo en casa y sigue siempre loco por
lo mio y piensa escribir unas lineas para el disco.Aqui en Paris me he
vuelto fanático por el futbol,por supuesto cuando juegan bien.Aqui los
argentinos son formidables.Bianchi-Heredia-Piazza-Ayala etc,reales cracks.

Dejando mi inacostumbradas charlas sobre el balompie sigo con la casimu.
Ya te enterarás que pasó con Mary from Buenos Aires.Daniel tiene el
informe.Pasale el santo de los temas a Gorin.Decile que no puede escribir
por ahora.Ya me reportearon para El Grafico,con Menotti,Bianchi y otros
deportistas.Además de Radiolandia 2000.Estuve con el staff de la revista
pornográfica Radiolandia 2000.Me cohiben con las preguntas tan dificiles
que me hacen.Mas brutos no vienen.Menos mal que Natalio es amigo tuyo,asi
sabe por lo menos que Paris queda en Europa-.

Basta de joda y decile a Nelly que haga matar una vaca para fin de Febre-
ro.Además andá pensando en ir a Mardel en Marzo.Pienso descansar ese mes
si llego para el 15 de Febrero.Arreglo todo y me largo para la playa.
Hagamos una reunión como los de la Cosa Nostra.EN MARZO EN MARDEL....

Un besote a todos

Astor Piazzolla
56 rue St.Louis en l'ile
Paris 75004

Junio 1-81

Querido Victor:Te escribo a vos porque sos el unico que podría en este caso,hacerme un gran favor.Atilio anda con muchos problemas y no podrá.Me quedan vos,Quico,Uviña y otro de los mosqueteros.

Ahi vien el guay.

Debo hacer una mudanza de mis cosas(muebles etc.del depto de Libertador)que están en una guardadora,Meili y Cia.Atilio conoce todo el problema,pues el se encargó de todo.

Debo trasladar todos estos muebles etc..a Punta del Este, por supuesto via Meili y Cia.Necesito mis amigos de confianza,para vigilar esta mudanza.Comprobar que todo salga bien de Bs.As y que todo llegue bien a mi casa de Punta del Este.Lo importante es que hay cosas de valor(musica,objetos personales etc.)Naturalmente primero deben hablar con el Escribano Tesouro(Atilio sabe)para saber que cosas dejan en nuestra casa de Punta del Este, o sea.las cosas que estaban ya adentro.Una vez hecha la mudanza no van a poder sacar nada.

No hace falta que las cosas queden en orden.Solo dejarlas en el living de El Casco u otra habitación.Atilio tiene el dinero necesario, y si hace falta mas les mando.Lo importante es que esto se haga cuanto antes debido a que pago 400 dollars por mes a Meili y Cia para guardarlos.

Se que mis mosqueteros lo van a hacer lo mejor posible, sabiendo que mi proximo tango se llamará "Los Mosqueteros de Varela".

Yo sigo laburando y sembrando para tener una entrada y poder comer en el 82.Siempre mantengo lo mio y me pagan encima.

Estreno un nuevo arreglo de Adios Nonino(especial de concierto para bandoneón y orquesta)en el festival de musica de Creta,Grecia. Es el mas lindo arreglo de mi vida.Empieza el bandoneón solo durante 4 min. y luego los 60 violines,piano,Arpa y Cia.como los tanques de Rommel que vienen con todo para aplastar el enemigo.Ya lo van a oir y quizá lo grabe.

Este es el arreglo que todos Uds.,mis amigos,me pedían,. Ahora está terminado y espero que les guste como a mi.Si yo les digo que es una bomba es porque son varias bombas juntas.

Si logran hacerme este favor de la mudanza estaré eternamente ~~agradecida~~ agradecido.Gracias y un gran abrazo a todos Uds mis amigos verdaderos.Un beso de Laura.la que me hace los arreglos.

P.D. Contesten pronto y suerte. -; Astor

P.D. Gracías por el recuerdo de M. Cristina, Hugo, Alfonsín etc. Son un fenómeno

Astor Piazzolla
56 rue St.Louis en l'ile
Paris 75004

Julio 17-81

Mi querido Víctor,Kiko,Uviña,Alberto:SE PASARON CON LAS CHARLAS.Uds son responsables de mis saudades de Baires.No me jodan mas.Estos cassettes me trajeron recuerdos tan lindos,especialmente la de Roberto Di Filippo.Me mató tocando.Realmente nunca me equivoqué cuando decía que el gordo era el mejor bandoneonista de todos los tiempos.Lo sigue siendo,y se caga en todos los nuevos pseudo-bandoneonistas.Su tecnica esimpecable,su sonido también.Que me van a hablar ahora de Barletta.Bandoneon de fonda.Cuando te hablen de musicos que tocaron el bandoneon haceles escuchar este cassette del gordo y los reventás a todos.

Ya le escribí una carta a Di Filippo.Es encantador e inteligente.Además uno de los pocos musicos de tango que sabe hablar de musica.No me equivoqué cuando le dije que no siguiera en el ambiente de tango y que estudiara algun instrumento de viento.No precisamente el ventilador.Estudió y llegó.10 pts.por el gordo.Ningun punto para ese pelotudo de Penas(Radio Nacional)que dijo que después del cabaret era necesario ir al cafe.Es para darle un cachetazo.No se puede dialogar con un animal,me equivoqué,los animales son inteligentes.Este tipo merece ser expulsado por el ministerio de cultura.Estoy furioso.Después me dicen,?porque me caliento?Con individuos como ese,el pais se muere. Este va seguro a algun ministerio.Te lo aseguro.Viendo como está nuestro pais,te lo aseguro.Dejemos de hablar de mierda para entrar con los perfumes.

Ya te adelantará Roberto el encargo para escribir una obra cello y piano para Rostropovitch,el mas grande de todos los tiempos.Creo que lo tocará con Marta Argerich en Mayo del 82.Que Dios me de inspiracion para escribir lo mejor de Piazzolla.

Esta semana llega Lyde quien me hizo llegar los cassettes de Uds.GRACIAS AMIGOS.Uds. no son fanaticos mios,son MISIONEROS de nuestro amor y fe en la religion llamada musica.

Saben que los quiero mucho y agradezco todo lo que hacen por mi y mi musica.Les debo una fiesta a todo vapor en "el casco". Sea cuando sea,pero TODOS JUNTOS,incluyendo Lyde,Atilio y tu amigo Rodriguez(Rodrigazo)quien nos cagó la vida a todos los Argentinos.Asi empezamos,espero que todo lo nuestro se arregle.Yo sigo con lo mio y espero como siempre,bien.La economía es otro cantar,que se las arreglen pero que no nos jodan. Los quiero mucho a todos. Astor

¿Qué haré mañana? No sé. Creo que Dios me va llevando. Él me fue empujando hacia lo que yo quería, lentamente. Primero la música, después el tango. Hasta que llegué a mi verdadero amor: la música de cámara. Acabo de terminar varios estudios tanguísticos para flauta, y espero que la obra circule por los conservatorios de música del mundo entero. A partir de lo de Gary Burton se me abrió otro mundo. Grandes solistas comenzaron a encargarme obras: Pat Metheny, Keith Jarrett, Chick Corea. Es lo que siempre soñé: llegar con mi tango, con mi música de Buenos Aires, a tipos geniales que jamás se hubieran interesado por nuestra música. Ahora me espera Estados Unidos, esa segunda patria mía que todavía tengo que conquistar. Allí disfruté mis años de infancia, allí sufrí la desilusión y el desencanto de 1958. Ahora me espera componer la música para tres cuentos de Borges y actuar en los teatros más importantes de Estados Unidos. El sueño de toda mi vida. Voy a estudiar, también. Todavía tengo mucho que aprender, especialmente sobre óperas, que es uno de los géneros más difíciles. Escribiré mi ópera, después mi ballet, y después me moriré feliz.

Sé que no voy a durar ciento cincuenta años. Ya sé. Tal vez llegue a los ochenta y tres... Me lo dijo una vidente, y le creo. Y aunque ya he ganado casi todas mis batallas, voy a seguir. Me gustaría tener una vejez como la de Rubinstein, que dio su mejor concierto a los ochenta y cuatro, o como la de Pablo Casals... Vivir en una casa frente al mar, tener un gran piano de cola, una bicicleta, mis perros, salir a pescar tiburones, componer sin parar, tomar mi whisky de las siete de la tarde y tener tiempo... más tiempo para seguir escribiendo.

ÍNDICE

Este libro se terminó de imprimir en el mes de abril
de 2005 en los talleres gráficos de Edigraf S.A.,
Delgado 834, Buenos Aires, Argentina.